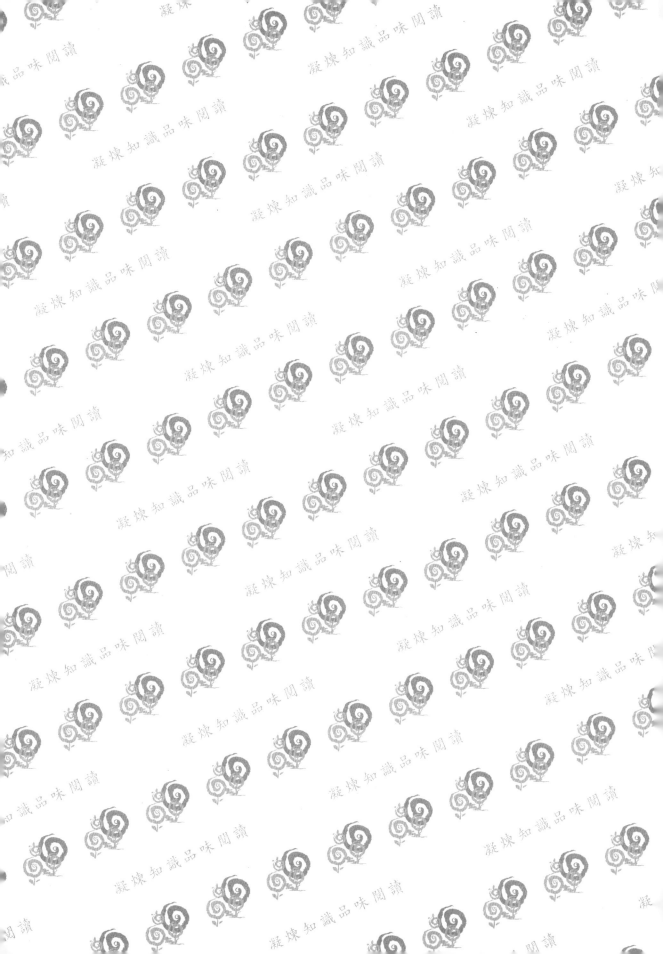

統計風險分析
SPSS應用

楊士慶、陳耀茂　編著

五南圖書出版公司 印行

序 言

統計學的目的在於「數據的解析」。

最近，統計學已在各種領域中雷厲風行地使用著。譬如：

  ●金融的領域：投資風險管理

  ●醫學的領域：生活習慣病的風險預防

  ●行政的領域：環境破壞的風險迴避

  ●社會的領域：人口風險預測

  ●心理的領域：離婚危害曲線

  ●經管的領域：倒閉風險度等級

  ●犯罪的領域：誘拐風險機率

其理由之一是「資訊的計量化」。

  譬如，所謂風險管理是將各種資訊適切地計量化，使風險最小。因此有需要「以數值評估風險」。而且，它的評估工具是「數學」與「統計學」。為了數據的分析，統計學與多變量分析中開發有各種的統計處理方法。

其中有幾種方法的確是「風險分析與評估」的最適方法。

  風險分析與評估，一般是將風險的陳述轉變為將風險按優先順序加以排列。

此包括以下活動：

1. 確定風險的生成因素

  為了妥善地消除風險，管理者需要標示風險的生成因素，這些因素包括安全、獲利、成本、損失等。

2. 分析風險來源

  風險來源是引起風險的根本原因。透過考慮風險的可能性和影響來對其加以分析，並以此作為決定如何進行風險管理的依據。風險評估應立足於固有風險和剩餘風險。

3. 預測風險影響

如果風險發生，就可能性和後果來評估風險影響。可能性被定義為大於 0 而小於 100，分為 5 個等級（1、2、3、4、5）。將後果分為 4 個等級（低、中等、高、關鍵性的）。採用風險可能性和後果對風險進行分類。將風險按照風險影響進行優先排序，對等級高的風險優先處理。

隨著社會的發展和科技的進步，現實生活中的風險因素越來越多，無論企業還是家庭，都日益認識到進行風險管理的必要性和迫切性。人們想出種種辦法來對付風險，但無論採用何種方法，風險管理的一條基本原則是：以最小的成本獲得最大的保障。

對風險的處理有迴避風險、預防風險、自留風險和轉移風險等四種方法。

1. 迴避風險

迴避風險是指主動避開損失發生的可能性。如考慮到游泳有溺水的危險，所以不去游泳。雖然迴避風險能從根本上消除隱患，但這種方法明顯具有很大的侷限性，因為並不是所有的風險都可以迴避或應該進行迴避。如人身意外傷害，無論如何小心翼翼，這類風險總是無法徹底消除。再如，因害怕出車禍而拒絕乘車，車禍這類風險雖可由此而完全避免，但將為日常生活帶來極大的不便，實際上是不可行的。

2. 預防風險

預防風險是指採取預防措施，以減小損失發生的可能性及損失程度。興修水利、建造防護林就是典型的例子。預防風險涉及一個現時成本與潛在損失比較的問題，若潛在損失遠大於採取預防措施所支出的成本，就應採用預防風險手段。以興修堤壩為例，雖然施工成本很高，但與洪水泛濫造成的巨大災害相比，就顯得微不足道。

3. 自留風險

自留風險是指自己非理性或理性地主動承擔風險。「非理性」自留風險是指對損失發生存在僥倖心理，或對潛在的損失程度估計不足，從而暴露於風險中。「理性」自留風險是指經正確分析，認為潛在損失在承受範圍之內，而且自己承擔全部或部分風險比購買保險要經濟合算。自留風險一般適用於對付發生機率小且損失程度低的風險。

4. 轉移風險

　　轉移風險是指透過某種安排,把自己面臨的風險全部或部分轉移給另一方。透過轉移風險而得到保障,是應用範圍最廣、最有效的風險管理手段,保險就是其中之一。

　　本書是從風險分析的角度探討企業面臨各種風險時可能採取的各種統計分析手法,如能以數量評估了解風險對企業的影響,即可防範未然。統計分析與數學一向被視為畏途,但有了 SPSS 與 AMOS 的軟體之後,任何人都可隨心所欲的應用,從分析風險到化險為夷,不妨試著一讀並著手分析看看。

楊士慶、陳耀茂　謹誌

CONTENTS 目　錄

1.1　優勝（odds）與優勝比（odds ratio）

以下的資料是針對抽菸與肺癌之關係所調查的結果。

表 1.1.1　抽菸與肺癌的交叉累計表

	肺癌患者	無肺癌者
抽菸者	41 人	23 人
無抽菸者	17 人	84 人

風險評估問題

「抽菸者」與「無抽菸者」，變成肺癌的風險有多少的差異？

解說

此時，試計算優勝看看。

（註）Odds 稱為勝算，也稱為優勝，係指可能性。Odds ratio（OR）稱為優勝比。

因此，試在抽菸組與無抽菸組中，觀察有肺癌者與無肺癌者的比率。

抽菸組

$$\text{有肺癌與無肺癌者之比} = \frac{41人}{23人} = 1.7826$$

無抽菸組

$$\text{有肺癌與無肺癌者之比} = \frac{17人}{84人} = 0.2024$$

如比較此兩者之比率時，似乎抽菸組的比率比無抽菸組的比率來的大。並且，如取兩者之比時，

$$\frac{\text{抽菸組之比率}}{\text{無抽菸組之比率}} = \frac{\dfrac{41}{23}}{\dfrac{17}{84}}$$

$$= \frac{1.7826}{0.2024}$$

$$= 8.81$$

此值稱為優勝比。

一、優勝的定義

優勝的定義

某事件 A 的發生機率設為 p 時，則

$$\frac{p}{1-p}$$

稱為優勝。

優勝的意義是什麼呢？

如將優勝想成 1 時，

$$\frac{p}{1-p} = 1$$

$$p = 1-p$$

$$2p = 1$$

$$p = \frac{1}{2}$$

所以優勝是 1 時，

$$A \text{ 的發生機率} p = \frac{1}{2}$$

另外，

$$A \text{ 未發生的機率} = 1 - p$$

$$1 - p = 1 - \frac{1}{2} = \frac{1}{2}$$

亦即，優勝為 1 時，A 的發生機率 = A 未發生的機率。

優勝是 2 時，

$$\frac{p}{1-p} = 2$$

求解此式，得

$$p = \frac{2}{3}, \quad 1 - p = \frac{1}{3}$$

如此得知，優勝愈大時，A 發生之機率即愈大。

因此，如將事件 A 的發生看成

$$\text{事件 A 的發生} = \text{危險事件的發生}$$

時，使用優勝似乎可進行「風險的比較」。

抽菸組得肺癌的機率如想成是

$$p = \frac{41}{41 + 23} = 0.64063$$

時，則它的優勝即為

$$\frac{p}{1-p} = \frac{0.64063}{1-0.64063} = 1.7826$$

此時，可以想成抽菸的人得到肺癌的風險是 1.7826。

無抽菸組得到肺癌的機率如想成是

$$q = \frac{17}{17+84} = 0.16832$$

時，則它的優勝是

$$\frac{q}{1-q} = \frac{0.16832}{1-0.16832} = 0.2024$$

因此，試對此兩者取優勝之比例看看。

$$\frac{\dfrac{p}{1-p}}{\dfrac{q}{1-q}} = \frac{1.7826}{0.2024} = 8.81$$

此值與前面的優勝比一致。

　　如將優勝想成「風險」時，抽菸組得到肺癌的風險是無抽菸組得到肺癌的風險的 8.81 倍。

二、優勝比的 3 種類型

優勝比的定義（類型 1）

事件 A 發生的機率設為 p

事件 B 發生的機率設為 q

則，事件 A 與事件 B 的優勝比定義為

$$優勝比 = \frac{\dfrac{p}{1-p}}{\dfrac{q}{1-q}}$$

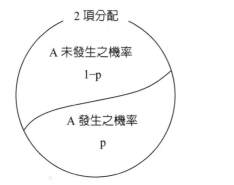
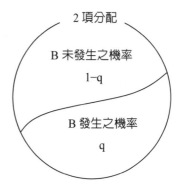

圖 1.1.1 　2 個 2 項分配與 2 個類別

（註）優勝比 = 1 $\Leftrightarrow \dfrac{\dfrac{p}{1-p}}{\dfrac{q}{1-q}} = 1 \Leftrightarrow$ p = q

例題 1.1.1

在美國的亞利桑那散步，

　　　　碰到龍捲風的機率 p=0.0002

　　　　碰到雷擊的機率 q=0.0007

時，試求優勝比。

解

$$優勝比 = \frac{\dfrac{p}{1-p}}{\dfrac{q}{1-q}} = \frac{\dfrac{0.0002}{1-0.0002}}{\dfrac{0.0007}{1-0.0007}} = 0.2856$$

亦即，散步「碰到龍捲風」的風險，可以想成是「碰到雷擊的風險」，大約有 0.29 倍之高。

（註）優勝比 = 1 ⇔「事業 A 發生之機率」=「事業 B 發生之機率」。

優勝比的定義（類型 2）

表 1.1.2　2×2 交叉累計表

	事件 E 發生	事件 E 未發生	合計
組 A	a 個	b 個	a+b
組 B	c 個	d 個	c+d

此時，組 A 與組 B 的優勝比即為

$$優勝比 = \frac{a \times d}{b \times c}$$

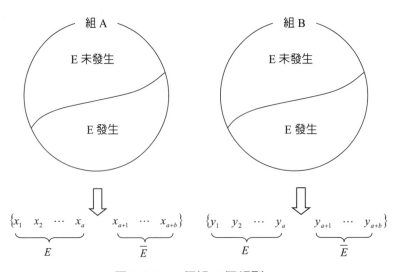

$$\underbrace{\{x_1 \quad x_2 \quad \cdots \quad x_a}_{E} \quad \underbrace{x_{a+1} \quad \cdots \quad x_{a+b}\}}_{\overline{E}} \quad \underbrace{\{y_1 \quad y_2 \quad \cdots \quad y_a}_{E} \quad \underbrace{y_{a+1} \quad \cdots \quad y_{a+b}\}}_{\overline{E}}$$

圖 1.1.2　2 個組 2 個類別

（註）在醫學個案研究時，利用優勝比的情形似乎不少。

例題 1.1.2

試求下表的優勝比。

表 1.1.3　下雨日與交通事件數的調查

	交通事故發生日	交通事故未發生日
下雨日	57 件	34 件
未下雨日	76 件	198 件

解

$$優勝比 = \frac{a \times d}{b \times c} = \frac{57 \times 198}{34 \times 76} = 4.3676$$

換言之，「下雨日」發生交通事故之風險是「未下雨日」的 4.37 倍左右。

以另外的方式表現時，

$$優勝比 \neq 1，$$

是指「下雨」的事件與「發生交通事故」之事件並非獨立。

─ 優勝比的定義（類型 3）─────────

表 1.1.4　2×2 交叉表

事件 A ＼ 事件 B	B 發生	B 未發生	合計
A 發生	a 個	b 個	a+b
A 未發生	c 個	d 個	c+d
合計	a+c	b+d	N

此時，事件 A 與事件 B 的優勝比是

$$優勝比 = \frac{a \times d}{b \times c}$$

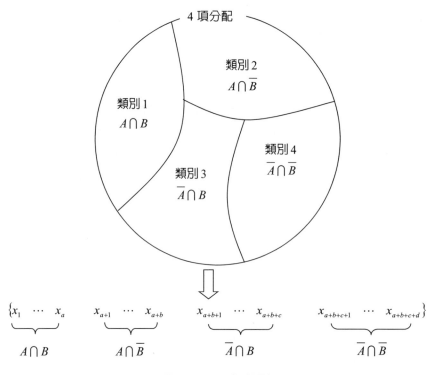

$$\{x_1 \cdots x_a \quad x_{a+1} \cdots x_{a+b} \quad x_{a+b+1} \cdots x_{a+b+c} \quad x_{a+b+c+1} \cdots x_{a+b+c+d}\}$$

$$A \cap B \qquad A \cap \overline{B} \qquad \overline{A} \cap B \qquad \overline{A} \cap \overline{B}$$

圖 1.1.3　4 個類別

此情形的優勝比是表示 2 個事件的關聯度。

優勝比 = 1，

意謂事件 A 與事件 B 是獨立的。

例題 1.1.3

試求下表的優勝比。

表 1.1.5　鯊魚與毒蛇的關係

事件 A ＼ 事件 B	遇見毒蛇	未遇見毒蛇
遇見鯊魚	35 人	16 人
未遇見鯊魚	82 人	37 人

解

$$優勝比 = \frac{a \times d}{b \times c} = \frac{35 \times 37}{16 \times 82}$$

$$= 0.9870$$

優勝比 ≒ 1

因此，遇見鯊魚之事件與遇見毒蛇之事件可以想成是獨立的。亦即，2 個事件之間並無關聯。

⊃ 習題 1.1

以下的資料是某大型公寓中空屋／人不在家的調查結果。

表 1.1.6　門鎖與被闖空屋的風險

	被闖空門	
	有	無
房門的鎖是 **1** 個	47 戶	185 戶
房門的鎖是 **2** 個以上	3 戶	48 戶

問　試求房門的鎖是 1 個與 2 個以上時的優勝比。

解

$$優勝比 = \frac{47 \times 48}{185 \times 3}$$

$$= 4.064865$$

換言之，門鎖是「1 個」時，被闖空屋的風險約為門鎖是「2 個以上」時的 4.1 倍。為了避免被闖空屋，請多安裝幾個門鎖吧！

三、與優勝比相似的統計量有「風險比」

風險比的定義

表 1.1.7　2×2 交叉表

	發生	未發生	合計
要因 A	a	b	a+b
要因 B	c	d	c+d

此時，要因 A 的發生機率與要因 B 的發生機率之比定義為

$$\text{風險比} = \frac{\dfrac{a}{a+b}}{\dfrac{c}{c+d}}$$

譬如，以下的風險比是

表 1.1.8　龍捲風與雷擊

	發生	未發生
遇見龍捲風	2 人	9998 人
遇見雷擊	7 人	9993 人

$$\text{風險比} = \frac{\dfrac{2}{2+9998}}{\dfrac{7}{7+9993}} = 0.2857$$

四、優勝比與風險比之關係

試將優勝 $= \dfrac{x}{1-x}$ 在 $x = 0$ 的附件進行泰勒展開。

$$\frac{x}{1-x} = x + x^2 + x^3 + \cdots$$

因此，$x = 0.0002$ 時

$$\frac{x}{1-x} = 0.0002 + (0.0002)^2 + (0.0002)^3 + \cdots$$
$$= 0.0002 + 0.0000004 + 0.0000000008$$
$$= 0.000200040008$$
$$\fallingdotseq 0.0002$$

所以

$$\frac{x}{1-x} \fallingdotseq x$$

亦即，事件 A 發生之機率 x 非常小時，換言之，事件 A 甚少發生時，優勝與機率幾乎是同值。

因此，2 個事件 A、B 甚少發生時，他們的「優勝比」與「風險比」是相同的。

1.2　優勝比的區間估計

以下的數據是針對抽菸與肺癌之關係所調查的結果。

表 1.2.1　抽菸與肺癌之交叉表

	肺癌者	無肺癌者
抽菸者	41 人	23 人
無抽菸者	17 人	84 人

此時，抽菸者與無抽菸者的優勝比為

$$優勝比 = 8.81$$

因此，想再進一步。

┌─ 風險評估問題 ─────────────────────────────
「抽菸者」與「無抽菸者」中，想以機率 95% 以區間估計得到肺癌的風險。
└───────────────────────────────────────

┌─ 解說 ──────────────────────────────────
試進行優勝比的區間估計看看。
└───────────────────────────────────────

　　所謂區間估計是以機率 $100(1-\alpha)\%$ 估計母體的母數。此時，一般 α 都當作 0.05。因此，

$$100(1-0.05)\% = 0.95$$

1. 母平均的 95% 區間估計之情形

常態母體

母平均 $\mu = ?$

$$\bar{x} - t_{0.025}(N-1)\frac{s}{\sqrt{N}} \le \mu \le \bar{x} + t_{0.025}(N-1)\frac{s}{\sqrt{N}}$$

2. 母比率的 **95%** 區間估計之情形

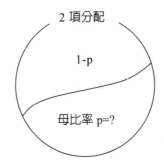

$$\frac{m}{N} - 1.96\sqrt{\frac{\frac{m}{N}(1-\frac{m}{N})}{N}} \leq 母比率 \leq \frac{m}{N} + 1.96\sqrt{\frac{\frac{m}{N}(1-\frac{m}{N})}{N}}$$

一、優勝比的 95% 信賴區間的公式

表 1.2.2　交叉累計表

	B1	B2
A1	a 個	b 個
A2	c 個	d 個

此時，優勝比的機率 95% 的信賴區間，即為如下。

$$OR \times e^{-1.96 \times SE} \leq 優勝 \leq OR \times e^{1.96 \times SE}$$

其中 $\begin{cases} OR = \dfrac{a \times d}{b \times c} \\ SE = \sqrt{\dfrac{1}{a} + \dfrac{1}{b} + \dfrac{1}{c} + \dfrac{1}{d}} \end{cases}$

（註）OR = Odds Ratio（優勝比）

SE = Standard Error（標準誤）

SD = Standard Deviation（標準差）

利用 Excel 時，即為

$$OR * EXP(-1.96 * SE) \leq 優勝 \leq OR * EXP(1.96 * SE)$$

二、利用優勝比的區間估計之步驟

步驟 1　先如下輸入資料。

	A	B	C	D	E	F	G
1		肺癌者	無肺癌者				
2	抽菸	41	23				
3	無抽菸	17	84				
4							
5	OR=		SE=				
6							
7	信賴下限		信賴上限				
8							
9							

步驟 2　為了計算優勝比（OR），於 B5 的方格中輸入 ＝（B2*B3）/（C2*B3）。

	A	B	C	D	E	F
1		肺癌者	無肺癌者			
2	抽菸	41	23			
3	無抽菸	17	84			
4						
5	OR=	=(B2*C3)/(C2*B3)				
6						
7	信賴下限		信賴上限			
8						
9						
10						

步驟 3　爲了計算 SE，於 D5 的方格中輸入 =（1/B2+1/C2+1/B3+1/C3）^0.5。

	A	B	C	D	E	F	G
1		肺癌者	無肺癌者				
2	抽菸	41	23				
3	無抽菸	17	84				
4							
5	OR=	8.808184	SE=	+(1/B2+1/C2+1/B3+1/C3)^0.5			
6							
7	信賴下限		信賴上限				
8							
9							
10							

步驟 4　爲了求出95%信賴下限，於A8方格中輸入=B5*EXP（-1.96*D5）。

	A	B	C	D	E	F
1		肺癌者	無肺癌者			
2	抽菸	41	23			
3	無抽菸	17	84			
4						
5	OR=	8.808184	SE=	0.372286		
6						
7	信賴下限		信賴上限			
8	=B5*EXP(-1.96*D5)					
9						
10						

步驟 5 為了求出 95% 信賴上限，於 C8 方格中輸入 =B5*EXP（1.96*D5）。

	A	B	C	D	E	F
1		肺癌者	無肺癌者			
2	抽菸	41	23			
3	無抽菸	17	84			
4						
5	OR=	8.808184	SE=	0.372286		
6						
7	信賴下限		信賴上限			
8	4.2461		=B5*EXP(1.96*D5)			
9						
10						
11						

步驟 6 是否變成如下了呢？

	A	B	C	D	E	F
1		肺癌者	無肺癌者			
2	抽菸	41	23			
3	無抽菸	17	84			
4						
5	OR=	8.808184	SE=	0.372286		
6						
7	信賴下限		信賴上限			
8	4.2461		18.27185			
9						
10						

因此，機率 95% 的信賴區間即為

$$4.2461 \leq 優勝 \leq 18.2719$$

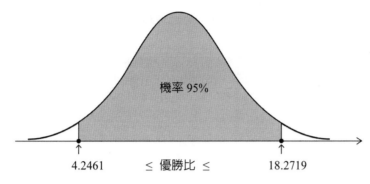

機率 95%

4.2461　　　≦　優勝比　≦　　　18.2719

圖 1.2.1　優勝的機率 95% 的區間估計

三、對數優勝比的情形

對數優勝是在兩邊取對數即可，因此，

$$\log(4.2461) \leq \log(優勝比) \leq \log(18.2719)$$
$$1.4460 \leq \log(優勝比) \leq 2.9054$$

1. 利用 SPSS 求優勝比的區間估計的步驟

步驟 1　如下輸入資料。

	a	b	n	var
1	1	1	41	
2	1	2	23	
3	2	1	17	
4	2	2	84	
5				

步驟 2　對資料進行加權。按一下資料（D），選擇加權觀察值（W）。

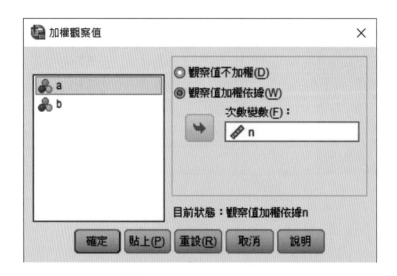

步驟 3　將 n 移入次數變數（F）中，按確定。加權完成後回到原畫面。

步驟 4　按一下分析（A），選擇描述性統計資料（E），接著從子清單中選擇交叉表（C）。

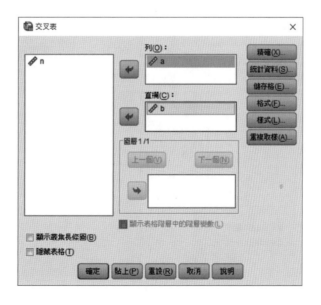

步驟 5　變成以下畫面時，將 a 移到列（O），b 移到直欄（C）的方格中。

步驟 6　按一下統計資料（S），變成如下畫面時，按一下風險（I），再按繼續。

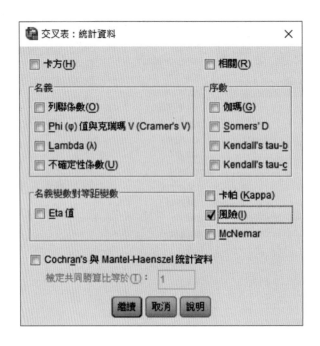

步驟 7　回到以下畫面時，按一下確定。

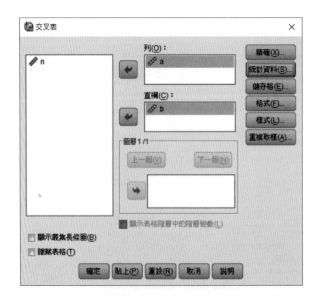

2. 利用 SPSS 求優勝之區間估計與輸出結果

交叉表

觀察值處理摘要

	觀察值					
	有效		遺漏		總計	
	N	百分比	N	百分比	N	百分比
a*b	165	100.0%	0	0.0%	165	100.0%

a*b 交叉列表

計數

		b		總計
		1	2	
a	1	41	23	64
	2	17	84	101
總計		58	107	165

風險評估

	數值	95% 信賴區間	
		下限	上限
a 的優勝比（1/2）	8.808	4.246	18.272
對於 Cohort b = 1	3.806	2.377	6.094
對於 Cohort b = 2	.432	.308	.606
有效觀察值個數	165		

⊃ 習題 1.2

以下的數據是從事創投企業者的調查結果。

表 1.2.3　創投企業與風險迴避

	失敗者	成功者
IT 關聯之企業	28 人	22 人
IT 關聯以外之企業	43 人	7 人

問　試求從事 IT 關聯企業者，與從事 IT 關聯以外的企業者，兩者失敗風險的優勝比的區間估計。

1. 利用 Excel 求優勝比的區間估計與輸出結果

	A	B	C	D	E
1		失敗者	成功者		
2	IT關聯企業	28	22		
3	IT關聯以外企業	43	7		
4					
5	OR=	0.207188161	SE=	0.497274359	
6					
7	信賴下限		信賴上限		
8	0.078176542		0.549102492		
9					
10					

圖 1.2.2　利用 Excel 之優勝比的區間估計

2. 利用 SPSS 求優勝比的區間估計與輸出結果

IT 關聯 * 失敗交叉表

個數

		失敗		總和
		失敗	成功	
IT 關聯	IT 關聯企業	28	22	50
	IT 關聯以外企業	43	7	50
總計		71	29	100

風險估計值

	數值	95% 信賴區間	
		較低	較高
IT 關聯（IT 關聯企業 / IT 關聯以外企業）的奇數比	.207	.078	.549
顯示相對風險之估計 失敗＝失敗	.651	.497	.853
顯示相對風險之估計 失敗＝成功	3.143	1.477	6.685
有效觀察值的個數	100		

解

優勝比的機率 95% 區間估計是

$$0.078 \leq 優勝比 \leq 0.5490$$

1.3　優勝比的檢定

以下的數據是針對抽菸與肺癌關係所調查的結果。

表 1.3.1　抽菸者與肺癌的交叉表

	肺癌者	無肺癌者
抽菸者	41 人	23 人
無抽菸者	17 人	84 人

此時，抽菸者與無抽菸者的優勝比是

$$優勝比 = 8.81$$

因此，想再進一步。

風險評估問題

「抽菸者」與「無抽菸者」，得到肺癌的比率是否相同，請檢定看看。

解說

試進行優勝比的檢定看看。

所謂檢定，是針對母體的假設以顯著水準 5% 去檢定。

一、優勝的檢定體系

步驟 1 建立假設 H_0。

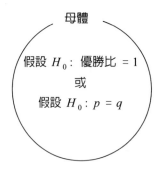

母體

假設 H_0：優勝比 = 1
或
假設 H_0：$p = q$

步驟 2 從樣本計算檢定統計量與顯著水準。

步驟 3 比較顯著機率與顯著水準。

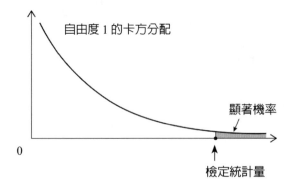

自由度 1 的卡方分配

顯著機率

0

檢定統計量

此時，如

顯著機率 < 顯著水準 0.05

則檢定統計量包含在否定域中，從而否定假設 H_0。

因此，優勝比即不爲 1。

二、檢定統計量與顯著機率，否定域與顯著水準之關係

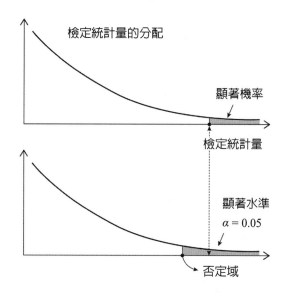

（註）2個機率 p、q 相等 $\Leftrightarrow$ *Odds Ratio* $= 1$ $\Leftrightarrow$ 2個事件A、B獨立

$\qquad\qquad (p = q) \qquad\qquad\qquad\qquad\qquad P(A) \cdot P(B) = P(A \cap B)$

三、優勝比的檢定統計量的公式

表 1.3.2　2×2 交叉表

A ＼ B	B_1	B_2	合計
A_1	a	b	a+b
A_2	c	d	c+d
合計	a+c	b+d	N

此時，檢定統計量成爲如下：

$$\text{檢定統計量 } T = \frac{N \times (|a \times d - b \times c| - \frac{1}{2}N)^2}{(a+c)(b+d)(a+b)(c+d)}$$

此檢定統計量近似服從自由度 1 的卡方分配。

Fisher 的精確法

Fisher 的精確法是以如下公式求顯著機率 p

$$p = \frac{(a+b)!(c+d)!(a+c)!(b+d)!}{(a+b+c+d)!\,a!\,b!\,c!\,d!}$$

SPSS 即使是 2×2 以外的交叉表，也可求出顯著機率。

四、利用 Excel 的優勝比檢定步驟

步驟 1 資料如下輸入。

	A	B	C	D	E	F
1		肺癌者	無肺癌者	合計		
2	抽菸者	41	23			
3	無抽菸者	17	84			
4	合計					
5						
6		檢定統計量		顯著機率		
7						
8						
9						
10						

步驟 2 如下計算 5 個方格之值。

D2 的方格 =B2+C2   B4 的方格 =B2+B3

D3 的方格 =B3+C3   C4 的方格 =C2+C3

D4 的方格 =B2+C2+B3+C3

	A	B	C	D	E	F
1		肺癌者	無肺癌者	合計		
2	抽菸者	41	23	64		
3	無抽菸者	17	84	101		
4	合計	58	107	165		
5						
6		檢定統計量		顯著機率		
7						
8						
9						

步驟 3 為了求檢定統計量，於 B7 的方格中輸入 =D4*（ABS（B2*C3-B3*C2）-D4/2）^2/（B4*C4*D2*D3）。

	A	B	C	D	E
1		肺癌者	無肺癌者	合計	
2	抽菸者	41	23	64	
3	無抽菸者	17	84	101	
4	合計	58	107	165	
5					
6		檢定統計量		顯著機率	
7		=D4*(ABS(B2*C3-B3*C2)-D4/2)^2/(B4*C4*D2*D3)			
8					
9					
10					

步驟 4 為了求出顯著機率，於 D7 的方格輸入 =CHIDIST（B7,1）。

	A	B	C	D	E
1		肺癌者	無肺癌者	合計	
2	抽菸者	41	23	64	
3	無抽菸者	17	84	101	
4	合計	58	107	165	
5					
6		檢定統計量		顯著機率	
7		36.29359082		=CHIDIST(B7,1)	
8					
9					

步驟 5 是否變成如下呢？

	A	B	C	D	E
1		肺癌者	無肺癌者	合計	
2	抽菸者	41	23	64	
3	無抽菸者	17	84	101	
4	合計	58	107	165	
5					
6		檢定統計量		顯著機率	
7		36.29359082		1.69721E-09	
8					

因此，由於

$$顯著水準\ 1.6972\text{E-09} < 顯著水準\ \alpha = 0.05$$

所以否定假設 H_0。

因之，知優勝比不是 1。

亦即，「抽菸」得到肺癌的風險與「無抽菸」得到肺癌的風險是不同的。

五、利用 SPSS 檢定優勝比與輸出結果

優勝比之檢定的假設是

$$假設 H_0 : 優勝比 = 1$$

但由於

$$「優勝比 = 1」 \Leftrightarrow 「A 與 B 獨立」$$

所以優勝比的檢定與「獨立性的檢定」是相同的。

SPSS 的分析步驟如下：

步驟 1　　點選資料（D），選擇加權觀察值（W）。

檔案(F)	編輯(E)	檢視(V)	資料(D)	轉換(T)	分析(A)	直效行銷	統計圖(G)	公用程式(U)	視窗(W)	說明(H)

	資格		定義變數內容(V)...		var	var	var	var	var
			設定未知的測量層級(L)...						
1	有資格		複製資料內容(C)...						
2	有資格		新自訂屬性(B)...						
3	無資格		定義日期(A)...						
4	無資格		定義多重回應集(M)...						
5			驗證(L)						
6			識別重複觀察值(U)...						
7			識別特殊觀察值(I)...						
8			比較資料集(P)...						
9			觀察值排序(O)...						
10			排序變數(B)...						
11			轉置(N)...						
12			合併檔案(G)						
13			重新架構(R)...						
14			傾斜權重...						
15			傾向分數比對...						
16			觀察值控制比對...						
17			聚集(A)...						
18			分割為檔案						
19			Orthogonal 設計(H)						
20									
21			複製資料集(D)						
22			分割檔案(F)...						
23			選擇觀察值(S)...						
24			加權觀察值(W)...						
25									

步驟 2　勾選觀察值加權依據（W），將人數移入次數變數（F）中，按確定。

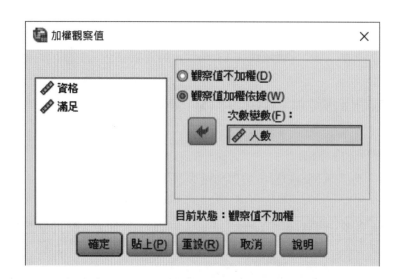

步驟 3　從分析（A）中點選描述性統計資料（E），再點選交叉表（C）。

步驟 4　將資格移入列（O），將滿足移入直欄（C）。點選統計資料（S）。

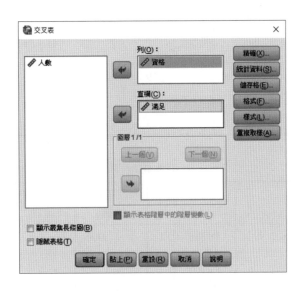

步驟 5　點選卡方（H）後按繼續，再按確定。

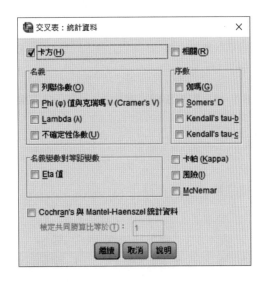

SPSS 的輸出結果，成為如下：

資格 * 滿足交叉列表

個數

		滿足		總計
		不滿足	滿足	
資格	有資格	19	31	50
	無資格	74	26	100
總計		93	57	150

卡方測試

	數值	df	漸近顯著性（2 端）	精確顯著性（2 端）	精確顯著性（1 端）
皮爾森（Pearson）卡方	18.336[a]	1	.000		
持續更正 [b]	16.840	1	.000		
概似比	18.201	1	.000		
費雪（Fisher）確切檢定				.000	.000
線性對線性關聯	18.214	1	.000		
有效觀察值個數	150				

a. 0 資料格（0.0%）預期計數小於 5。預期的計數下限為 19.00。

b. 只針對 2×2 表格進行計算

圖 1.3.1　以 SPSS 檢定優勝比（獨立性的檢定）

⊃ 習題 1.3

以下的數據是轉職經驗者的調查結果。

表 1.3.3　轉職風險與資格的關係

	對轉職不滿意	對轉職滿意
有資格者	19 人	31 人
無資格者	74 人	26 人

問　有資格者與無資格者，對轉職不滿意的優勝比是否相同，請檢定看看。

1. 利用 Excel 檢定優勝比與輸出結果

	A	B	C	D	E
1		不滿意	滿意	合計	
2	有資格	19	31	50	
3	無資格	74	26	100	
4	合計	93	57	150	
5					
6		檢定統計量		顯著機率	
7		16.83998302		4.06674E-05	
8					

圖 1.3.2　利用 Excel 檢定優勝比

2. 利用 SPSS 檢定優勝比與輸出結果

資格 * 不滿意交叉表

個數

		不滿意		總和
		不滿意	滿意	
資格	有	19	31	50
	無	74	26	100
總和		93	57	150

卡方檢定

	數值	自由度	漸近顯著性（2 端）	精確顯著性（2 端）	精確顯著性（1 端）
Pearson 卡方	18.336[b]	1	.000		
連續性校正 [a]	16.840	1	.000		
概似比	18.201	1	.000		
Fisher's 精確檢定				.000	.000
線性對線性的關聯	18.214	1	.000		
有效觀察值的個數	150				

圖 1.3.3　利用 SPSS 檢定優勝比

解

由於

顯著機率 0.000 < 顯著水準 0.05

因此，否定假設 H_0。

第2章　利用檢定與估計的風險分析

2.1　利用比率估計風險的區間

以下的數據是有關 A 國的核能發電廠事故所調查的結果。

表 2.1.1　核能發電廠事故

	座數
發生 1 次以上事故的核電廠	7 座
1 次也未發生事故的核電廠	45 座

此時，核能發電廠的事故發生率為

$$事故發生率 = \frac{7}{7+45} = 0.134$$

風險評估問題

以機率 95% 對核能發電廠的事故發生率進行區間估計。

解說

試進行母比率的區間估計看看。

一、母體比率的區間估計

所謂「母體比率的區間估計」是指以機率 $100(1-\alpha)\%$ 對 2 項母體的母比率進行區間估計。

步驟 1　估計母比率 P。

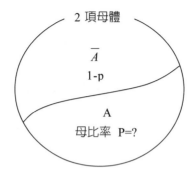

步驟 2　從母體隨機抽樣。

樣本

	個數
A	m 個
$\overline{A}$	$N-m$ 個

步驟 3　代入公式對母體比率進行區間估計。

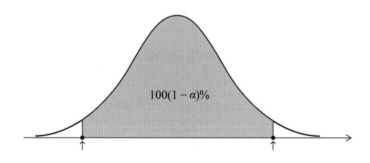

$$\frac{m}{N} - Z_{\frac{\alpha}{2}} \cdot \sqrt{\frac{\frac{m}{N}(1-\frac{m}{N})}{N}} \leq 母比率 \leq \frac{m}{N} + Z_{\frac{\alpha}{2}} \cdot \sqrt{\frac{\frac{m}{N}(1-\frac{m}{N})}{N}}$$

二、利用 Excel：母體比率的區間估計的步驟

步驟 1　如下輸入資料。

	A	B	C	D	E
1	m=	7			
2	N-m=	45			
3	N=	52	統計量=		
4					
5	信賴下限		信賴上限		
6					
7					
8					

步驟 2　爲了計算統計量，於 D3 的方格中輸入 $= (B1/B3*(1-B1/B3)/B3)^{\wedge}0.5$。

	A	B	C	D	E	F
1	m=	7				
2	N-m=	45				
3	N=	52	統計量=	=(B1/B3*(1-B1/B3)/B3)^0.5		
4						
5	信賴下限		信賴上限			
6						
7						

步驟 3 爲了求 95% 的信賴區間，於

A6 的方框中輸入 = B1/B3-1.96*D3

C6 的方框中輸入 =B1/B3+1.96*D3

	A	B	C	D	E
1	m=	7			
2	N-m=	45			
3	N=	52	統計量=	0.047331	
4					
5	信賴下限		信賴上限		
6	0.041846		=B1/B3+1.96*D3		
7					
8					

步驟 4 是否變成如下呢？

	A	B	C	D	E
1	m=	7			
2	N-m=	45			
3	N=	52	統計量=	0.047331	
4					
5	信賴下限		信賴上限		
6	0.041846		0.227385		
7					
8					

⊃ 習題 2.1

以下的資料是有關新型肺炎的調查結果。

表 2.1.2　新型肺癌的死亡率

	新型肺炎患者人數
死亡人數	43 人
無死亡人數	258 人

問　請以機率 95% 對此新型肺炎的死亡率進行區間估計。

【Excel：母體比率的區間估計與輸出結果】

	A	B	C	D	E
1	m=	43			
2	N-m=	258			
3	N=	301	統計量=	0.020169	
4					
5	信賴下限		信賴上限		
6	0.103325		0.182389		

解

母體比率的 95% 區間估計為

$$0.103 \le 死亡率 \le 0.182$$

2.2　利用平均檢定風險

以下的數據是調查早期臺南學甲地區的地下水所含的砷素濃度的結果（假想數據）。

表 2.2.1　砷素濃度與安全性

NO.	砷素濃度
1	0.007 ppm
2	0.012 ppm
3	0.025 ppm
4	0.009 ppm
5	0.006 ppm
6	0.018 ppm
7	0.022 ppm
8	0.016 ppm
9	0.006 ppm
10	0.013 ppm

風險評估問題

自然的狀態下，地下水的砷濃度大約是 0.007 ppm (mg/e)。此地區的地下水的砷濃度可以想成是自然的狀態嗎？

解說

試進行母平均的檢定看看。

一、母平均的假設檢定（雙邊檢定時）

「母平均的假設檢定」是指以顯著水準 5% 檢定母體的假設。

步驟 1 建立假設。

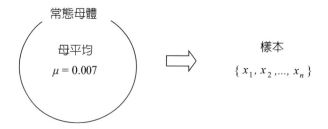

步驟 2 計算檢定統計量 T。

$$T = \frac{\bar{x} - 0.007}{\sqrt{\dfrac{s^2}{N}}}$$

步驟 3　比較顯著機率與顯著水準。

此時，如雙邊顯著機率 < 顯著水準 0.05

則否定假設 H_0。

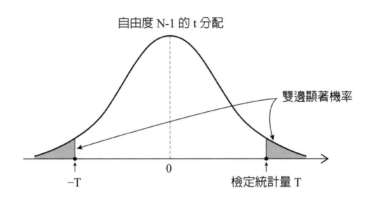

二、Excel：母平均的檢定步驟（雙邊檢定時）

步驟 1　如下輸入資料。

	A	B	C	D	E
1	NO.	砷素濃度	假設=	0.007	
2	1	0.007			
3	2	0.012	樣本平均=		
4	3	0.025			
5	4	0.009	樣本變異數=		
6	5	0.006			
7	6	0.018	檢定統計量=		
8	7	0.022			
9	8	0.016	雙邊顯著機率		
10	9	0.006			
11	10	0.013			
12					

步驟 2 為了計算樣本平均於 D3 的方格輸入 =AVERAGE（B2:B11）。

	A	B	C	D	E	F
1	NO.	砷素濃度	假設=	0.007		
2	1	0.007				
3	2	0.012	樣本平均=	=AVERAGE(B2:B11)		
4	3	0.025				
5	4	0.009	樣本變異數=			
6	5	0.006				
7	6	0.018	檢定統計量=			
8	7	0.022				
9	8	0.016	雙邊顯著機率			
10	9	0.006				
11	10	0.013				
12						

步驟 3 為了計算樣本變異數 s^2，於 D5 的方格中輸入 =VAR（B2:B11）。

	A	B	C	D	E
1	no.	砷素濃度	假設=	0.007	
2	1	0.007			
3	2	0.012	樣本平均=	0.0134	
4	3	0.025			
5	4	0.009	樣本變異數=	=VAR(B2:B11)	
6	5	0.006			
7	6	0.018	檢定統計量=		
8	7	0.022			
9	8	0.016	雙邊顯著機率=		
10	9	0.006			
11	10	0.013			
12					

步驟 4　為了求檢定統計量，於 D7 的方格中輸入 =（D3-D1）/（D5/D10）^0.5。

	A	B	C	D	E
1	NO.	砷素濃度	假設=	0.007	
2	1	0.007			
3	2	0.012	樣本平均=	0.0134	
4	3	0.025			
5	4	0.009	樣本變異數=	4.53778E-05	
6	5	0.006			
7	6	0.018	檢定統計量=	=(D3-D1)/(D5/10)^0.5	
8	7	0.022			
9	8	0.016	雙邊顯著機率		
10	9	0.006			
11	10	0.013			
12					

步驟 5　為了求雙邊顯著機率，於 D9 的方格中輸入 = TDIST（D7, 9, 2）。

	A	B	C	D	E
1	NO.	砷素濃度	假設=	0.007	
2	1	0.007			
3	2	0.012	樣本平均=	0.0134	
4	3	0.025			
5	4	0.009	樣本變異數=	4.53778E-05	
6	5	0.006			
7	6	0.018	檢定統計量=	3.004404211	
8	7	0.022			
9	8	0.016	雙邊顯著機率	=TDIST(D7,9,2)	
10	9	0.006			
11	10	0.013			
12					

步驟 6 是否變成如下呢？

	A	B	C	D	E
1	NO.	砷素濃度	假設=	0.007	
2	1	0.007			
3	2	0.012	樣本平均=	0.0134	
4	3	0.025			
5	4	0.009	樣本變異數=	4.53778E-05	
6	5	0.006			
7	6	0.018	檢定統計量=	3.004404211	
8	7	0.022			
9	8	0.016	雙邊顯著機率	0.014849943	
10	9	0.006			
11	10	0.013			
12					

檢定統計量與雙邊顯著機率，成為如下：

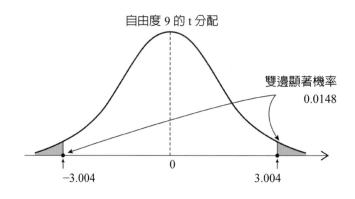

圖 2.2.1　檢定統計量與雙邊顯著機率

因為，雙邊顯著機率 0.0148 ＜顯著水準 0.05
所以，否定 H_0。
此事說明 C 村的地下水的砷濃度並非自然的濃度。

三、SPSS：母平均的檢定與輸出結果

SPSS 的分析步驟如下：

步驟 1　從分析（A）點選比較平均數法（M），再從中點選單一樣本 T 檢定（S）。

步驟 2　將砷濃度移入檢定變數（T）中，檢定值（V）輸入 0.007，按確定。

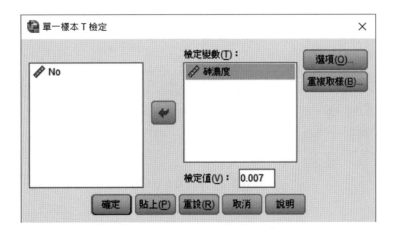

得出輸出如下。

T 檢定

單一樣本檢定

	檢定值 = 0.007					
	t	自由度	顯著性（雙尾）	平均差異	差異的 95% 信賴區間	
					下界	上界
砷濃度	3.004	9	.015	6.4000E-03	1.5811E-03	1.1219E-02

圖 2.2.2　利用 SPSS 的母平均的檢定

四、母平均的假設檢定（單邊檢定時）

雙邊檢定的對立假設 H_1 成為如下：

$$對立假設\ H_1 : \mu \neq 0.007$$

此事意謂

$$對立假設\ H_1 : \mu < 0.007\ 或\ H_1 : \mu > 0.007$$

但是，地下水的砷濃度的風險評估是當

$$\mu > 0.007$$

時，才是問題所在。

　　當 $\mu < 0.007$ 時，即使利用地下水也毫無危險。
　　因此，將對立假設 H_1 當作

$$對立假設\ H_1 : \mu > 0.007$$

此種對立假設 H_1 稱為「單邊檢定」。

此時的否定域即為如下：

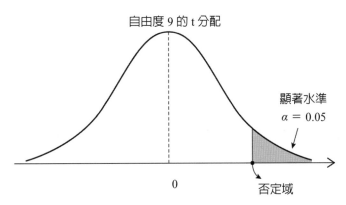

圖 2.2.3　顯著水準與否定域

五、Excel：母平均的檢定步驟（單邊檢定時）

單邊檢定時，求單邊顯著機率。與雙邊檢定不同的地方是步驟 5。

步驟 5　為了求單邊顯著機率，於 D9 的方格中輸入 = TDIST（D7, 9, 1）。

	A	B	C	D	E
1	NO.	砷素濃度	假設=	0.007	
2	1	0.007			
3	2	0.012	樣本平均=	0.0134	
4	3	0.025			
5	4	0.009	樣本變異數=	4.53778E-05	
6	5	0.006			
7	6	0.018	檢定統計量=	3.004404211	
8	7	0.022			
9	8	0.016	單邊顯著機率=	0.007424972	
10	9	0.006			
11	10	0.013			
12					

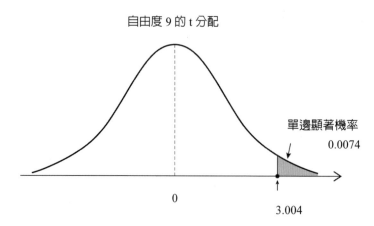

圖 2.2.4　檢定統計量與單邊顯著機率

⊃ 習題 2.2

有一句廣告用詞是「撐這把洋傘，可以去除 70% 的紫外線」。因此，調查 10 隻洋傘的紫外線去除率，得出如下結果：

表 2.2.2　紫外線的去除率

NO.	去除率
1	74%
2	65%
3	62%
4	72%
5	61%
6	58%
7	70%
8	64%
9	68%
10	71%

問　「此廣告用詞」可以說是正確的嗎？

（註）虛無假設 $H_0 : \mu = 70\%$
　　　對立假設 $H_1 : \mu < 70\%$
　　　換言之，是單邊檢定。

1. Excel：母平均的檢定與輸出結果

	A	B	C	D	E
1	NO.	去除率	假設=	70	
2	1	74			
3	2	65	樣本平均=	66.5	
4	3	62			
5	4	72	樣本變異數=	28.05555556	
6	5	61			
7	6	58	檢定統計量=	-2.089578099	
8	7	70			
9	8	64	單邊顯著機率=	0.03311432	
10	9	68			
11	10	71			
12					

圖 2.2.5　利用 Excel 的母平均檢定

（註）D7 是負，為了取絕對值，要使用 ABS（　）。

2. SPSS：母平均的檢定與輸出結果

SPSS 的分析步驟如下：

步驟 1　從分析（A）中點選比較平均數法（M），再從中選擇單一樣本 T 檢定（S）。

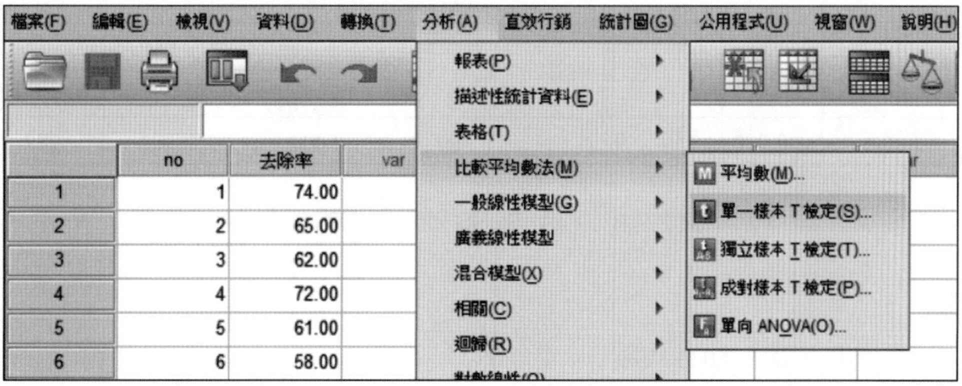

步驟 2　將去除率移入檢定變數（T）中，檢定值（V）輸入 70，按確定。

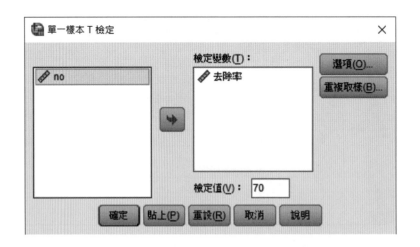

T 檢定

單一樣本統計量

	個數	平均數	標準差	平均數的標準誤
去除率	10	66.5000	5.2967	1.6750

單一樣本檢定

	檢定值 = 70					
	t	自由度	顯著性（雙尾）	平均差異	差異的 95% 信賴區間	
					下界	上界
去除率	-2.090	9	.066	-3.5000	-7.2890	.2891

圖 2.2.6　利用 SPSS 的母平均的檢定

解

單邊顯著機率 0.033 ＜顯著水準 0.05

因此，否定假設 H_0。

雙邊顯著機率之情形，是單邊的 2 倍。

2.3 利用 2 個母比率差的風險檢定

以下的數據是兩個都市中的新型肺炎的調查結果。

表 2.3.1 兩大都市中的新型肺癌患者人數

P 市

	新型肺炎患者人數
死亡人數	43 人
無死亡人數	258 人

T 市

	新型肺炎患者人數
死亡人數	29 人
無死亡人數	374 人

風險評估問題

新型肺炎死亡率的風險，P 市與 T 市是否相同？

解說

試進行 2 個母比率差的檢定看看。

一、2 個母比率差的檢定

步驟 1 　建立假設。

虛無假設 $H_0 : P_1 = P_2$

對立假設 $H_1 : P_1 \neq P_2$

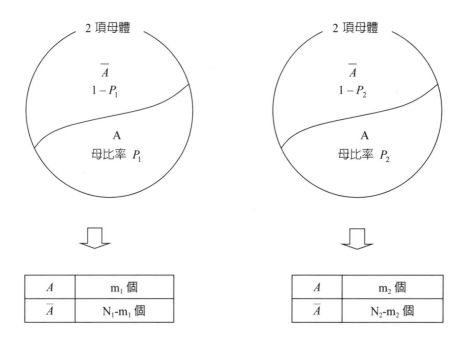

步驟 2 　計算檢定統計量。

$$T = \frac{\left| \dfrac{m_1}{N_1} - \dfrac{m_2}{N_2} \right|}{\sqrt{P(1-P)(\dfrac{1}{N_1} + \dfrac{1}{N_2})}}$$

其中 $P = \dfrac{m_1 + m_2}{N_1 + N_2}$

步驟 3 　比較顯著機率與顯著水準。

此時，如

雙邊顯著機率＜顯著水準 0.05

則否定 H_0。

二、Excel：2 個母體比率之差的檢定步驟

步驟 1　如下輸入資料。

	A	B	C	D	E
1	m1=	43	m2=	29	
2	N1-m1=	258	N2-m2=	374	
3	N1=	301	N2=	403	
4					
5	統計量=				
6					
7	檢定統計量=		雙邊顯著機率=		
8					
9					
10					

步驟 2　為了計算統計量，於 B5 方格中輸入 =（B1+D1）/（B3+D3）。

	A	B	C	D	E
1	m1=	43	m2=	29	
2	N1-m1=	258	N2-m2=	374	
3	N1=	301	N2=	403	
4					
5	統計量=	=(B1+D1)/(B3+D3)			
6					
7	檢定統計量=		雙邊顯著機率=		
8					
9					

步驟3 爲了求檢定統計量，於B7方格中輸入＝ABS（B1/B3-D1/D3）/（B5*（1-B5）*（1/B3+1/D3））^0.5。

	A	B	C	D	E	F
1	m1=	43	m2=	29		
2	N1-m1=	258	N2-m2=	374		
3	N1=	301	N2=	403		
4						
5	統計量=	0.102273				
6						
7	檢定統計量=	=ABS(B1/B3-D1/D3)/(B5*(1-B5)*(1/B3+1/D3))^0.5				
8						
9						

步驟4 爲了求雙邊顯著機率；於 D7 方格中輸入 =2*（1-NORMSDIST（B7））。

	A	B	C	D	E	F
1	m1=	43	m2=	29		
2	N1-m1=	258	N2-m2=	374		
3	N1=	301	N2=	403		
4						
5	統計量=	0.102273				
6						
7	檢定統計量=	3.071314	雙邊顯著機率=	=2*(1-NORMSDIST(B7))		
8						
9						

步驟5 是否變成如下呢？

	A	B	C	D	E
1	m1=	43	m2=	29	
2	N1-m1=	258	N2-m2=	374	
3	N1=	301	N2=	403	
4					
5	統計量=	0.102273			
6					
7	檢定統計量=	3.071314	雙邊顯著機率=	0.002131	

因此，

$$雙邊顯著機率 0.002131 <顯著水準 0.05$$

因此，否定假設 H_0。由此事得知，兩大都市的新型肺炎的死亡率有差異。

三、SPSS：2 個母體比率差的檢定與獨立性檢定的輸出結果

SPSS 的分析步驟如下：

步驟 1　點選資料（D），選擇加權觀察值（W）。

步驟 2　點一下觀察值加權依據（W），將新型肺炎患者數移入次數變數（B）後，按確定。

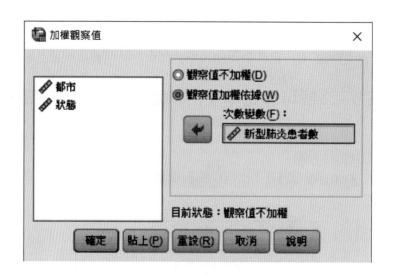

步驟 3　點選分析（A），選擇描述性統計資料（E），再從中選擇交叉表（C）。

步驟 4　將都市移入列（O），死亡狀態移入直欄（C）。點一下統計資料（S）。

步驟 5　點選卡方（H）。按繼續後，再按確定。

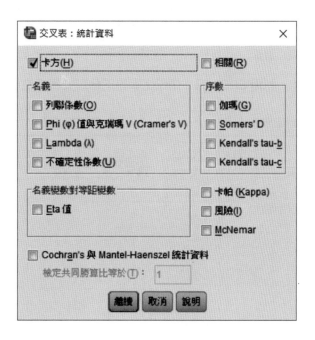

以下的 SPSS 輸出，是獨立性檢定的結果。

都市 * 死訊狀態交叉列表

計數

		死亡狀態		總計
		已死亡	未死亡	
都市	P 市	43	258	301
	T 市	29	374	403
總計		72	632	704

卡方測試

	數值	df	漸近顯著性（2 端）	精確顯著性（2 端）	精確顯著性（1 端）
皮爾森（Pearson）卡方	9.433[a]	1	.002		
持續更正 [b]	8.677	1	.003		
類似比	9.321	1	.002		
費雪（Flsher）確切檢定				.002	.002
線性對線性關聯	9.420	1	.002		
有效觀察值個數	704				

a. 0 資料格（0.0%）預期計數小於 5，預期的計數下限為 30.78。

b. 只針對 2×2 表格進行計算

圖 2.2.1　利用 SPSS 的 2 個母比率差的檢定（獨立性檢定）

（註）

2 個母比率之差的檢定		獨立性檢定	
檢定統計量	2.071314	檢定統計量	$9.433=(2.071314)^2$
雙邊顯著機率	0.002131	顯著水準	0.002

此 2 個檢定是相同的。

⊃ 習題 2.3

以下的資料是海外旅行中事故的調查結果。

表 2.2.2　海外旅行的事故

	休閒事故	交通事故
死亡人數	4 人	52 人
受傷人數	23 人	422 人
合計	27 人	474 人

問　休閒事故與交通事故，何者的風險較高呢？

（註）郵輪的翻覆事故稱為休閒事故。

1. Excel：2 個母比率之差的檢定與輸出結果

	A	B	C	D	E
1	m1=	4	m2=	52	
2	N1-m1=	23	N2-m2=	422	
3	N1=	27	N2=	474	
4					
5	統計量=	0.111776			
6					
7	檢定統計量=	0.61665	雙邊顯著機率=	0.537465	
8					
9					

圖 2.3.2　利用 Excel 的 2 個母比率之差的檢定

2. SPSS：2 個母比率之差的檢定與輸出結果

SPSS 分析步驟請參照前節說明。

交叉表

事故 * 種類交叉表

個數

		種類		總和
		休閒事故	交通事故	
事故	死亡	4	52	56
	受傷	23	422	445
總和		27	474	501

卡方檢定

	數值	自由度	漸近顯著性（雙尾）	精確顯著性（雙尾）	精確顯著性（單尾）
Pearson 卡方	.380[b]	1	.537		
連續性校正[a]	.092	1	.762		
概似比	.351	1	.554		
Fisher's 精確檢定				.527	.356
線性對線性的關聯	.379	1	.538		
有效觀察值的個數	501				

圖 2.3.3　利用 SPSS 的 2 個母比率之差的檢定

解

雙邊顯著機率 0.53746 ＞ 顯著水準 0.05

因此，無法否定假設 H_0。

$(0.6167)^2 = 0.380$

第3章　利用二元邏輯斯迴歸分析的風險分析

利用二元邏輯斯迴歸分析的風險評估

以下的資料是針對腦中風、性別、飲酒量的關係所調查的結果。

表 3.1.1　腦中風與飲酒量的危險關係

NO.	腦中風	性別	飲酒量
1	有	女	3.0
2	無	女	1.6
3	有	女	7.4
4	有	男	9.5
5	有	男	6.0
6	無	女	1.6
7	有	女	2.7
8	有	男	5.4
9	有	男	2.6
10	有	女	1.3
11	無	男	3.7
12	無	女	1.0
13	無	女	0.7
14	無	女	0.9
15	有	女	2.1
16	無	男	1.8
17	無	男	2.9
18	有	男	7.4

─ 風險評估問題 ─

飲酒量增加時，腦中風的風險會增加多少？

─ 解說 ─

進行二元邏輯斯迴歸分析看看。

一、二元邏輯斯迴歸分析

二元邏輯斯迴歸的模式是

$$Log \frac{y}{1-y} = \beta_1 x_1 + \beta_2 x_2 + \cdots + \beta_p x_p + \beta_0$$

此時，模式的係數 β_i 即為

「變數 x_i 只增加 1 單位時的對數優勝比」。

因此，進行指數變換時，

「e^{β_i} = 變數 x_i 只增加 1 單位時的優勝比」。

表 3.1.1 的數據時，模式即為

$$Log \frac{y}{1-y} = \beta_1 \times \boxed{性別} + \beta_1 \times \boxed{飲酒量} + \beta_0$$

所以

$$e^{\beta_2} = 飲酒量只增加 1 單位時的優勝比。$$

亦即，飲酒量只增加 1 單位時，腦中風的風險可以認為是增加 e^{β_2} 倍。

（註）$Log \dfrac{y_2}{1-y_2} = \beta_1 x_1 + \beta_2 (x_2 + 1)$

$-）\ Log \dfrac{y_1}{1-y_1} = \beta_1 x_1 + \beta_2 x_2$

對數（優勝比）

$= \log \left(\dfrac{y_2 / (1 - y_2)}{y_1 / (1 - y_1)} \right)$

$= \beta_2$

二、SPSS：二元邏輯斯迴歸分析與輸出結果

使用 SPSS，對表 3.1.1 的資料進行二元邏輯斯迴歸分析時：

步驟 1 從分析（A）中點選迴歸（R），再從中選擇二元邏輯斯（G）。

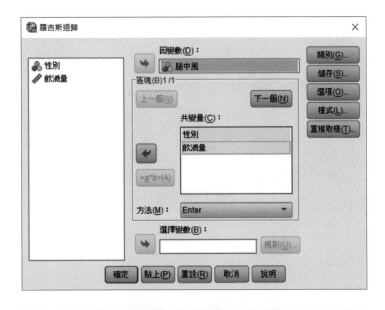

步驟 2 將腦中風移入因變數（D）中，將性別、飲酒量移入共變量（C）中。

步驟 3 點一下類別（G），將性別移入類別共變量（T）中。參考類別點選第一個（F）後，按變更，再按繼續。

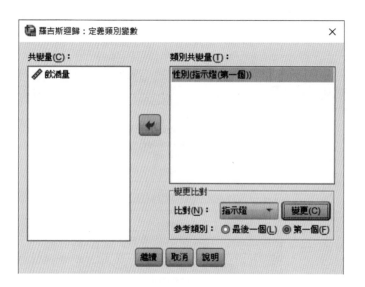

步驟 4 點一下選項（O）。如下勾選後，按繼續。

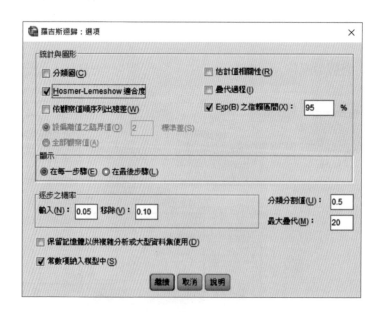

步驟5　點一下 儲存（S） ，如下勾選後，按 繼續 回到原畫面後，再按 確定 。

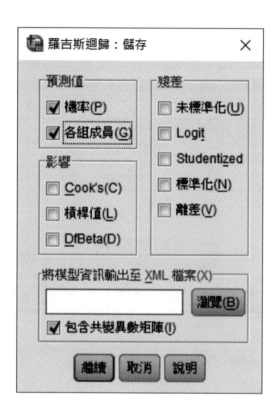

得出如下輸出。

二元邏輯斯迴歸

分類表 [a]

觀察			預測		
			腦中風		百分比修正
			無	有	
步驟 1	腦中風	無	7	1	87.5
		有	2	8	80.0
概要百分比					83.3

a. 分割值為 .500

變數在方程式中

		B	S.E.	Wald	自由度	顯著性
步驟 1[a]	性別 (1)	-3.234	2.195	2.171	1	.141
	飲酒量	1.880	.998	3.551	1	.059
	常數	-3.339	1.807	3.414	1	.065

a. 在步驟 1 中選入的變數：性別、飲酒量

Exp(B)	EXP(B) 的 95.0% 信賴區間	
	下界	上界
.039	.001	2.910
6.554	.927	46.315
.035		

三、SPSS 輸出結果的判讀

1. 如觀察飲酒量在 B 中的地方，模式的係數 β_2 是

$$\beta_2 = 1.880$$

此值即為對數優勝比。

因此，優勝比即爲

$$e^{\beta_2} = e^{1.880} = 6.554$$

亦即，飲酒量只增加 1 單位時，腦中風的風險可以想成是 6.554 倍。

2. 此優勝比在機率 95% 下的信賴區間爲

$$0.928 \le 優勝比 \le 46.315$$

（註）此區間包含 1。信賴區間包含 1，意指飲酒量與腦中風是獨立的。此事與 1. 的顯著機
　　　率為 0.059 是相對應的。

3. 正確判別率 = (7 + 8)/18

$$= 0.833$$

　　誤判率 = 1 − 0.833

$$= 0.1666$$

⊃ 習題 3.1

以下的資料是針對猴痘所調查的結果。

表 3.1.1　與寵物的危險關係

NO.	猴痘	性別	飼養年數	結婚	寵物種類
1	無	女	0.8	已	1
2	無	女	1.5	已	1
3	有	男	3.1	已	5
4	有	女	3.7	已	6
5	有	男	2.6	已	4
6	無	女	1.3	已	2
7	無	男	3.8	已	1
8	無	女	1.0	未	1

（接下頁）

表 3.1.1 （續）

NO.	猴痘	性別	飼養年數	結婚	寵物種類
9	無	男	0.7	已	1
10	無	女	0.9	未	1
11	有	女	1.1	已	2
12	有	男	3.8	未	2
13	無	男	2.9	未	2
14	有	男	7.4	未	4
15	無	女	0.9	未	1
16	無	女	1.1	未	1
17	無	男	0.8	未	1
18	無	女	1.5	未	1
19	有	男	3.0	未	2
20	無	女	2.5	未	2
21	有	男	3.9	已	1
22	有	男	3.1	已	3

問 1 　請寫出二元邏輯斯迴歸分析的模式。

問 2 　飼養年數的對數優勝比是多少。

問 3 　飼養年數的優勝比是多少？

問 4 　飼養年數的優勝比在機率 95% 的信賴區間？

1. SPSS：二元邏輯斯迴歸分析與輸出結果

　　SPSS 的分析步驟參照 3.1 的說明。

分類表 [a]

觀察			預測		
			猴痘		百分比修正
			無	有	
步驟 1	猴痘	無	12	4	75.0
		有	3	26	89.7
	概要百分比				84.4

a. 分割值為 .500

變數在方程式中

		B	S.E.	Wald	自由度	顯著性	Exp(B)	EXP(B) 的 95.0% 信賴區間	
								下界	上界
步驟 1ᵃ	性別 (1)	-.302	2.065	.021	1	.884	.740	.013	42.353
	飼養年數	1.168	.895	1.703	1	.192	3.215	.556	18.578
	寵物種類	2.663	1.282	4.317	1	.038	14.337	1.163	176.764
	常數	-8.098	3.427	5.584	1	.018	.000		

a. 在步驟 1 中選入的變數：性別，飼養年數，寵物種類。

圖 3.1.2　利用 SPSS 的二元邏輯斯迴歸分析

解1　模式（不含結婚）

$$Log \frac{y}{1-y} = 0.854 \times 性別 + 1.561 \times 飼養年數 + 2.783 \times 種類 - 9.936$$

解2　飼養年數的對數優勝比為 1.561

解3　飼養年數的優勝比為 3.763

解4　飼養年數的優勝比在機率 95% 的信賴區間為

0.432 ≤ 優勝 ≤ 52.561

3.2　風險預測機率

以下的資料是腦中風、性別、飲酒量所調查的結果。

表 3.2.1　腦中風與飲酒量的危險關係

NO.	腦中風	性別	飲酒量
1	有	女	3.0
2	無	女	1.6
3	有	女	7.4
4	有	男	9.5
5	有	男	6.0
6	無	女	1.6
7	有	女	2.7
8	有	男	5.4
9	有	男	2.6
10	有	女	1.3

（接下頁）

表 3.2.1（續）

NO.	腦中風	性別	飲酒量
11	無	男	3.7
12	無	女	1.0
13	無	女	0.7
14	無	女	0.9
15	有	女	2.1
16	無	男	1.8
17	無	男	2.9
18	有	男	7.4

── 風險評估問題 ──

想從性別與飲酒量預測變成腦中風的機率。

── 解說 ──

進行二元邏輯斯迴歸分析。

表 3.2.1 的資料的二元邏輯斯迴歸式即為如下：

$$Log\frac{y}{1-y} = -3.234 \times \boxed{性別} + 1.880 \times \boxed{飲酒量} - 3.339$$

如利用此式時，即可計算變成腦中風的預測機率。

譬如，性別 = 男（1），飲酒量 =3.7，

　　　　　= 女（0）

則

$$Log\frac{y}{1-y} = -3.234 \times \boxed{1} + 1.880 \times \boxed{3.7} - 3.339$$

$$Log\frac{y}{1-y} = 0.383$$

$$\frac{y}{1-y} = e^{0.383}$$

$$\frac{y}{1-y} = 1.4667$$

$$y = \frac{1.4667}{1+1.4667}$$

$$y = 0.5946$$

換言之，男性中，飲酒量是 3.7 單位的人，其腦中風的預測機率是預測機率 = 0.5946。

一、SPSS：二元邏輯斯迴歸分析與輸出結果

利用 SPSS 時，於資料檢視處，即可顯示出腦中風的預測機率。

下表是利用 SPSS 的二元邏輯斯迴歸分析的預測機率 pre_1。

	腦中風	性別	飲酒量	pre_1	pgr_1	var
1	有	女	3.0	.90897	有	
2	無	女	1.6	.41800	無	
3	有	女	7.4	.99998	有	
4	有	男	9.5	.99999	有	
5	有	男	6.0	.99106	有	
6	無	女	1.6	.41800	無	
7	有	女	2.7	.85032	有	
8	有	男	5.4	.97287	有	
9	有	男	2.6	.15649	無	
10	有	女	1.3	.29008	無	
11	無	男	3.7	.59473	有	
12	無	女	1.0	.18862	無	
13	無	女	.7	.11680	無	
14	無	女	.9	.16151	無	
15	有	女	2.1	.64773	有	
16	無	男	1.8	.03960	無	
17	無	男	2.9	.24591	無	
18	有	男	7.4	.99935	有	
19						

二、SPSS：輸出結果的判讀方法

1. 這是腦中風的機率。

2. 這是預測類別。

亦即，判斷

預測機率 > 0.5 …有

預測機率 < 0.5 …無

（註）此處的分割值（cut-off）雖當作 0.5，但如利用 ROC 曲線時，可以調查多種分割值的
敏感度與特異度。

⊃ 習題 3.2

以下的資料是針對猴痘的調查結果。

表 3.2.2　與寵物的危險關係

NO.	猴痘	性別	飼養年數	結婚	寵物種類
1	無	女	0.8	已	1
2	無	女	1.5	已	1
3	有	男	3.1	已	5
4	有	女	3.7	已	6
5	有	男	2.6	已	4
6	無	女	1.3	已	2
7	無	男	3.8	已	1
8	無	女	1.0	未	1
9	無	男	0.7	已	1
10	無	女	0.9	未	1
11	有	女	1.1	已	2
12	有	男	3.8	未	2
13	無	男	2.9	未	2
14	有	男	7.4	未	4
15	無	女	0.9	未	1
16	無	女	1.1	未	1
17	無	男	0.8	未	1
18	無	女	1.5	未	1

（接下頁）

表 3.2.2（續）

NO.	猴痘	性別	飼養年數	結婚	寵物種類
19	有	男	3.0	未	2
20	無	女	2.5	未	2
21	有	男	3.9	已	1
22	有	男	3.1	已	3

問 1　女性中，飼養年數為 1.5，種類為 1 時，請求出感染猴痘的預測機率。

問 2　男性中，飼養年數為 2.6，種類為 3 時，請求出感染猴痘的預測機率。

1. SPSS：二元邏輯斯迴歸分析與輸出結果

SPSS 分析步驟請參照 3.1 說明。

變數在方程式中

		B	S.E.	Wald	自由度	顯著性
步驟 1[a]	性別 (1)	-3.234	2.195	2.171	1	.141
	飲酒量	1.880	.998	3.551	1	.059
	常數	-3.339	1.807	3.414	1	.065

a. 在步驟 1 中選入的變數 \：性別，飲酒量

	EXP(B) 的 95.0% 信賴區間	
Exp(B)	下界	上界
.039	.001	2.910
6.554	.927	46.315
.035		

解 1　$Log \dfrac{y}{1-y} = 0.854 \times 0 + 1.561 \times 1.5 + 2.783 \times 1 - 9.936$

$\qquad\qquad = -3.8115$

預測機率 $y = \dfrac{e^{-4.8115}}{1 + e^{-4.8115}}$

$\qquad\qquad = 0.00807$

解 2　$Log\dfrac{y}{1-y} = 0.854 \times 1 + 1.561 \times 2.6 + 2.783 \times 3 - 9.936$

$= 3.3256$

預測機率 $y = \dfrac{e^{3.3256}}{1 + e^{3.3256}}$

$= 0.96530$

（註）$Log\dfrac{y}{1-y} = x$

$\dfrac{y}{1-y} = e^{x}$

$y = \dfrac{e^{x}}{1+e^{x}}$

第 4 章　傾向分數的風險分析

4.1　想法

在各種研究領域中，進行 2 組的比較是常有的事。此時以統計處理來說，進行 2 個母平均之差異的檢定是一般的做法，這時 2 組的數據數不一定相同。

把想要比較的組的共變量條件使之一致，或以去除選擇偏誤（bias）的方法來說，最近經常利用傾向分數（propensity score）與配對（matching）。

此處就傾向分數與配對的步驟，使用具體例進行解說。

4.2　比較 2 個組的研究案例

4.2.1 研究目的

此處所列舉的觀察數雖不多（其數目至少為共變量個數的 10 倍），卻容易理解利用傾向分數配對的想法。

今在有腦中風的 5 名與無腦中風的 15 名的 2 組中，想分析飲酒量對腦中風的影響有無差異。調查的結果如下表所示。

表 4.1　無腦中風的組

受試者	飲酒量（公升）	性別	抽菸（包）	血壓
1	2.5	1	2	142
2	1.3	0	1	133
3	1.6	0	3	147
4	4.3	1	3	135
5	1.2	1	0	142
6	2.1	1	0	158
7	3.9	1	1	165
8	3.4	1	2	145
9	4.6	1	1	148
10	1.1	0	0	135
11	4.8	1	0	149
12	1.7	0	1	176
13	3.1	1	1	141
14	2.5	1	0	136
15	4.7	1	1	148

表 4.2　有腦中風的組

受試者	飲酒量	性別	抽菸	血壓
1	3.5	0	2	154
2	6.4	1	1	135
3	4.5	1	2	159
4	4.2	1	3	165
5	2.8	0	2	147

4.2.2 分析的方針

1. 兩組的數據數分別是 15 人與 5 人，試進行傾向分數與配對。

2. 利用配對，使兩組的數據數相同。

3. 最後，就相同數據數的兩組，進行母平均差的檢定。

4.2.3 傾向分數的計算方法

腦中風的有無當作依變數，性別、抽菸、血壓當作共變量，使用邏輯斯迴歸分析，計算預測機率。

步驟1　將兩組的變數依序輸入。前面的 15 組為「無腦中風」以 0 表示，而後面的 5 組為「有腦中風」以 1 表示。

【資料檢視】

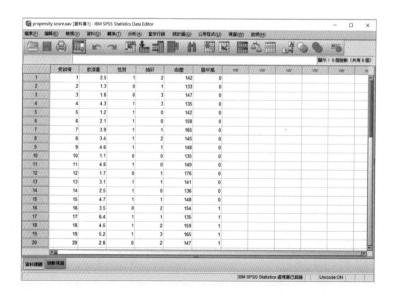

【變數檢視】

步驟 2　從分析 (A) 中點選迴歸 (R)，再從中點選二元邏輯斯 (G)。

步驟 3　將腦中風移入因變數 (D) 中，將性別、抽菸、血壓移入共變量 (C) 中。

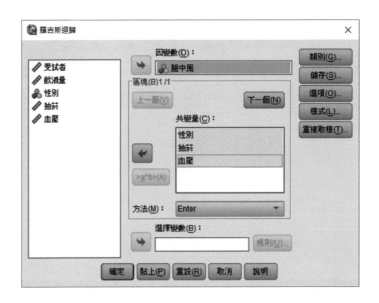

步驟 4　按一下類別 (G)，出現對話框，將性別移入類別共變量 (T) 的方框中，變更比對的參考類別點選第一個 (F)，按變更 (C)。

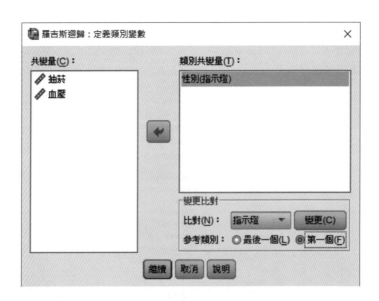

步驟 5　變成如下畫面，後按 繼續 。

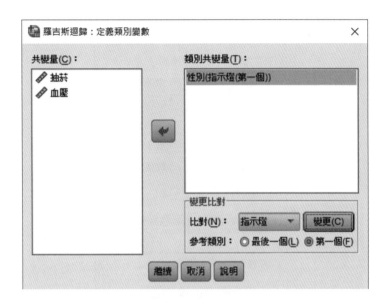

步驟 6　回到原畫面，共變量 (C) 中出現性別（**Cat**），點一下 儲存 (S)。

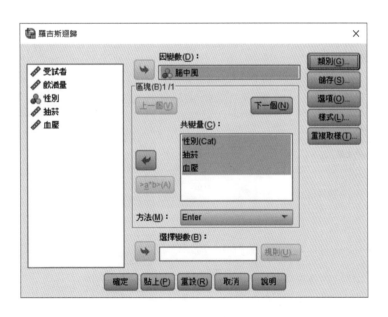

步驟 7　預測值點選機率 (P)，按繼續。

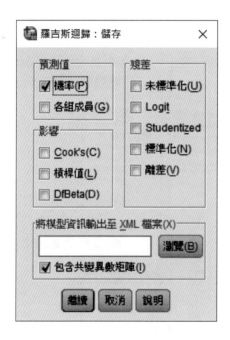

步驟 8　回到原畫面後，按確定。

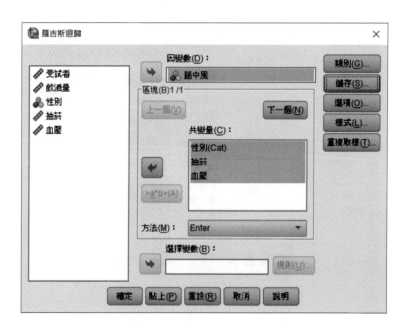

資料檢視中出現的預測機率（PRE_1），此即為傾向分數。

為了將傾向分數相近的調查對象配對，將各組的預測機率按遞增的順序排序。

步驟 9 先對無腦中風的組排序。從資料 (D) 中點選選擇觀察值 (S)。

步驟 10　點選如果滿足設定條件 (C)，再按一下若 (I)。

步驟 11　為了將無腦中風的預測機率排序，將腦中風先移入方框中再輸入 =0，按繼續，回到原畫面後按確定。

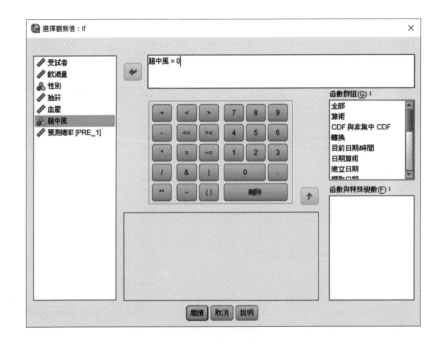

步驟 12　左方出現斜線，此顯示**有腦中風**的組未列入分析中，接著從資料 (D) 中點選觀察值排序 (O)。

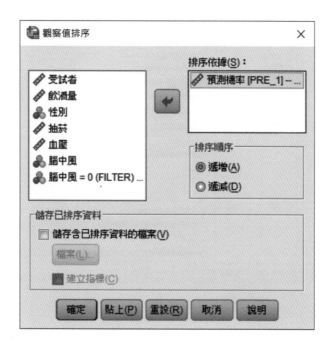

步驟 13　將預測機率移入排序依據 (S) 中。排序順序點選遞增 (A)。

步驟 14　出現無腦中風的預測機率的排序。

	受試者	飲酒量	性別	抽菸	血壓	腦中風	PRE_1	filter_$	var	var	va
1	14	2.5	1	0	136	0	.03703	1			
2	5	1.2	1	0	142	0	.04545	1			
3	10	1.1	0	0	135	0	.05028	1			
4	11	4.8	1	0	149	0	.05757	1			
5	6	2.1	1	0	158	0	.07763	1			
6	17	6.4	1	1	135	1	.09245	0			
7	13	3.1	1	1	141	0	.11200	1			
8	2	1.3	0	1	133	0	.11921	1			
9	9	4.6	1	1	148	0	.13928	1			
10	15	4.7	1	1	148	0	.13928	1			
11	7	3.9	1	1	165	0	.22862	1			
12	1	2.5	1	2	142	0	.26402	1			
13	8	3.4	1	2	145	0	.28528	1			
14	20	2.8	0	2	147	1	.37945	0			
15	12	1.7	0	1	176	0	.38480	1			
16	18	4.5	1	2	159	1	.39651	0			
17	4	4.3	1	3	135	0	.43422	1			
18	16	3.5	0	2	154	1	.43962	0			
19	3	1.6	0	3	147	0	.62664	1			
20	19	5.2	1	3	165	1	.69068	0			
21											

步驟 15　再次從資料(P)中點選選擇觀察值(S)，出現如下畫面，點一下 若(I)。

步驟 16　爲了將有腦中風的預測機率排序，將腦中風＝0改成腦中風＝1。
按繼續再按確定。

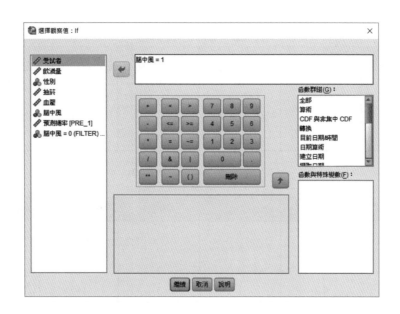

步驟 17　出現有腦中風的預測機率。

受試者	飲酒量	性別	抽菸	血壓	腦中風	PRE_1	filter_S	var	var	va
14	2.5	1	0	136	0	.03703	0			
5	1.2	1	0	142	0	.04545	0			
10	1.1	0	0	135	0	.05028	0			
11	4.8	1	0	149	0	.05757	0			
6	2.1	1	0	158	0	.07763	0			
17	6.4	1	1	135	1	.09245	1			
13	3.1	1	1	141	0	.11200	0			
2	1.3	0	1	133	0	.11921	0			
9	4.6	1	1	148	0	.13928	0			
15	4.7	1	1	148	0	.13928	0			
7	3.9	1	0	165	0	.22862	0			
1	2.5	1	2	142	0	.26402	0			
8	3.4	1	2	145	0	.28528	0			
20	2.8	0	2	147	1	.37945	1			
12	1.7	0	1	176	0	.38480	0			
18	4.5	1	2	159	1	.39651	1			
4	4.3	1	3	135	0	.43422	0			
16	3.5	0	2	154	1	.43962	1			
3	1.6	0	3	147	0	.62664	0			
19	5.2	1	3	165	1	.69068	1			

為了使兩組的數據數相同，分別從各個組中如下選出 4 位預測機率相近的受試者。經比對後分別選出如下 4 組。

表 4.3　無腦中風的組

受試者	飲酒量	性別	抽菸	血壓	預測機率
6	2.1	1	0	158	0.08
12	1.7	0	1	176	0.38
4	4.3	1	3	135	0.43
3	1.6	0	3	147	0.63

表 4.4　有腦中風的組

受試者	飲酒量	性別	抽菸	血壓	預測機率
17	6.4	1	1	135	0.09
20	2.8	0	2	147	0.38
16	3.5	0	2	154	0.44
19	4.2	1	3	165	0.69

此時，共變量的條件是否保持一致，要先進行確認。這需要計算各自變數在組間的標準化差異。

步驟 18　再從資料 (D) 檢視中點選選擇觀察值 (S)，然後再點選全部觀察值 (A)。

步驟 19　按 ctrl 依序清除不需要比較的觀察值。

步驟 20　得出如下畫面。兩組分別有 4 組，且兩組是獨立的，因此從分析
(A) 中選擇比較平均數法 (M)，再點選獨立樣本 t 檢定 (T)。

步驟 **21**　將檢定對象的飲酒量移入 檢定變數 (T) 中，將腦中風移入 分組變數 (G) 中。按一下 定義組別 (D)。

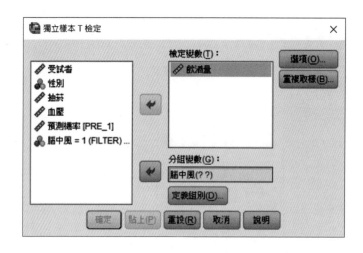

步驟 **22**　組 1 輸入 0，組 2 輸入 1，按 繼續 後再按 確定。

4.2.4 SPSS 輸出

得出輸出如下。

群組統計資料

	腦中風	N	平均數	標準偏差	標準錯誤平均值
飲酒量	無	4	2.425	1.2685	.6343
	有	4	4.475	1.6317	.8159

獨立樣本檢定

		Levene 的變異數相等測試		針對平均值是否相等的 t 測試						
		F	顯著性	T	df	顯著性（雙尾）	平均差異	標準誤差	95% 差異數的信賴區間	
									下限	上限
飲酒量	採用相等變異數	.791	.408	-1.984	6	.095	-2.0500	1.0334	-4.5786	.4786
	不採用相等變異數			-1.984	5.656	.097	-2.0500	1.0334	-4.6164	.5164

　　以傾向分數來配對，可以發現已配對的 2 組樣本，對於共變量中的飲酒量在治療組與對照組可視爲能趨於均衡（0.095 > 0.05）。

　　若未利用傾向分數來配對，進行 2 個母平均差異之檢定時，輸出結果如下。

群組統計資料

	腦中風	N	平均數	標準偏差	標準錯誤平均值
飲酒量	無	15	2.853	1.3559	.3501
	有	5	4.480	1.4132	.6320

獨立樣本檢定

		Levene 的變異數相等測試		針對平均值是否相等的 t 測試						
		F	顯著性	T	df	顯著性（雙尾）	平均差異	標準誤差	95% 差異數的信賴區間	
									下限	上限
飲酒量	採用相等變異數	.118	.735	-2.301	18	.034	-1.6267	.7068	-3.1117	-.1416
	不採用相等變異數			-2.252	6.653	.061	-1.6267	.7225	-3.3533	.1000

　　此時發現 2 組的飲酒量對腦中風的影響則有明顯差異（0.034 < 0.05），顯示共變量中的飲酒量在 2 組間未能保持均衡。

　　（註 1）傾向分數配對的結果，調查背景因子是否一致的尺度有標準化差異（Standardized difference），一般表示各變數的 2 組間的標準化差異以不超過 0.1（10%）爲宜。

　　標準化差異計算如下：

■ 連續數據（continuous）時

$$d = \frac{(\bar{x}_1 - \bar{x}_2)}{\sqrt{\dfrac{s_1^2 + s_2^2}{2}}}$$

式中，$\bar{x}_1$ 為組 1 的平均值，$\bar{x}_2$ 為組 2 的平均值，s_1 為組 1 的標準差，s_2 為組 2 的標準差。

■ 二值數據（dichotomous）時

$$d = \frac{(p_1 - p_2)}{\sqrt{\dfrac{p_1(1 - p_1)\,p_2(1 - p_2)}{2}}}$$

式中，p_1 表組 1 的罹病率，p_2 表組 2 的罹病率。

4.3　選擇傾向分數比對的方法

美國大學研究所入學申請是從 GPA、GRE，RANK 來決定入學能否接受（Admit），想觀察各變項對接受入學之影響（資料參 17-2）。

步驟 1　從資料 (D) 中點選傾向分數比對。

步驟 2　顯示「傾向分數比對」對話框。在此對話框中進行傾向分數的製作與配對。

依執行而異，可利用迴歸選單的「邏輯斯迴歸分析」與利用擴張指令 FUZZY 的「輸入接近此觀察值的觀察值製作 ID 的號碼變數」來執行。

「傾向分數比對」對話框的各項目，進行以下的設定（全部必須輸入）。

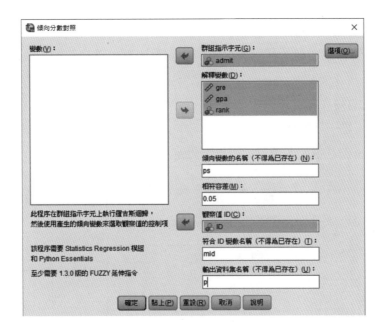

1. **群組指示字元**：設定導出分析結果的從屬變數，使用邏輯斯迴歸。

   ☞ 此處輸入 admit。

2. **預測變數**：設定說明結果的複數個獨立變數，用於邏輯斯迴歸。

   ☞ 此處輸入 gre、gpa、rank。

3. **傾向變數的名稱**：利用邏輯斯迴歸分析，傳回邏輯斯迴歸分析的 [機率] 的新變數，作成數據集。以鍵盤輸入其新變數名。

   ☞ 此處輸入 propensity。

4. **相符容許值**：指定比對的容許值（可以使用小數），輸入 0 與 1 之間的數字已取得比對允許的傾向差異上限。值「0」只在完全一致下容許，值「1」是誤差無限制地製作比對。其間的數值，只有數值的部分容許傾向變數的機率誤差。誤差太小，配對不易成立，誤差愈大配對雖愈容易成

立，卻會在作成的 2 組的數據間出現差異。

☞ 此處輸入 0.05。

5. **觀察值 ID**：設定與數據集一樣的 ID 號碼變數。

☞ 此處將 ID 移入。

6. **符合 ID 變數名稱**：傳回與此觀察值比對的 ID 號碼，以鍵盤輸入新變數的名稱，要輸入資料集中不存在的變數。

☞ 此處輸入 mid。

7. **輸出資料集名稱**：利用執行製作新的數據集。以鍵盤輸入此數據集的名稱。

☞ 此處輸入 p。

步驟 3 　點一下選項 (O)。

「選項」對話框的各項目進行以下設定（任意）。

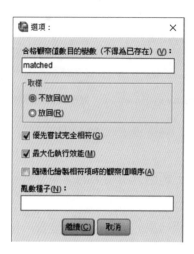

1. **合格觀察值數目的變數**：利用比對所分類的組以「1,2,...」或「系統遺漏值」來區別。

☞ 此處變數名輸入 matched（不輸入也行）。

2. **取樣**：分成放回（甚少使用）或不放回。

☞ 此處選擇不放回。亦即不能重複使用相同群組的受試者。

3. **優先嘗試完全相符**：因爲完全一致才組成比對，組成其他比對時，完全一致爲優先。

☞ 此處選擇優先嘗試完全相符。

4. 最大化執行效能：使用記憶體為優先，再執行程式。

　　☞ 此處選擇最大化執行效能。

5. **隨機畫抽取相符項的觀察值順序**：在容許值的範圍內隨機組成比對。未勾選時，在容許度的範圍內按出現順序組成比對。

　　☞ 此處不選擇。

6. **亂數種子**：固定亂數種子傳回相同的結果（使用 FUZZY 的亂數與 SPSS Statistics 的設定不同）。

　　☞ 亂數種子不輸入。

7. **SPSS 輸出**

執行時，輸出利用「邏輯斯迴歸」與利用 FUZZY 的「控制比對」的結果。依據此結果組成比對。

　　重新製作「傾向分數比對」對話框的「輸出數據集名稱」所指定的數據集名稱。這些結果集即為滿足「傾向分數比對」對話框所設定的數據，依據「相符的容許值」的設定傳回此觀察值的「比對 ID」。雖採用「觀察值 ID」之值與「比對 ID」之值相同的 ID，但觀察值排列順序會改變，因之要注意。

　　數據是比對的一方排好之後，比對的另一方會重排。變數「MID」如果是從「1.00」的觀察值以下區分數據時，即成為以傾向分數所區分的數據，因之將數據以剪下貼上區分後，再將各自的數據依目的所需的手法去分析、比較。

　　所得輸出如下。輸出檔名是 p。

步驟 4　從資料 (D) 中點選選取觀察值 (S)。

步驟 5　從選取中按一下如果 (I)。

步驟 6　如下輸入 ~MISSING (mid) = 1，~MISSING (mid) = 1 意指 mid 非遺漏值，抽取非遺漏值的觀察值時經常使用。按 繼續 再按 確定 。

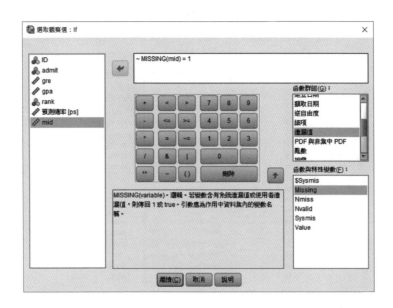

步驟 7　有遺漏值者未被選取。

步驟 8　從分析 (A) 點選獨立樣本 T 檢定 (T)。

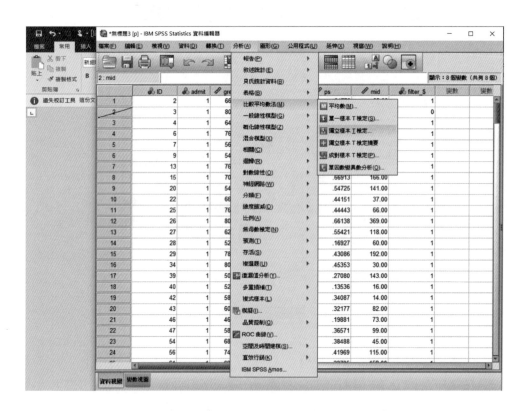

步驟 9　輸入檢定變數 (T)，將 admit 移入分組變數 (G) 中，按一下定義組別 (D)。分別輸入 0,1。得出如下。按確定。

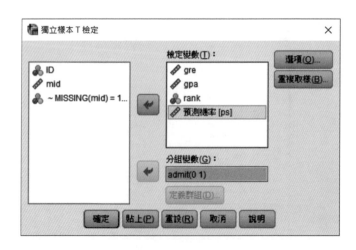

得出輸出如下。

群組統計量

	admit	N	平均值	標準差	標準誤平均值
gre	0	121	612.56	112.757	10.251
	1	121	614.05	107.816	9.081
gpa	0	121	3.4739	.39413	.03583
	1	121	3.4755	.37207	.03382
rank	0	121	2.37	.932	.085
	1	121	2.21	.903	.082
預測機率	0	121	.3640365	.14304063	.01300369
	1	121	.3726497	.14036261	.01276024

從中發現配對數目是 121 對。配對後發現各變數在 2 組的平均值較為一致。亦即背景條件顯示近乎均衡。

未配對前的背景條件顯示如下：

群組統計量

	admit	N	平均值	標準差	標準誤平均值
gre	0	273	573.19	115.830	7.010
	1	127	618.90	108.885	9.662
gpa	0	273	3.3437	.37713	.02283
	1	127	3.4892	.37018	.03285
rank	0	273	2.64	.917	.056
	1	127	2.15	.918	.081

各變數的平均值出現較為不一致。因之，經配對後，數據數不僅相同，各變數的平均值在兩組間也較為一致。

獨立樣本檢定

		變異數等式的 Levene 檢定		平均值等式的 t 檢定						
		F	顯著性	T	自由度	顯著性（雙尾）	平均值差異	標準誤誤差	差異的 95% 信賴區間	
									下限	上限
gre	採用相等變異數	.303	.583	-.105	240	.917	-1.488	14.183	-29.426	26.451
	不採用相等變異數			-.105	239.520	.917	-1.488	14.183	-29.426	26.451
gpa	採用相等變異數	1.329	.250	-.034	240	.973	-.00165	.04927	-.09872	.09541
	不採用相等變異數			-.034	239.208	.973	-.00165	.04927	-.09872	.09541
rank	採用相等變異數	1.170	.280	1.401	240	.162	.165	.118	-.067	.398
	不採用相等變異數			1.401	239.757	.162	.165	.118	-.067	.398
預測機率	採用相等變異數	.002	.963	-1.022	240	.308	-.01861323	.01821866	-.05450213	.01727567
	不採用相等變異數			-1.022	239.914	.308	-.01861323	.01821866	-.05450220	.01727567

　　從獨立樣本檢定中，發現 gre,gpa,rank 對 admit 均無顯著影響。亦即各變量在 2 組間均可視為均衡。

　　此外，從比對後的組間統計量發現，合格的機率（1）比不合格（0）的機率略為大些，其勝算比約為 1.02 倍。

【參考文獻】

1. 統計的因果推論，宮川雅巳著，朝倉書店，2004。
2. 傾向スコアマッチングの手順，IBM SPSS。
3. 星野崇宏「調查觀察データの統計科学─因果推論・選択バイアス・データ融合」岩波書店（2009/7/29）ISBN-10。
4. 傾向スコアによるマッチング／ Statistics，http://www.stats-guild.com/analytics/6879。

第5章 比例風險模式的風險分析

5.1 Kaplan-Meier 法的離婚率曲線

以下的資料是調查進行婚姻諮商者，此後的婚姻持續月數（幾個月後離婚）？

表 5.1.1 婚姻持續月數

NO.	婚姻持續月數	狀態
1	9	離婚
2	12	離婚
3	25	終止
4	3	離婚
5	12	終止
6	16	離婚
7	22	離婚
8	5	終止
9	2	離婚
10	31	離婚

─ 風險評估問題 ─

進行婚姻諮商的夫妻在幾個月後仍然離婚的風險。

─ 解說 ─

試以 Kaplan-Meier 描繪離婚率曲線看看。

所謂「中止（censored）」是指以下的狀態：

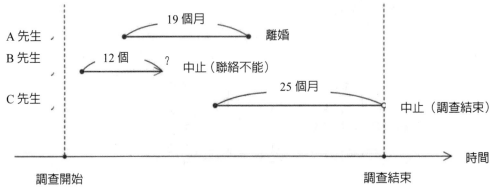

圖 5.1.1　中途中止

一、Kaplan-Meier 法

Kaplan-Meier 法據說原本是醫學領域中研究生存率和瞬間死亡率所想出的方法。例如，已知病患的生存月數時。

表 5.1.2　死亡和生存月數

NO.	生存月數	狀態
1	12	終止
2	35	死亡
3	69	終止
4	72	死亡
5	43	死亡
6	5	死亡
7	40	終止
8	49	死亡
9	64	死亡
10	2	死亡

以如下的曲線表示此病狀的生存率。

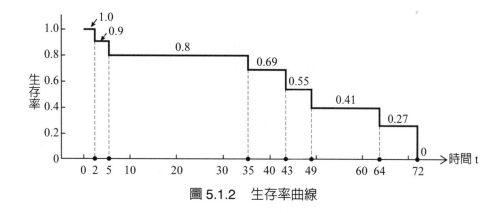

圖 5.1.2 生存率曲線

此種壽命數據在許多地方均可見到，譬如：

1. 音樂 CD 持續暢銷幾個月。

2. 超市貨架上的食品剩下幾個月。

3. 照過 X 光的老鼠，幾個月後出現癌症。

4. 乳酪第幾天出現黴菌。

1. Kaplan-Meier 法：求結婚持續率曲線和離婚率曲線的步驟

　　步驟 1　將資料的結婚持續月數由小到大重新排列。

NO.	結婚持續月數	狀態
9	2	離婚
4	3	離婚
8	5	終止
1	9	離婚
5	12	終止
6	16	離婚
2	19	離婚
7	22	離婚
3	25	終止
10	31	離婚

步驟 2　將 1- 瞬間離婚率依序相乘，計算結婚持續率。

結婚持續月數	狀態	1- 瞬間離婚率	結婚持續率 S（t）
2	離婚	1-1/10=1/19	9/10=0.9
3	離婚	1-1/9=8/9	9/10・8/9=0.8
5	終止	1-0/8=1	9/10・8/9・1=0.8
9	離婚	1-1/7=6/7	9/10・8/9・1・6/7=0.6857
12	終止	1-0/6=1	9/10・8/9・1・6/7・1=0.6857
16	離婚	1-1/5=4/5	9/10・8/9・1・6/7・1・4/5=0.5486
19	離婚	1-1/4=3/4	9/10・8/9・1・6/7・1・4/5・3/4=0.4114
22	離婚	1-1/3=2/3	9/10・8/9・1・6/7・4/5・3/4・2/3=0.2743
25	終止	1-0/2=1	9/10・8/9・1・6/7・4/5・3/4・2/3・1=0.2743
31	離婚	1-1/1=0	9/10・8/9・1・6/7・4/5・3/4・2/3・1・0=0

步驟 3　橫軸取成結婚持續月數，縱軸取成結婚持續率，繪畫結婚持續率曲線。

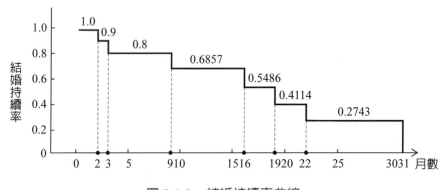

圖 5.1.3　結婚持續率曲線

步驟 4　離婚率 =1－結婚持續率時，即可得知以下的離婚率曲線。

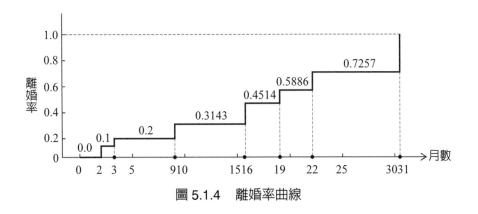

圖 5.1.4　離婚率曲線

2. 利用 SPSS 的 Kaplan-Meier 法和輸出結果

利用表 5.1.1 的資料，以 SPSS 進行 Kaplan-Meier 法。

步驟 1　數據輸入結束後，點選分析（A），選擇存活分析（S），接著選擇 Kaplan-Meier 統計（K）。

步驟 2 將結婚持續月數移到時間（T），狀態移到狀態（U）中。

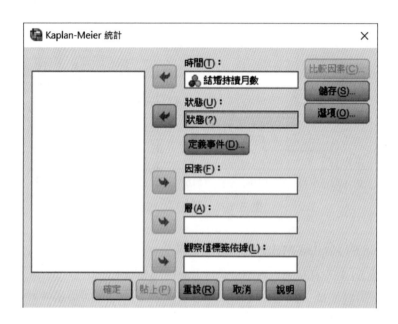

步驟 3 按一下 定義事件（D）。於單一數值中輸入 1。按 繼續。

步驟 4　變成以下畫面時，按一下 儲存 。勾選 存活分析 後，按 繼續 。

步驟 5　點一下 選項 ，如下勾選後按 繼續 。回到原畫面後按 確定 。

得出如下輸出結果。

表 5.1.3　利用 SPSS 的 Kaplan-Meier 法之存活表格

	時間	狀態	時間上存活的累加部分		累加事件的 N	保留觀察值的 N
			估計	標準錯誤		
1	2.000	離婚	.900	.095	1	9
2	3.000	離婚	.800	.126	2	8
3	5.000	分居			2	7
4	9.000	離婚	.686	.151	3	6
5	12.000	分居			3	5
6	16.000	離婚	.549	.172	4	4
7	19.000	離婚	.411	.176	5	3
8	22.000	離婚	.274	.162	6	2
9	25.000	分居			6	1
10	31.000	離婚	.000	.000	7	0

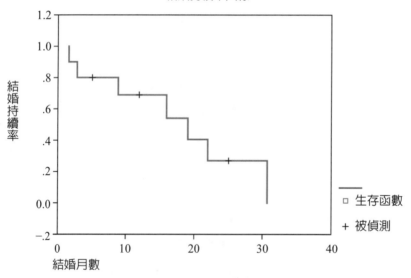

圖 5.1.5　利用 SPSS 的結婚持續率曲線

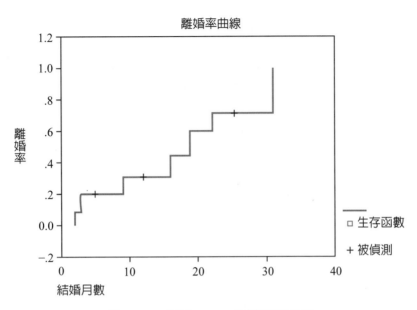

圖 5.1.6　利用 SPSS 的離婚率曲線

⊃ 習題 5.1

以下的資料是針對薪水階級向銀行信貸，於還款項目超過後所調查的結果。

表 5.1.4　破產報告

NO.	超過日數	狀態
1	40	還款
2	11	破產
3	19	破產
4	12	還款
5	21	破產
6	47	破產
7	43	破產
8	30	還款
9	24	破產
10	31	破產

（註）破產是指無法還款的狀態。

問1 將超過日數由小到大重新排列。

解

NO.	超過日數	狀態
2	11	破產
4	12	還款
3	19	破產
5	21	破產
9	24	破產
8	30	還款
10	31	破產
1	40	還款
7	43	破產
6	47	破產

問2 請計算（1－瞬間破產率）、還款率 S（t）、破產率。

解

NO	超過日數	狀態	1- 瞬間破產率	還款率	破產率
2	11	破產	1-1/10	0.9	0.1
4	12	還款	1-0/9	0.9	0.1
3	19	破產	1-1/8	0.7857	0.2125
5	21	破產	1-1/7	0.675	0.325
9	24	破產	1-1/6	0.5625	0.4375
8	30	還款	1-0/5	0.5625	0.4375
10	31	破產	1-1/4	0.4219	0.5781
1	40	還款	1-0/3	0.4219	0.5781
7	43	破產	1-1/2	0.2109	0.7891
6	47	破產	1-1/1	0	1

問 3　橫軸取超過日數，縱軸取破產率，描畫破產率曲線。

解　圖 5.1.7 破產率曲線。

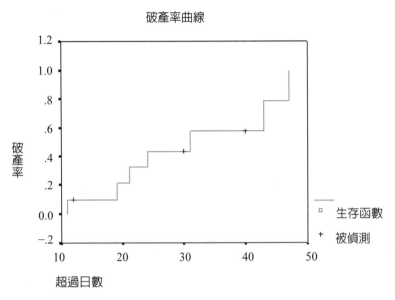

圖 5.1.7　利用 SPSS 的破產率曲線

5.2　利用比例風險模式的風險預測

以下的資料是調查進行婚姻諮商者，此後的婚姻持續月數（幾個月後離婚）？

表 5.2.1　教育與職業對離婚風險的影響

NO	結婚持續月數	狀態	性別	教育	職業
1	2	離婚	女性	大學畢	教職
2	3	終止	女性	大學畢	教職
3	5	終止	女性	研究所畢	教職
4	5	離婚	女性	研究所畢	教職
5	5	終止	女性	大學畢	非教職
6	7	終止	女性	研究所畢	非教職

（接下頁）

表 5.2.1（續）

NO	結婚持續月數	狀態	性別	教育	職業
7	9	離婚	女性	研究所畢	教職
8	11	離婚	女性	研究所畢	教職
9	11	離婚	女性	大學畢	非教職
10	15	終止	女性	大學畢	非教職
11	16	離婚	男性	研究所畢	教職
12	19	離婚	男性	研究所畢	非教職
13	20	離婚	男性	大學畢	非教職
14	20	終止	男性	大學畢	非教職
15	20	離婚	男性	研究所畢	非教職
16	21	離婚	男性	大學畢	非教職
17	28	離婚	男性	大學畢	非教職
18	29	終止	男性	大學畢	非教職
19	31	離婚	男性	研究所畢	非教職
20	37	終止	男性	研究所畢	非教職

┌─ 風險評估狀態 ─────────────────────
職業是教師的人比非教師的人，離婚風險是否較高？
└────────────────────────────

┌─ 解說 ──────────────────────────
試以比例風險模式進行分析。
└────────────────────────────

一、比例風險模式

比例風險模式設

$$\begin{cases} h_0(t) \cdots 作爲基準的瞬間死亡率 \\ h(t) \cdots 研究對象的瞬間死亡率 \end{cases}$$

$h(t)$ 和 $h_0(t)$ 經用共變量 x_1、x_2、$\cdots$、x_p 可以表示如下的模式：

$$h(t) = h_0(t) \times \mathrm{EXP}\,(\beta_1 x_1 + \beta_2 x_2 + ... + \beta_p x_p)$$

↑   ↑   ↑

研究對象的瞬間死亡率 　　 作爲基準的瞬間死亡率 　　 比例常數

共變量也稱爲預後因素。

共變量的部分形成比例常數，因此稱爲「比例風險（hazard）」。

（註）比例風險模式也作爲「COX 迴歸」。COX 迴歸在醫療的領域中經常加以使用。

1. SPSS：比例風險模式和輸出結果 (1)

針對表 5.2.1 的數據，利用 SPSS 進行比例風險模式之分析。

步驟 1　　數據輸入結束時，點選分析（A），選擇存活分析（S），從子清單中選擇 Cox 迴歸（C）分析。

步驟 2 變成以下畫面時，將結婚月數移到時間（I）的方框中，狀態移到狀態（S）的方框中，再按定義事件（F）。

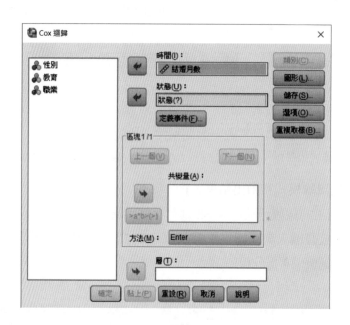

步驟 3 變成以下畫面時，在單一數值（S）的方格中輸入 1，按繼續。

步驟 4　回到步驟 2 的畫面時，確認成為腦中風（1），將性別、教育、職業移到共變量（A）的方框中，接著按 類別（C）。

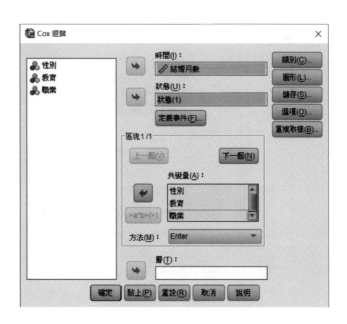

步驟 5　變成了定義類別共變量時，如下將性別、職業、教育移到 類別共變量（T）的方框中。

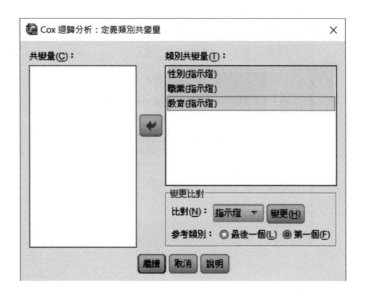

步驟 6　參照類別之處，按一下第一個（F），接著按一下 變更（H） 即變成如下畫面，接著按 繼續 。

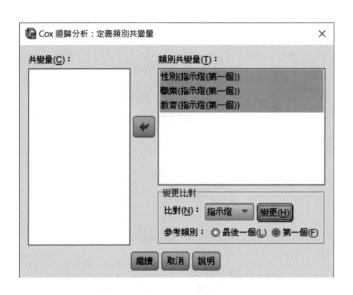

步驟 7　點一下 選項（O），如下勾選後，按 繼續 。

步驟 8　點一下 儲存（S），勾選存活分析的 生存函數（F），按 繼續。

可得出如下的輸出。

方程式中的變數

	B	SE	Wald	df	顯著性	Exp(B)	95.0%Exp(B) 之信賴區間	
							下限	上限
性別	-2.059	1.208	2.905	1	.088	.128	.012	1.362
職業	-.555	1.200	.214	1	.643	.574	.055	6.027
教育	-2.105	1.342	2.460	1	.117	.122	.009	1.691

圖 5.2.1　利用 SPSS 的比例風險模式（COX 迴歸分析）

（註）此輸出結果和邏輯斯迴歸分析的輸出結果非常相似。

2. SPSS 輸出結果的判讀

(1) 比例風險模式的式子為

$$h(t) = ho(t) \times EXP（-0.131 \times \boxed{性別} - 0.393 \times \boxed{教育} + 1.44 \times \boxed{職業}）$$

職業的對數優勝比是 1.44。

(2) EXP(B) 是優勝比。

職業的優勝比是 5.221，教職者比非教職者高，離婚的風險為 5.221 倍。

3. SPSS：比例風險模式和輸出結果 (2)

表 5.2.2　利用 SPSS 的比例風險模式

	結婚月數	狀態	性別	教育	職業	sur_1	se_1
1	2	離婚	女性	大學畢	教職	.90005	.09158
2	3	中止	女性	大學畢	教職	.90005	.09158
3	5	中止	女性	研究所畢	教職	.85280	.09438
4	5	離婚	女性	研究所畢	教職	.85280	.09438
5	5	中止	女性	大學畢	非教職	.94566	.03672
6	7	中止	女性	研究所畢	非教職	.96298	.02525
7	9	離婚	女性	研究所畢	教職	.76078	.12053
8	11	離婚	女性	研究所畢	教職	.58454	.14302
9	11	離婚	男性	大學畢	非教職	.84763	.06385
10	15	中止	女性	大學畢	非教職	.82829	.07111
11	16	離婚	男性	研究所畢	教職	.54141	.14255
12	19	離婚	男性	研究所畢	教職	.45852	.14417
13	20	離婚	女性	大學畢	非教職	.61781	.10277
14	20	中止	女性	大學畢	非教職	.61781	.10277
15	20	離婚	女性	研究所畢	教職	.25347	.12017
16	21	離婚	男性	大學畢	非教職	.59135	.10817
17	28	離婚	男性	大學畢	教職	.05915	.05559
18	29	中止	男性	大學畢	非教職	.51173	.11395
19	31	離婚	女性	研究所畢	教職	.02174	.02432
20	37	中止	女性	研究所畢	非教職	.40368	.10700

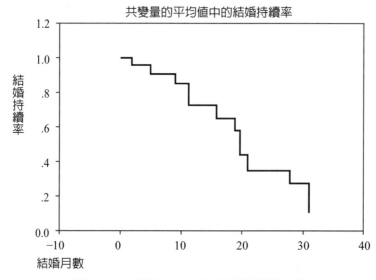

圖 5.2.2　利用 SPSS 的結婚持續率曲線

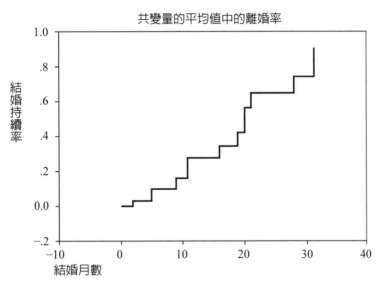

圖 5.2.3 利用 SPSS 的離婚率取線

⊃ 習題 5.2

以下的數據是向銀行信貸部借錢的結果。

表 5.2.3 愈喜歡賭博的人破產的風險

NO	性別	年齡	賭博	狀態	超過月數
1	女性	42	略為	破產	11
2	女性	71	不賭	還款	12
3	男性	37	經常	破產	12
4	男性	60	略為	還款	13
5	女性	58	經常	還款	13
6	女性	74	不賭	破產	15
7	女性	47	經常	還款	19
8	女性	38	不賭	破產	20
9	女性	71	略為	還款	21
10	女性	32	不賭	破產	22
11	男性	58	不賭	破產	22

（接下頁）

表 5.2.3（續）

NO	性別	年齡	賭博	狀態	超過月數
12	女性	24	略為	破產	24
13	女性	40	不賭	還款	24
14	女性	31	經常	還款	25
15	女性	72	略為	破產	27
16	女性	40	經常	破產	28
17	男性	44	略為	還款	30
18	男性	46	不賭	還款	32
19	男性	51	略為	破產	33
20	女性	49	略為	破產	38
21	男性	51	經常	破產	41
22	女性	44	略為	還款	41
23	女性	43	經常	破產	41
24	男性	41	略為	還款	42
25	男性	79	不賭	還款	42
26	男性	46	略為	破產	43
27	女性	38	不賭	破產	44
28	男性	58	略為	還款	44
29	女性	51	略為	破產	45
30	女性	30	不賭	破產	45
31	男性	48	略為	破產	46
32	男性	55	經常	還款	56
33	男性	46	經常	破產	57
34	男性	44	不賭	還款	59
35	男性	48	略為	還款	63
36	女性	46	略為	破產	64
37	男性	53	不賭	還款	66
38	女性	72	不賭	破產	67
39	男性	31	不賭	還款	76
40	女性	51	經常	還款	80

（註）性別：女性 0、男性 1；賭博：不賭 0、略為 1、經常 2；狀態：還款 0、破產 1

【SPSS：比例風險模式和輸出結果】

SPSS 分析步驟請參照前節說明。

方程式中的變數

	B	SE	Wald	自由度	顯著性	Exp(B)	Exp(B) 的 95.0% 信賴區間	
							下界	上界
性別	-.900	.466	3.730	1	.053	.407	.163	1.013
年齡	-.007	.020	.118	1	.731	.993	.954	1.033
賭博			2.061	2	.357			
賭博 (1)	-.745	.557	1.786	1	.181	.475	.159	1.415
賭博 (2)	-.018	.504	.001	1	.972	.982	.366	2.638

圖 5.2.4　利用 SPSS 的比例風險模式

問 1　男性和女性，有關破產的差異是多少？

解　性別的優勝比是 0.407，男性比女性的破產風險似乎比較低。

問 2　高齡者和低齡者，有關破產的差異是多少？

解　年齡的優勝比是 0.993，年齡即使差一截，破產的風險並無改變。

問 3　賭博者和不賭博者，有關破產的差異是多少？

解　賭博 (1) 賭博 (2) 的優勝比，分別約為 2 倍，因此愛賭博的人比不愛賭博的人破產風險約為 2 倍。

第6章 時間數列分析的風險分析

6.1 利用指數平滑化的風險預測

以下的數據是調查過去 13 年的最大消費電力結果。

表 6.1.1　過去 13 年中的每年最大消費電力

年	最大電力
1990	4924
1991	5410
1992	5190
1993	5020
1994	5760
1995	5865
1996	5940
1997	5796
1998	5920
1999	5925
2000	5924
2001	6430
2002	6320

─ 風險評估問題 ─

今年核能發電廠的事故接二連三，電力供應力被認為大約是 6000 萬 KW。可以看出今年夏天有電力不足的風險嗎？

─ 解說 ─

試以指數平滑化法預測今年度最大消費電力。

一、指數平滑化

時間數列數據設為

$$\cdots, x(t-3), x(t-2), x(t-1), x(t), x(t-1)$$

$$\uparrow \qquad \uparrow \qquad \uparrow \qquad \uparrow \qquad \uparrow$$

前 3 期　前 2 期　前 1 期　本期　下 1 期

以下是預測下一期之值 $x(t+1)$ 的方法，即為「指數平滑化」。

$$\hat{x}(t,1) = \alpha \cdot x(t) + \alpha(1-\alpha)x(t-1) + \alpha(1-\alpha)^2 \cdot x(t-2) + \cdots$$

此 $\hat{x}(t,1)$ 稱為「下一期的預測值」。

因為

$$\hat{x}(t-1,1) = \alpha \times x(t-1) + \alpha(1-\alpha) \times x(t-2) + \alpha(1-\alpha)^2 \times x(t-3) + \cdots$$

所以下式成立。

$$\hat{x}(t,1) = \alpha \times x(t) + (1-\alpha) \times \hat{x}(t-1,1)$$

利用 Excel 的指數平滑化，必須先決定此 α 值，但在 SPSS 中可以自動化求出最適值。

$\alpha = 2$ 時

表 6.1.2　指數平滑化的體系

時期	時間數列數據 $x(t)$	下一期的預測值 $\hat{x}(t,1)$
1990	$x(1990) = 4924$	
1991	$x(1991) = 5410$	$\hat{x}(1990,1) = 4924$

（接下頁）

表 6.1.2（續）

時期	時間數列數據 $x(t)$	下一期的預測值 $\hat{x}(t,1)$
1992	$x(1992) = 5190$	$\hat{x}(1991,1) = 0.2 \cdot x(1991) + (1 - 0.2) \cdot \hat{x}(1990,1) = 5021.2$ $= 0.2 \cdot 5410 + (1 - 0.2) \cdot 4924$ $= 5021.2$
1993	$x(1993) = 5020$	$\hat{x}(1992,1) = 0.2 \cdot x(1992) + (1 - 0.2) \cdot \hat{x}(1991,1) = 5054.96$ $= 0.2 \cdot 5190 + (1 - 0.2) \cdot 5021.2$ $= 5054.96$
1994	$x(1994) = 5760$	$\hat{x}(1993,1) = 0.2 \cdot x(1993) + (1 - 0.2) \cdot \hat{x}(1992,1) = 5047.968$ $= 0.2 \cdot 5020 + (1 - 0.2) \cdot 5054.96$ $= 5047.968$
⋮ ⋮	⋮ ⋮	⋮ ⋮

（註）分析工具未出現時，以工具（D）→增益集（A）去確認分析工具（即出現資料分析）。

1. 利用 Excel 的數據平滑化──資料分析的利用

步驟 1　如以下輸入資料。

	A	B	C	D	E	F
1	年度	最大電力				
2	1990	4924				
3	1991	5410				
4	1992	5190				
5	1993	5020				
6	1994	5760				
7	1995	5865				
8	1996	5940				
9	1997	5796				
10	1998	5920				
11	1999	5925				
12	2000	5924				
13	2001	6430				
14	2002	6320				
15						

步驟 2　按一下工具（T），選擇資料分析（D）。

步驟 3　在分析工具（A），選擇指數平滑法，按一下 確定 。

步驟 4　出現以下畫面時，在輸入範圍中輸入 B2：B14

阻尼因素（D）中輸入 0.8

輸出範圍（O）中輸入 C2

接著按 確定 。

（註）阻尼因素也稱為減衰率。

步驟 5　變成如下。

	A	B	C	D	E	F
1	年度	最大電力				
2	1990	4924				
3	1991	5410	4924			
4	1992	5190	5021.2			
5	1993	5020	5054.96			
6	1994	5760	5047.968			
7	1995	5865	5190.374			
8	1996	5940	5325.3			
9	1997	5796	5448.24			
10	1998	5920	5517.792			
11	1999	5925	5598.233			
12	2000	5924	5663.587			
13	2001	6430	5715.669			
14	2002	6320	5858.535			
15						

步驟 6 按一下 C14 的方格時，得知 C14 的方格的函數變成 =0.2*B12+ 0.8*C13

	C14	▼	fx	=0.2*B13+0.8*C13	
	A	B	C	D	E
1	年度	最大電力			
2	1990	4924			
3	1991	5410	4924		
4	1992	5190	5021.2		
5	1993	5020	5054.96		
6	1994	5760	5047.968		
7	1995	5865	5190.374		
8	1996	5940	5325.3		
9	1997	5796	5448.24		
10	1998	5920	5517.792		
11	1999	5925	5598.233		
12	2000	5924	5663.587		
13	2001	6430	5715.669		
14	2002	6320	5858.535		
15					

步驟 7 為了求下一期的預測值 $X(T，1)$，複製 C14 的方格。

Microsoft Excel - 5-1					
檔案(F) 編輯(E) 檢視(V) 插入(I) 格式(O) 工具(T) 資料(D) 視窗(W)					

	復原在 C14 輸入 '=0.2*B13+0.8*C13' (U)	Ctrl+Z			
	剪下(T)	Ctrl+X			
	複製(C)	Ctrl+C			
	貼上(P)	Ctrl+V			
	填滿(I)	▶			
	清除(A)	▶			
	刪除(D)...				
	尋找(F)...	Ctrl+F			
	連結(K)...				

	A		C		F
1	年度				
2	1				
3	1				
4	1				
5	1				
6	1				
7	1				
8	1996	5940	5325.3		
9	1997	5796	5448.24		
10	1998	5920	5517.792		
11	1999	5925	5598.233		
12	2000	5924	5663.587		
13	2001	6430	5715.669		
14	2002	6320	5858.535		
15					

步驟 8　按一下 C15 的方格。

	A	B	C	D	E
1	年度	最大電力			
2	1990	4924			
3	1991	5410	4924		
4	1992	5190	5021.2		
5	1993	5020	5054.96		
6	1994	5760	5047.968		
7	1995	5865	5190.374		
8	1996	5940	5325.3		
9	1997	5796	5448.24		
10	1998	5920	5517.792		
11	1999	5925	5598.233		
12	2000	5924	5663.587		
13	2001	6430	5715.669		
14	2002	6320	5858.535		

步驟 9　貼上至 C15 的方格中。

Microsoft Excel - 5-1									
檔案(F)	編輯(E)	檢視(V)	插入(I)	格式(O)	工具(T)	資料(D)	視窗(W)		

復原在 C14 輸入 '=0.2*B13+0.8*C13' (U)　Ctrl+Z
剪下(T)　Ctrl+X
複製(C)　Ctrl+C
貼上(P)　Ctrl+V
填滿(I)　▶
清除(A)　▶
刪除(D)...
尋找(F)...　Ctrl+F
連結(K)...

	A				F
1	年度				
2	1				
3	1				
4	1				
5	1				
6	1				
7	1				
8	1996	5940	5325.3		
9	1997	5796	5448.24		
10	1998	5920	5517.792		
11	1999	5925	5598.233		
12	2000	5924	5663.587		
13	2001	6430	5715.669		
14	2002	6320	5858.535		
15					
16					

步驟 10 是否變成如下畫面呢？

	A	B	C	D	E	F
1	年度	最大電力				
2	1990	4924				
3	1991	5410	4924			
4	1992	5190	5021.2			
5	1993	5020	5054.96			
6	1994	5760	5047.968			
7	1995	5865	5190.374			
8	1996	5940	5325.3			
9	1997	5796	5448.24			
10	1998	5920	5517.792			
11	1999	5925	5598.233			
12	2000	5924	5663.587			
13	2001	6430	5715.669			
14	2002	6320	5858.535			
15			5950.828			
16						
17						

⊃ 習題 6.1

以下資料是調查某大醫院的醫療疏失件數。

表 6.1.3　增加的醫療疏失件數

年	件數
1980	190
1981	250
1982	250
1983	240
1984	250
1985	310
1986	310
1987	320
1988	360
1989	350
1990	340
1991	350

（接下頁）

表 6.1.3（續）

年	件數
1992	430
1993	500
1994	410
1995	560
1996	560
1997	610
1998	620
1999	610
2000	550
2001	510
2002	470

問　使用 Excel，當阻尼因素為 0.2、0.4、0.6、0.8 時，試分別預測 2003 年的醫療疏失件數。

解　Excel：指數平滑和輸出結果

1. 阻尼因素是 0.2 時

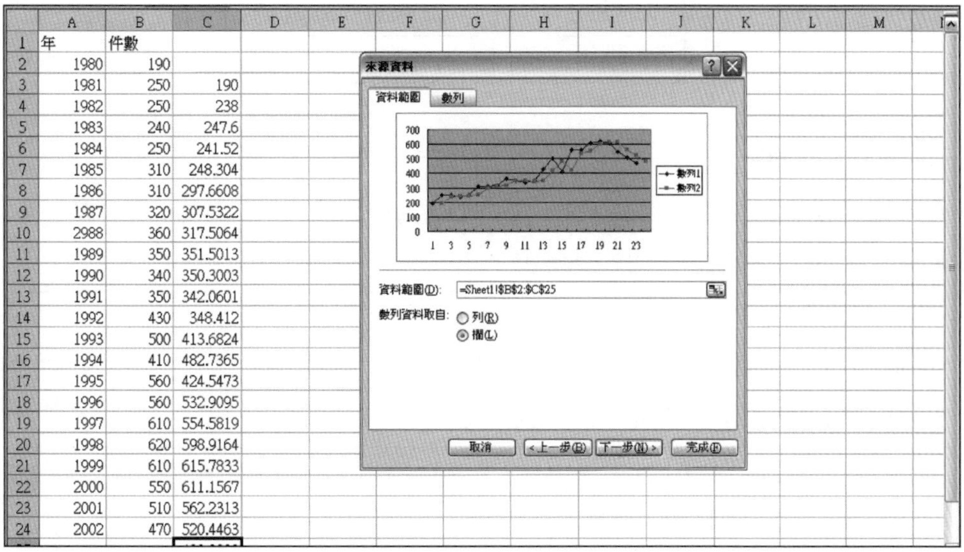

圖 6.1.1　Excel 的指數平滑

2. 阻尼因素是 **0.4** 或 **0.6** 的求法也相同。

6.2 利用自我迴歸模式 AR（P）風險預測

以下數據是調查過去 13 年間的最大消費電力的結果。

表 6.2.1 過去 13 年間每年最大消費電力

年	最大電力
1990	4924
1991	5410
1992	5190
1993	5020
1994	5760
1995	5865
1996	5940
1997	5796
1998	5920
1999	5925
2000	5924
2001	6430
2002	6320

─ 風險評估問題 ─

今年核能發電廠的事故接二連三，電力供應力被認為大約是 6000 萬 KW。可以看出今年夏天有電力不足的風險嗎？

─ 解說 ─

試以指數平滑化法預測今年度最大消費電力。

一、自我迴歸模式

時間數列數據設為

$$\cdots,\ x(t\text{-}p),\ \cdots\ ,\ x(t\text{-}2),\ x(t\text{-}1),\ x(t),\ x(t\text{-}1)$$

↑	↑	↑	↑	↑
前 P 期	前 2 期	前 1 期	現在	下 1 期的預測值

則下式

$$\hat{x}(t) = a_1 \cdot x(t-1) + a_2 \cdot x(t-2) + \dots + a_P x(t-p) + u(t)$$

稱為自我迴歸模式 AR(P)。

又，u(t) 稱為白色干擾（white noise）。

（註）AR 是 Auto Regression 的簡稱。利用自我迴歸模式時，可以設 P=1 或 P=2。

‧p = 1 時

AR(1) 模式的式子是

$$x(t) = a_1 \cdot x(t\text{-}1) + u(t)$$

如利用此事時，以下式求出下 1 期的預測值 $\hat{x}$ (t，1)。

$$\hat{x}\,(t，1) = a_1 \cdot x(t)$$

$a_1 = 1$ 時，稱為隨機漫步。

┌─ 隨機漫步的定義 ──────────────

時間數列 {x(1)，x(2)，$\cdots$，x(t-3)，x(t-2)，x(t-1)，x(t)}

當取階差的時間數據 x(2)-x(1)，$\cdots$，x(t-2)-x(t-3)，x(t-1)-x(t-2)，x(t)-x(t-1)

是白色干擾時，原先的時間數列數據

{x(1)，x(2)…x(t-3)，x(t-2)，x(t-1)，x(t)}

稱爲隨機漫步（random walk）。

・**P = 2 時**

AR(2) 模式的式子即爲

$$x(t) = a_1 \cdot x(t-1) + a_2 \cdot x(t-2) + u(t)$$

如利用此式子時，以下式求出下一期的預測值 $\hat{x}(t，1)$

$$\hat{x}(t，1) = a_1 \cdot x(t) + a_2 \cdot x(t-2)$$

┌─ 白色干擾 ────────────────────────

機率變數列 {…，x(t-2)，x(t-1)，x(t)，x(t+1)，…}

各個機率變數滿足以下的性質時，此機率變數稱爲「白色干擾（white noise）」。

(1) 平均 $E(X(t)) = 0$

(2) 變異數 $V(X(t)) = \sigma^2$

(3) 共變異數 $COV(X(t)，X(t-s)) = 0$，$(s = …，-2，-1，1，2，…)$

1. SPSS：自我迴歸模式和輸出結果

使用 SPSS，進行表 6.2.1 數據的自我迴歸模式 AR(1) 的分析。

步驟 1 從分析（A）選擇預測（T），再從中選擇建立模型（C）。

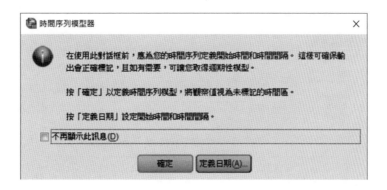

出現如下視窗，此處不需定義日期，按確定即可。

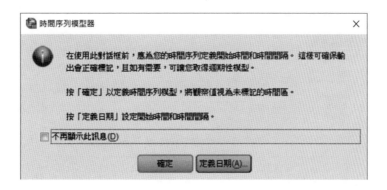

步驟 2 將最大電力移入因變數中，方法選擇 ARIMA 。

步驟 3 點選準則後，將自身迴歸的 p 改成 1 後，按繼續。

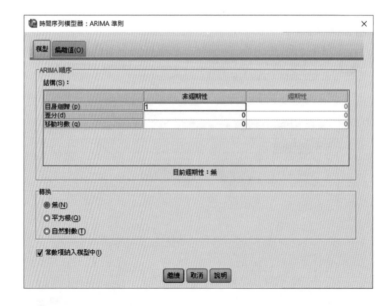

步驟 4　點一下統計資料，如下勾選。

步驟 5　點一下選項，勾選通過指定日期的估計期間結束之後的第一個觀察值（C）。將日期填入 2003。

步驟 6　點一下儲存。如下勾選後，按確定。

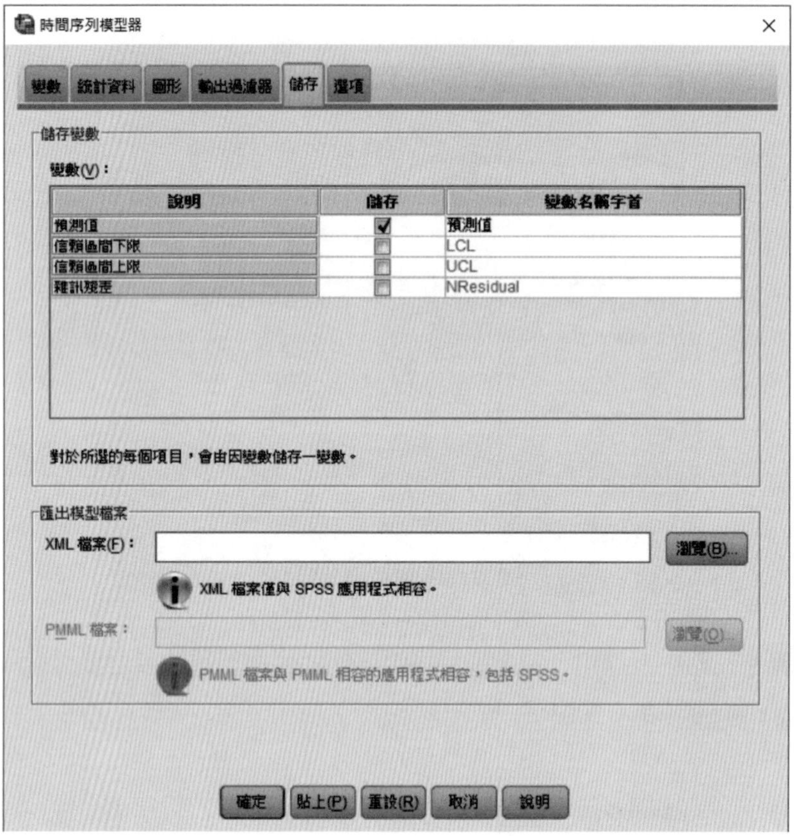

得出如下輸出。

表 6.2.2 利用 SPSS 的自我迴歸 AR（P）模式

型號說明

	模型類型
模型 ID　最大電力　模型 _1	ARIMA(1,0,0)

模型統計資料

模型	預測變數數目	模型適合度統計資料	Ljung-Box Q(18)			離群值數目
		平穩 R 平方	統計資料	DF	顯著性	
最大電力 - 模型 _1	0	.385	.	0	.	0

ARMA 模型參數

					估計	SE	T	顯著性
最大電力 - 模型 _1	最大電力	無轉換	常數		5682.881	397.958	14.280	.000
			AR	落後 1	.804	.201	4.001	.002

表 6.2.3 利用 SPSS 的自我迴歸 AR（P）模式的預測值

	年	最大電力	預測值_最大電力_模型_1
1	1990	4924	5683
2	1991	5410	5073
3	1992	5190	5463
4	1993	5020	5287
5	1994	5760	5150
6	1995	5865	5745
7	1996	5940	5829
8	1997	5796	5890
9	1998	5920	5774
10	1999	5925	5874
11	2000	5924	5878
12	2001	6430	5877
13	2002	6320	6284

2. SPSS：輸出結果的判讀

(1) 此部分是自我迴歸 AR(1) 的式子。看 B 的地方，

$a_1 = 0.80505$，常數項 = 5684.93731，

因此

$$x(t)-5684.9731 = 0.80505\{x(t-1)-5684.93731\}$$

(2) 此處的部分是下 1 期的預測值。

因此

$$\hat{x}(t，1)-5684.93731 = 0.80505(x(t)-5684.93731)$$
$$= 0.80505\{6320-5684.93731\}$$
$$\hat{x}(t，1) = 6196.19$$

➲ 習題 6.2

以下的數據是某些大醫院的醫療疏失結果。

表 6.2.4　增加的醫療疏失件數

年	件數
1980	190
1981	250
1982	250
1983	240
1984	250
1985	310
1986	310
1987	320
1988	360
1989	350

（接下頁）

表 6.2.4（續）

年	件數
1990	340
1991	350
1992	430
1993	500
1994	410
1995	560
1996	560
1997	610
1998	620
1999	610
2000	550
2001	510
2002	470

利用 SPSS 的自我迴歸 AR(1) 模式分析時，可得出如下頁的輸出結果。

問　使用此輸出，預測 2003 年的醫療疏失件數。

1. SPSS：自我迴歸模式和輸出結果

SPSS 的分析步驟參照前節說明。

模型統計資料

模型	預測變數數目	模型適合度統計資料	Ljung-Box Q(18)			離群值數目
		平穩 R 平方	統計資料	DF	顯著性	
B- 模型 _1	0	.783	19.751.	17	.287.	0

ARMA 模型參數

					估計	SE	T	顯著性
B- 模型 _1	B	無轉換	常數		366.111	115.452	3.171	.005
			AR	落後 1	.931	.071	13.140	.000

解　462.84

自我迴歸 AR(1) 模式為

$$\hat{x}\,(t,1)\text{-}366.111 = 0.931 \cdot (470\text{-}366.111)$$

第一期的預測值是 $\hat{x}\,(t,1) = 462.84$

第7章　迴歸分析的風險分析

7.1　利用迴歸直線的風險預測

以下的數據是調查 M 電機公司的耐久力之結果。

表 7.1.1　企業的耐久力統計

年	股本	耐久力	總資產	銷貨收入
1995	9500	8500	35000	32000
1996	9600	8600	38000	35000
1997	10000	9000	44000	38000
1998	8500	7500	45000	38000
1999	6000	5000	43000	38000
2000	7500	6500	40000	37500
2001	7000	6000	42000	41000
2002	5500	4500	40000	36500

耐久力如為負時，倒閉的風險為何？

此耐久力的數據以圖形表現時，即為如下：

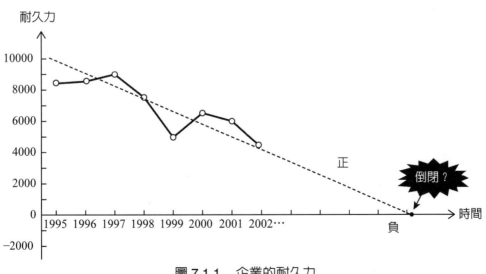

圖 7.1.1　企業的耐久力

┌─ **風險評估問題** ─────────────────────────────
觀察以上的圖形時，M 電機公司的耐久力逐漸減少。試問在幾年後 M 電機公司的耐久力會陷入負的危機呢？
└───────────────────────────────────────

┌─ **解說** ──────────────────────────────────
進行迴歸分析，預測耐久力成爲負的時期看看。
└───────────────────────────────────────

一、迴歸分析與迴歸直線

所謂「迴歸分析」是求出如下 1 次式的統計處理方法。

$$Y = a + bx$$

如表 7.1.1 的資料時，即爲

$$\boxed{耐久力} = a + b \cdot \boxed{年}$$

此時，M 電機公司的耐久力成爲負，即爲

$$\boxed{耐久力} = a + b \cdot \boxed{年} < 0$$

的年分。

（註）$Y = a + b_1 x_1 + b_2 x_2$ 稱爲複迴歸式

　　　$Y = a + bx$ 稱爲單迴歸式。

1. Excel 單迴歸分析 —— 分析工具的利用

　　步驟 1　輸入如下資料。

	A	B	C	D	E	F
1	年	股東資本	耐久力	總資產	銷貨收入	
2	1995	9500	8500	35000	32000	
3	1996	9600	8600	38000	35000	
4	1997	10000	9000	44000	38000	
5	1998	8500	7500	45000	38000	
6	1999	6000	5000	43000	38000	
7	2000	7500	6500	40000	37500	
8	2001	7000	6000	42000	41000	
9	2002	5500	4500	40000	36500	
10						
11						

　　步驟 2　按一下工具列中的資料，點選資料分析，選擇分析工具（A）。接著，選擇迴歸，再按確定。

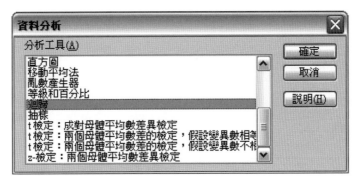

（註）若未出現「資料分析」，可從「自訂快速存取工具列」中，點選「增益等」，再點選「分析工具列」，按執行，之後在工具列的資料右側即可出現。

步驟 3　如下輸入。

步驟 4　按一下 確定，得出如下輸出。

	A	B	C	D	E	F	G	H	I	J
1	摘要輸出									
2										
3		迴歸統計								
4	R 的倍數	0.868191								
5	R 平方	0.753756								
6	調整的 R	0.712715								
7	標準誤	918.1373								
8	觀察值個數	8								
9										
10	ANOVA									
11		自由度	SS	MS	F	顯著值				
12	迴歸	1	15482143	15482143	18.36605	0.005174				
13	殘差	6	5057857	842976.2						
14	總和	7	20540000							
15										
16		係數	標準誤	t 統計	P-值	下限 95%	上限 95%	下限 95.0%	上限 95.0%	
17	截距	1220325	283131	4.310107	0.005037	527528.4	1913122	527528.4	1913122	
18	X 變數 1	-607.143	141.6717	-4.28556	0.005174	-953.801	-260.485	-953.801	-260.485	
19										
20										

從此輸出結果，單迴歸式為

$$\boxed{耐久力} = 1220325 - 607.17 \times \boxed{年}$$

因此，M 公司的耐久力變成負是求解

$$\boxed{耐久力} = 1220325 - 607.17 \times \boxed{年} < 0$$

得出

$$\boxed{年} < \frac{1220325}{607.14} = 2009.96$$

M 電機公司的倒閉危機似乎出現在 2010 年左右。

➲ 習題 7.1

以下的資料是針對臭氧層的破壞所調查的結果。

表 7.1.2　臭氧層破壞量

單位：百萬噸

年	臭氧氣破壞量
1990	60
1991	70
1992	78
1993	79
1994	86
1995	74
1996	72
1997	80
1998	91
1999	80
2000	97

問　使用 Excel 求迴歸直線，預測臭氧層破壞量超過 120 的年分。

【利用 Excel：單迴歸分析與輸出結果】

表 7.1.3　利用 Excel 的迴歸分析

20	摘要輸出								
21									
22	迴歸統計								
23	R 的倍數	0.746621604							
24	R 平方	0.55744382							
25	調整的 R	0.508270911							
26	標準誤	7.13619314							
27	觀察值個	11							
28									
29	ANOVA								
30		自由度	SS	MS	F	顯著值			
31	迴歸	1	577.3091	577.3091	11.3364	0.008297			
32	殘差	9	458.3273	50.92525					
33	總和	10	1035.636						
34									
35		係數	標準誤	t 統計	P-值	下限 95%	上限 95%	下限 95.0%	上限 95.0%
36	截距	-4491.54545	1357.418	-3.30889	0.0091	-7562.24	-1420.85	-7562.24	-1420.85
37	X 變數 1	2.290909091	0.680409	3.366957	0.008297	0.751716	3.830102	0.751716	3.830102
38									
39									

解　2012.978

（註）迴歸直線是

$$Y = -4491.55 + 2.290909x$$

$$-4491.55 + 2.290909 \times x \geq 120$$

$$x \geq \frac{4611.55}{2.290909}$$

$$x \geq 2012.978$$

7.2　時間數列數據利用迴歸分析的風險預測

以下的數據是調查最近 23 年內企業倒閉件數之結果。

表 7.2.1　最近的企業倒閉件數

年	融資	外匯	倒閉件數
1	573.70	115.16	1289
2	571.00	117.90	1299
3	569.70	120.75	1604
4	571.86	121.06	1414
5	587.02	125.27	1624
6	587.32	129.47	1469
7	584.93	129.45	1586
8	587.81	127.00	1811
9	592.06	128.69	1741
10	593.00	131.67	1819
11	592.04	135.00	1736
12	597.94	140.57	1673
13	598.57	140.73	1463
14	595.74	144.67	1544
15	594.68	134.59	1685
16	599.52	121.30	1338
17	611.73	120.58	1123
18	611.14	117.54	976
19	607.82	113.18	939
20	612.45	117.66	1235
21	615.74	119.78	1213
22	617.17	119.81	1333
23	617.51	122.11	1262

風險評估問題

請預測明年會有幾件企業倒閉件數？

解說

使用時間數列數據的迴歸分析預測明年的企業倒閉件數看看。

一、時間數列數據的迴歸分析

所謂「時間數列數據的迴歸分析」是將「複迴歸分析模式與自我迴歸模式」合在一起的統計處理。譬如，在 3 個時間數列數據

$$\{y(t)\};\ \{x_1(t)\};\ \{x_2(t)\}$$

之中，將 $y(t)$ 當作從屬變數，$x_1(t)$ 與 $x_2(t)$ 當作獨立變數時，「時間數列數據的迴歸分析」的式子即為

$$\begin{cases} y(t) = b_1 x_1(t) + b_2 x_2(t) + a + r(t) & \leftarrow \text{複迴歸分析模式} \\ r(t) = \rho \cdot r(t-1) + u(t) & \leftarrow \text{自我迴歸模式} \end{cases}$$

此時，

$$\begin{cases} r(t) = \text{使用複迴歸分析模式時的殘差} \\ u(t) = \text{白色干擾} \end{cases}$$

（註）在迴歸分析的殘差之中要包含時間數列元素。

1. SPSS：時間數列數據的迴歸分析與輸出結果 (1)

針對表 7.2.1 的數據，利用 SPSS 進行時間數列數據的迴歸分析。

步驟 1　從分析（A）選擇預測（T），再從中選擇建立模型（C）。

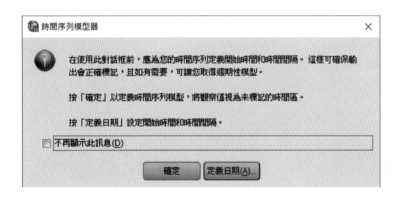

會出現以下視窗，按確定。

步驟 2　將倒閉件數移入<mark>因變數</mark>，將融資、外匯移入<mark>自變數</mark>中，方法選擇 ARIMA。

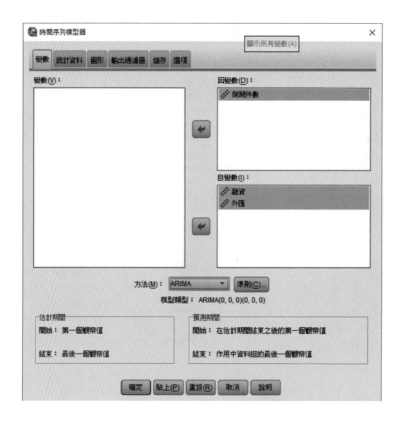

步驟 3 點選準則（C）後，將自身迴歸的 p 改成 1，按繼續。

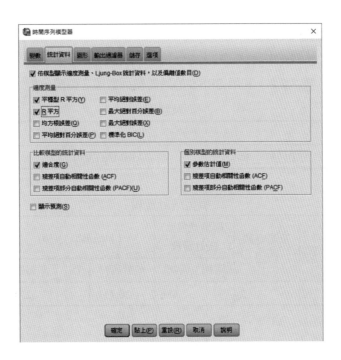

步驟 4 點一下統計資料，如下勾選。

步驟 5　點一下 儲存 。如下勾選後按 確定 。

得出如下輸出。

表 7.2.2　利用 SPSS 的時間數列數據之迴歸分析

型號說明

	模型類型
模型 ID　倒閉件數　模型 _1	ARIMA(1,0,0)

模型統計資料

模型	預測變數數目	模型適合度統計資料	Ljung-Box Q(18)			離群值數目
		平穩 R 平方	統計資料	DF	顯著性	
最大電力 - 模型 _1	2	.686	20.733.	17	.238.	0

ARIMA 模型參數

				估計	SE	T	顯著性
倒閉件數 - 模型 _1	倒閉件數	無轉換	常數	3099.812	2131.502	1.454	.162
			AR 落後 1	.419	.215	1.946	.067
	融資	無轉換	分子 落後 0	-6.359	3.328	-1.911	.071
	外匯	無轉換	分子 落後 0	16.896	5.648	2.992	.007

2. SPSS 輸出結果的判讀法

(1) 觀察 B 的地方……

$$\boxed{倒閉件數} = -7.35620 \times \boxed{融資}$$
$$+ 17.89529 \times \boxed{外匯} + 3098.36529 + r(t)$$
$$r(t) = 0.41956 \times r(t-1) + u(t)$$

因此，明年的倒閉件數是

$$\boxed{下\ 1\ 期的倒閉件數} = -7.35620 \boxed{\times\ 融資}$$
$$+ 17.89529 \times \boxed{下\ 1\ 期的外匯}$$
$$+ 3098.36529 + \hat{r}(t,1)$$
$$\hat{r}(t,1) = 0.41956 \times r(t)$$

3. SPSS 的時間數列數據的迴歸分析與輸出結果 (2)

使用的時間數列數據的迴歸分析，為了求明年的倒閉件數 $\hat{y}(t,1)$，有需要以某種方法求出下 1 期的融資與外匯。因此，假設下 1 期的融資與外匯為

$$融資 = 600，外匯 = 120$$

此時，明年的倒閉件數，可以如下預期為

$$\text{明年的倒閉件數} = -6.35620 \times \boxed{600} + 16.89529 \times \boxed{120} + 3098.26526 + \hat{r}(t,1)$$

$$1262 = -6.35620 \times 617.51 + 16.89529 \times 122.11 + 3098.26526 + r(t)$$

↑

今年的倒閉件數

$$\hat{r}(t,1) = 0.41956 \times r(t)$$

因此，

$$\text{明年的倒閉件數} = -6.35620 \times 600 + 16.89529 \times 120 + 3098.36526 + \underline{0.41956 \times r(t)}$$

↑

$\hat{r}(t,1)$

$$= -6.35620 \times 600 + 16.89529 \times 120 + 3098.36526 + 0.41956 \times \underline{25.56794}$$

↑

$r(t)$

$$= 1322.81$$

表 7.2.3　利用 SPSS 的時間數列數據的迴歸分析（預測值）

	融資	外匯	倒閉件數	預測值_倒閉件數_模型_1	var
1	573.70	115.16	1289		
2	571.00	117.90	1299	1415	
3	569.70	120.75	1604	1449	
4	571.86	121.06	1414	1545	
5	586.02	125.27	1624	1450	
6	587.32	129.47	1469	1609	
7	584.93	129.45	1586	1532	
8	587.81	126.00	1811	1499	
9	592.06	128.69	1741	1644	
10	593.00	131.67	1819	1651	
11	592.04	135.00	1736	1727	
12	596.94	140.57	1673	1729	
13	598.57	140.73	1463	1669	
14	595.74	144.67	1544	1669	
15	594.68	134.59	1685	1503	
16	599.52	121.30	1338	1376	
17	611.73	120.58	1123	1248	
18	611.14	117.54	976	1148	
19	607.82	113.18	939	1053	
20	612.45	116.66	1235	1089	
21	615.74	119.78	1213	1233	
22	617.17	119.81	1333	1202	
23	617.51	122.11	1262	1292	
24	600.00	120.00	.	1323	

➲ 習題 7.2

　　以下的數據是針對二氧化碳總排放量、國內總生產、卡車銷售台數，所調查的結果。

表 7.2.4　二氧化碳排放量與環境破壞

年	二氧化碳總排放量	國內總生產（兆）	卡車銷售台數
1991	1138.5	481.7	187,265
1992	1148.9	483.4	147,367
1993	1137.4	485.5	122,046
1994	1194.8	490.7	146,769
1995	1208.0	502.8	177,264
1996	1219.4	520.1	168,299
1997	1219.4	521.3	93,818
1998	1191.7	518.4	85,091
1999	1232.8	525.7	84,620
2000	1237.1	530.7	83,038

以 SPSS 的「時間數列數據的迴歸分析」進行分析，得出如以下的輸出結果。

問　利用輸出結果，預測下一年的二氧化碳排放量。

獨立變數是國內總生產。

但下 1 期的國內總生產量是 535 兆元。

【SPSS：時間數列數據的迴歸分析與輸出結果】

SPSS 分析步驟請參閱前一節說明。

表 7.2.5　SPSS 之時間數列數據迴歸分析

模型統計資料

模型	預測變數數目	模型適合度統計資料	Ljung-Box Q(18)			離群值數目
		平穩 R 平方	統計資料	DF	顯著性	
二氧化碳 - 模型 _1	1	.820	.	0	.	0

ARIMA 模型參數

					估計	SE	T	顯著性
二氧化碳 - 模型 _1	二氧化碳	無轉換	常數		279.344	167.686	1.666	.140
			AR	落後 1	.032	.383	.085	.935
	總生產	無轉換	分子	落後 0	1.805	.331	5.450	.001

解

$$\begin{cases} \hat{y}(t,1) = 1.80519 \times \underset{\underset{535}{\uparrow}}{\hat{x}(t,1)} + 279.18475 + \hat{r}(t,1) \\[2mm] \hat{y}(t) = 1.80519 \times \underset{\underset{530.7}{\uparrow}}{x(t)} + 279.18475 + r(t) \\[1mm] \underset{\underset{1237.1}{\uparrow}}{} \\[1mm] \hat{r}(t,1) = 0.03276 \times r(t) \end{cases}$$

$$\Rightarrow \begin{cases} \hat{r}(t,1) = \hat{y}(t,1) - 1.80519 \times 535 - 279.18475 \\ r(t) = 1237.1 - 1.80519 \times 530.7 - 279.18475 \end{cases}$$

$$\Rightarrow \hat{y}(t,1) - 1.80519 \times 535 - 279.18475$$
$$= 0.03276 \times (1237.1 - 1.80519 \times 530.7 - 279.18475)$$

$$\Rightarrow \hat{y}(t,1) = 1244.958$$

表 7.2.6　SPSS 之時間數列數據迴歸分析

	年	二氧化碳	總生產	銷售台數	預測值_二氧化碳_模型_1	預測值_二氧化碳_模型_1	var
1	1991	1138.5	481.7	187235	1148.753	1148.753	
2	1992	1148.9	483.4	147367	1151.489	1151.489	
3	1993	1136.4	485.5	122046	1155.517	1155.517	
4	1994	1194.8	490.7	146769	1164.375	1164.375	
5	1995	1208.0	502.8	177264	1187.802	1187.802	
6	1996	1219.4	520.1	168299	1218.746	1218.746	
7	1997	1219.4	521.3	93818	1220.270	1220.270	
8	1998	1191.7	518.4	85091	1214.965	1214.965	
9	1999	1232.8	525.7	84626	1227.413	1227.413	
10	2000	1237.1	530.7	83038	1237.342	1237.342	
11	.	.	535.0	.		1244.950	
12							

第8章 利用主成分分析的風險分析

8.1 利用主成分分析分級風險度

以下的數據是針對 16 家壽險公司，調查從股票到外幣的擁有率之結果。

表 8.1.1 壽險公司從股票到外幣的擁有率

NO.	壽險公司	股票	公債	外國證券	融資	外幣
1	日本	18.8	22.0	8.6	38.3	5.2
2	第一	20.3	24.0	6.6	34.7	5.3
3	住友	15.5	28.4	8.7	33.7	4.3
4	明治	21.1	20.9	3.4	39.1	3.3
5	朝日	23.0	14.0	10.3	38.4	10.1
6	三井	19.8	15.2	4.7	43.4	4.6
7	安田	18.7	16.3	10.0	41.7	8.6
8	千代田	18.7	8.7	8.0	50.3	6.3
9	太陽	11.6	24.2	5.1	43.1	2.1
10	協榮	8.2	24.1	8.3	41.9	6.8
11	大同	9.1	43.4	4.7	30.0	2.4
12	東邦	12.9	15.8	13.6	38.2	12.2
13	富國	13.8	23.5	10.8	36.1	6.8
14	日本團體	8.1	12.2	20.5	43.2	18.6
15	第百	16.4	21.0	6.7	41.1	5.9
16	日產	12.3	8.8	21.1	40.5	18.3

┌─ 風險評估問題 ─────────────────────────────
│ 16 家壽險公司中，最危險的公司是哪一家？
└──

解說

進行主成分分析，對倒閉風險度進行分級。

一、主成分分析

　　所謂「主成分分析」是將幾個變數整理成 1 次式調查總合特性的統計處理方法。

　　依表 8.1.1 的數據，將以下 5 個變數：股票、公債、外國證券、貸款、外幣整理後，如下求出「壽險公司的財力」。

$$\boxed{壽險公司的財力} = a_1 \times \boxed{股票} + a_2 \times \boxed{公債} + a_3 \times \boxed{外國證券}$$
$$+ a_4 \times \boxed{貸款} + a_5 \times \boxed{外幣} + a_6$$

（註）如將係數想成比重時，則主成分分析似乎是加權的合計分數。

1. SPSS 的主成分分析與結果的判讀

　　使用表 8.1.1 的數據進行主成分分析。

　　步驟 1　從分析（A）中選擇維度縮減（D），再從中點選因素（F）。

	壽險	股票	公債		外幣	var
1	日本	18.8			5.2	
2	第一	20.3			5.3	
3	住友	15.5			4.3	
4	明治	21.1			3.3	
5	朝日	23.0			10.1	
6	三井	19.8			4.6	
7	安田	18.7			7.6	
8	千代田	18.7			6.3	
9	太陽	11.6			2.1	
10	協榮	8.2				
11	大同	9.1				
12	東邦	12.9				
13	富國	13.8			6.8	
14	日本團體	8.1			17.6	
15	第百	16.4			5.9	
16	日產	12.3			18.3	
17						
18						
19						

步驟 2 將所有變數移入變數中。

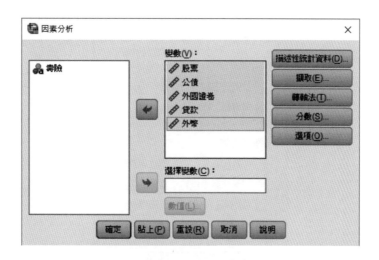

步驟 3 點一下 擷取（E），方法（M）選擇主成分。根據特徵值（E）之處輸入 1。

步驟 4　點一下 描述性統計資料（D），如下輸入後，按 繼續。

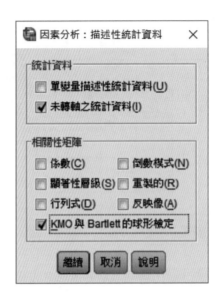

步驟 5　點一下 分數（S），勾選 因素儲存成變分數（S），按 繼續。

步驟 6　按一下選項（O），如下勾選後，按繼續再按確定。

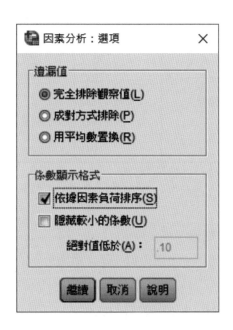

得出如下的輸出。

表 8.1.2　利用 SPSS 的主成分分析

說明的變異數總計

元件	起始特徵值			擷取平方和載入		
	總計	變異的 %	累加 %	總計	變異的 %	累加 %
1	2.687	53.737	53.737	2.687	53.737	53.737
2	1.557	31.146	84.882	1.557	31.146	84.882
3	.716	14.319	99.201			
4	.021	.419	99.620			
5	.019	.380	100.000			

擷取方法：主體元件分析。

元件矩陣 [a]

	元件	
	1	**2**
股票	-.188	.803
公債	-.842	-.525
外國證卷	.887	-.408
貸款	.536	.624
外幣	.931	-.284

擷取方法：主體元件分析。

a. 擷取 2 個元件。

(1) 的部分是第 1 主成分。

觀察此值，可以判讀第 1 主成分似乎是「壽險公司的財力」。

$$壽險公司的體力 = -0.188 \times 股票 - 0.842 \times 公債 + 0.887 \times 外國證券$$
$$+ 0.536 \times 貸款 + 0.931 \times 外幣$$

第 1 主成分的主成分分數，因為是輸出在資料檢視的頁面，所以將此分數按大小順序排列時即為如下（從資料（D）點選觀察值排序（O））。

表 8.1.3　利用 SPSS 的主成分分析

檔案(F) 編輯(E) 檢視(V) 資料(D) 轉換(T) 分析(A) 直效行銷 統計圖(G) 公用程式(U) 視窗(W) 說明(H)

1:

	壽險	股票	公債	外國證卷	貸款	外幣	FAC1_1
1	日產	12.3	8.8	21.1	40.5	18.3	2.03529
2	日本團體	8.1	12.2	20.5	43.2	17.6	1.99562
3	東邦	12.9	15.8	13.6	37.2	12.2	.72081
4	千代田	18.7	8.7	7.0	50.3	6.3	.60867
5	朝日	23.0	14.0	10.3	38.4	10.1	.33203
6	安田	18.7	16.3	10.0	41.7	7.6	.25011
7	協榮	8.2	24.1	7.3	41.9	6.8	-.10464
8	富國	13.8	23.5	10.8	36.1	6.8	-.18551
9	三井	19.8	15.2	4.7	43.4	4.6	-.20278
10	第百	16.4	21.0	6.7	41.1	5.9	-.24503
11	日本	18.8	22.0	7.6	37.3	5.2	-.46896
12	太陽	11.6	24.2	5.1	43.1	2.1	-.58209
13	第一	20.3	24.0	6.6	34.7	5.3	-.72950
14	明治	21.1	20.9	3.4	39.1	3.3	-.78727
15	住友	15.5	27.4	7.7	33.7	4.3	-.82906
16	大同	9.1	43.4	4.7	30.0	2.4	-1.80767
17							

（註）此主成分分數是表示負的財力，所以倒閉風險度之排序是：

　　　第 1 位：日產
　　　第 2 位：日本團體
　　　第 3 位：東邦

⊃ 習題 8.1

以下的數據是調查食品所含的色素、防腐劑、保色劑的結果。

表 8.1.4　各種食品添加物

	商品名	色素	防腐劑	保色劑
1	涼麵	1.6	0.5	0.7
2	三明治	1.2	1.8	0.4
3	明太子	4.8	1.5	0.8
4	肉丸	0.3	0.9	0.7
5	香腸	2.4	3.4	2.2
6	漢堡	1.6	0.3	1.1
7	火腿	3.5	3.6	2.7
8	速食麵	0.9	1.3	0.5
9	手捲	0.7	2.2	0.4
10	醬菜	3.7	1.7	0.5

使用 SPSS 的主成分分析，得出如下的輸出結果。

問　利用此輸出結果，求出危險食品的第 1、2、3 位。

【**SPSS** 的主成分分析與主成分分數】

SPSS 的分析請參閱前一節說明。

表 8.1.5　SPSS 的主成分分析

說明的變異數總計

元件	起始特徵值			擷取平方和載入		
	總計	變異的 %	累加 %	總計	變異的 %	累加 %
1	1.970	65.661	65.661	1.970	65.661	65.661
2	.735	24.498	90.157			
3	.295	9.843	100.000			

擷取方法：主體元件分析。

元件矩陣 ª

	元件
	1
著色料	.651
保存料	.873
發色劑	.885

擷取方法：主體元件分析。

a. 擷取 1 個元件。

表 8.1.6　SPSS 的主成分分析

	商品名	著色料	保存料	發色劑	FAC1_1
1	冷凍麵	1.6	.5	.7	-.76195
2	三明治	1.2	1.8	.4	-.49820
3	明太子	4.8	1.5	.8	.40762
4	肉丸	.3	.9	.7	-.89112
5	香腸	2.4	3.4	2.2	1.41993
6	漢堡	1.6	.3	1.1	-.61777
7	火腿	3.5	3.6	2.7	2.02549
8	速食麵	.9	1.3	.5	-.70934
9	手捲	.7	2.2	.4	-.44921
10	醬菜	3.7	1.7	.5	.07456
11					

解

危險食品的排名依序是：

第 1 位：火腿

第 2 位：香腸

第 3 位：明太子

第9章 利用判別分析的風險分析

利用線性判別函數判別風險

以下的表格是針對 14 家地方銀行，從總資產業務淨利到不良債權抵押率所調查的結果。

表 9.1.1　健全銀行與不健全銀行

1. 健全銀行組

銀行	總資產業務淨利	每人資金收益率	自有資金比率	資金量平均餘額	股東資本淨利率	毛利率	國內總資產流量	不良債權比率	不良債權抵押率
A	100	293	277	2	151	626	936	841	642
B	440	344	342	12	204	414	1000	985	1000
C	407	411	773	42	185	424	702	573	349
D	407	409	499	49	106	459	702	843	409
E	308	474	491	76	184	450	628	946	131
F	286	386	545	69	127	433	564	907	312
G	187	369	878	120	142	329	309	957	329

2. 不健全銀行組

銀行	總資產業務淨利	每人資金收益率	自有資金比率	資金量平均餘額	股東資本純益率	毛利率	國內總資產流量	不良債權比率	不良債權抵押率
H	560	195	200	5	73	440	638	439	162
I	385	246	177	17	81	392	606	550	202
J	220	303	250	54	88	305	383	536	175
K	440	124	154	7	62	382	394	204	176

（接下面）

（續）

銀行	總資產業務淨利	每人資金收益率	自有資金比率	資金量平均餘額	股東資本純益率	毛利率	國內總資產流量	不良債權比率	不良債權抵押率
L	88	203	296	33	92	189	330	595	107
M	99	107	193	28	96	130	64	688	222
N	187	68	232	4	68	191	277	189	167

風險評估問題

以下是地方銀行 T 的數據，是屬於健全銀行組？還是不健全銀行組呢？

銀行	總資產業務淨利	每人資金收益率	自有資金比率	資金量平均餘額	股東資本淨利率	毛利率	國內總資產流量	不良債權比率	不良債權抵押率
T	251	327	214	33	91	215	378	426	154

解說

利用判別分析，在 2 個組之間加入境界線看看。

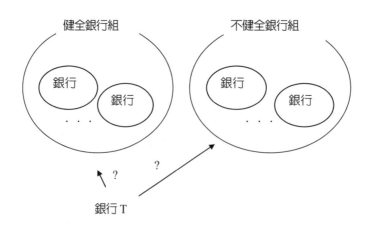

其次，判別銀行 T 是屬於哪一組。

一、利用線性判別函數的判別分析

變數 2 個時，此時，線性判別函數 Z，即爲如下的 1 次式。

$$Z = a_1 X_1 + a_2 X_2 + a_0$$

因此，2 組可以用線性判別函數 Z 的正、負之值來區分，其境界線爲

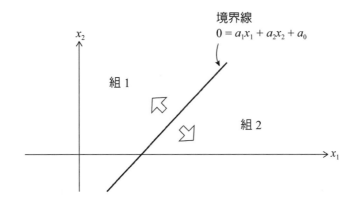

圖 9.1.1　利用線形判別函數的境界線

（註）

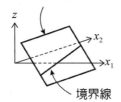

二、利用 Maharanobis 距離的判別分析

變數 2 個時，此時，馬哈拉諾畢斯距離的平方 $D^2(X_1, X_2)$ 可以表示成

$$D^2(X_1, X_2) = (X_1 - \overline{X_1}, X_2 - \overline{X_2}) \begin{pmatrix} S_{11} & S_{12} \\ S_{21} & S_{22} \end{pmatrix}^{-1} \begin{pmatrix} X_1 - \overline{X_1} \\ X_2 - \overline{X_2} \end{pmatrix}$$

此境界線即為「離 2 個組等距離之點的集合」。

因此成為如下的曲線。

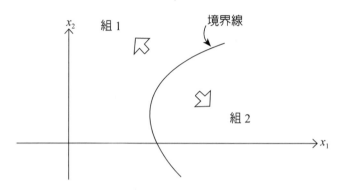

圖 9.1.2　利用馬哈拉諾畢斯距離的平方的境界線

1. SPSS 的判別分析與輸出結果 ── 線性判別函數

針對表 9.1.1 的數據，利用 SPSS 進行判別分析。

步驟 1　從分析（A）選擇分類（Y），再從中點選區別（D）。

	組	銀行	總資	資金餘額	股東資本	毛利率	國內總資	不良債率	抵押率	var
1	1	A		2	151	626	936	841	642	
2	1	B		12	204	414	1000	985	1000	
3	1	C		42	185	424	702	873	349	
4	1	D		49	106	459	702	843	409	
5	1	E		76	184	450	628	946	131	
6	1	F		69	127	433	564	907	312	
7	1	G		120	142	329	309	957	329	
8	2	H		5	73	440	638	439	162	
9	2	I			392	606	0	202		
10	2	J			305	383	536	175		
11	2	K			382	394	204	176		
12	2	L			189	330	595	107		
13	2	M			130	64	688	222		
14	2	N			191	277	189	167		
15										
16										
17										

步驟 2 　將組移入分組變數（G）。點一下定義範圍（D）。

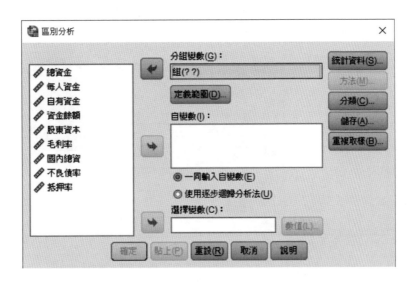

步驟 3 　最小值（N）輸入 1，最大值（X）輸入 2，按繼續。

步驟 4　將所有變數移入自變數（I）中。

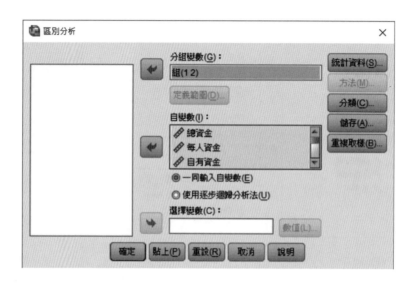

步驟 5　點一下統計資料（S），如下勾選，按繼續。

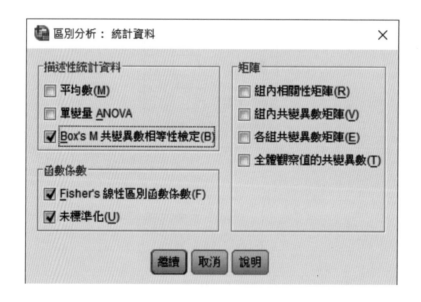

步驟 6　點一下 分類（C），如下勾選，按 繼續。

區別分析：分類結果摘要

事前機率
- ◉ 所有組別大小均等(A)
- ○ 依據組別大小計算(C)

使用共變異數矩陣
- ◉ 組內變數(W)
- ○ 各組散佈圖(P)

顯示
- ☐ 逐觀察值的結果(E)
  - ☐ 第一個的限制觀察值(L)：
- ☑ 摘要表(U)
- ☐ 留一 (Leave-one-out) 分類

圖形
- ☐ 合併組散佈圖(O)
- ☐ 各組散佈圖(S)
- ☐ 地域圖(T)

☐ 用平均數置換遺漏值(R)

繼續　取消　說明

步驟 7　點一下 儲存（S），如下勾選後按 繼續，回到原畫面後按 確定。

區別分析：儲存

- ☑ 預測的組群(P)
- ☑ 區別評分(D)
- ☑ 各組別成員的事後機率(R)

將模型資訊輸出至 XML 檔案(X)

瀏覽(B)...

繼續　取消　說明

得出如下的輸出。

表 9.1.2　利用 SPSS 的判別分析

典型區別函數係數

	函數
	1
總資金	-.002
每人資金	.011
自有資金	.007
資金餘額	-.023
股東資本	.008
毛利率	.013
國內總資	-.005
不良債率	.003
抵押率	.005
（常數）	-10.956

非標準化係數

變數有 9 個，因此線性判別函數 Z 即為如下形式：

$$Z = a_1 x_1 + a_2 x_2 + \cdots a_9 x_9 + a_0$$

2. SPSS 的判別分析的判讀

(1) 線性判別函數 Z 為

$$Z = -0.002 \times \boxed{總資金業務純利} + 0.013 \times \boxed{每人資金}$$
$$+ 0.008 \times \boxed{自有資金比率}$$
$$-0.028 \times \boxed{資金量平均餘額} + 0.012 \times \boxed{股東資本純利}$$
$$+ 0.014 \times \boxed{毛利率} - 0.007 \times \boxed{國內總資產}$$
$$+ 0.001 \times \boxed{不良債權比率} + 0.006 \times \boxed{不良債權抵押率}$$
$$-10.509$$

此 Z 值是判別分數，以此判別分數的正負，即可區分為 2 個組。

3. SPSS 的判別分數

接著，如下求出判別分數。

表 9.1.3　利用 SPSS 的判別分數

	組	銀行	總資金	每人資金	自有資金	資金餘額	股東資本	毛利率	國內總資	不良債率	抵押率	Dis1_1
1	1	A	100	293	277	2	151	626	936	841	642	4.54981
2	1	B	440	344	342	12	204	414	1000	985	1000	4.13780
3	1	C	407	411	773	42	185	424	702	873	349	5.27509
4	1	D	407	409	499	49	106	459	702	843	409	3.07309
5	1	E	308	474	491	76	184	450	628	946	131	3.03014
6	1	F	286	386	545	69	127	433	564	907	312	3.12238
7	1	G	187	369	878	120	142	329	309	957	329	4.64636
8	2	H	560	195	200	5	73	440	638	439	162	-3.29475
9	2	I	385	246	177	17	81	392	606	0	202	-4.14503
10	2	J	220	303	250	54	88	305	383	536	175	-2.30091
11	2	K	440	124	154	7	62	382	394	204	176	-4.40585
12	2	L	88	203	296	33	92	189	330	595	107	-3.73944
13	2	M	99	107	193	28	96	130	64	688	222	-4.09790
14	2	N	187	68	232	4	68	191	277	189	167	-5.85078
15												

由此可以判別

分數為正 ⇨ 健全銀行組

分數為負 ⇨ 不健全銀行組

因此，地方銀行 T 是屬於哪一組呢？以如下步驟求之。

步驟 1　將地方銀行 T 的資料代入線性判別函數中。

步驟 2　以其判別分數的正負來判別。

代入地方銀行 T 的數據，

銀行	總資產業務淨利	每人資金收益率	自有資金比率	資金量平均餘額	股東資本純益率	毛利率	國內總資產流量	不良債權比率	不良債權抵押率
T	251	327	214	33	91	215	378	426	154

$$Z = -0.002 \times \boxed{251} + 0.013 \times \boxed{327} + 0.008 \times \boxed{214}$$
$$-0.028 \times \boxed{33} + 0.012 \times \boxed{91} + 0.014 \times \boxed{215}$$
$$+ 0.006 \times \boxed{154} - 10.509$$
$$= -3.166$$

亦即，銀行 T 是屬於不健全銀行組。

分類結果 [a]

組			預測的群組成員資格		總計
			健全組	不健全組	
原始	計數	健全組	7	0	7
		不健全組	0	7	7
	%	健全組	100.0	.0	100.0
		不健全組	.0	100.0	100.0

a.100.0% 個原始分組觀察值已正確地分類。

正確判別率為 100%。

⊃ 習題 9.1

以下的數據是針對被裁員者與未被裁員者的年齡、教育年數、職種、資格數、語文能力所調查的結果。

表 9.1.4　裁員危機

被裁員者群

NO.	年齡	教育年數	職種	資格數	語文能力
1	35	18	事務	1	1
2	43	12	事務	1	3
3	56	18	管理	0	0
4	51	16	技術	0	1
5	39	16	事務	2	2
6	45	12	技術	1	3
7	47	12	管理	0	0

未被裁員者群

NO.	年齡	教育年數	職種	資格數	語文能力
1	32	21	技術	5	5
2	45	18	管理	1	3
3	33	21	技術	2	3
4	42	16	管理	1	4
5	38	18	技術	3	2

使用 SPSS 分析時，得出如下頁的輸出結果。

問　利用此輸出結果，判別以下的 A 先生是否屬於被裁員的一員呢？

NO.	年齡	教育年數	職種	資格數	語文能力
A 先生	45	16	事務	1	2

【利用 SPSS 的判別分析與判別分數】

典型區別函數係數

	函數
	1
年齡	.166
教育	-.265
事務	4.069
技術	1.794
資格	.051
絕學	-.683
（常數）	-2.949

非標準化係數

表 9.1.5　利用 SPSS 的判別分析

	組	年齡	教育	事務	技術	管理	資格	語學	Dis_1	Dis1_1
1	1	35	18	1	0	0	1	1	1	1.54638
2	1	43	12	1	0	0	1	3	1	3.10055
3	1	56	18	0	0	1	0	0	1	1.60345
4	1	51	16	0	1	0	0	1	1	2.41220
5	1	39	16	1	0	0	2	2	1	2.10998
6	1	45	12	0	1	0	1	3	1	1.15868
7	1	47	12	0	0	1	0	0	1	1.69431
8	2	32	21	0	1	0	5	5	2	-4.54734
9	2	45	18	0	0	1	1	3	2	-2.22361
10	2	33	21	0	1	0	2	3	2	-3.16934
11	2	42	16	0	0	1	1	4	2	-2.87600
12	2	38	18	0	1	0	3	2	2	-.80928
13										

解

A 先生的分數

$= 0.166 \times 45 - 0.265 \times 16 + 4.069 \times 1 + 1.794 \times 0 + 0.051 \times 1 - 0.683 \times 2$

$\quad - 2.949$

$= 3.035 > 0$

因此，A 先生屬於被裁員的一群。

第10章 次序迴歸分析的風險分析

10.1 利用次序迴歸分析的風險預測

以下資料是針對最近經常發生的誘拐事件的調查結果。

表 10.1.1 你也可能是目標！

NO.	誘拐	場所	年齡	時刻
1	3 級	繁華街	6	白天
2	3 級	通學路	13	晚上
3	3 級	通學路	18	晚上
4	1 級	通學路	15	早上
5	3 級	通學路	8	早上
6	1 級	通學路	18	晚上
7	2 級	繁華街	8	晚上
8	3 級	繁華街	4	早上
9	3 級	繁華街	2	早上
10	1 級	公園	12	早上
11	2 級	公園	12	晚上
12	3 級	公園	6	晚上
13	2 級	公園	15	晚上
14	2 級	通學路	11	早上
15	3 級	通學路	11	白天
16	3 級	繁華街	2	早上
17	1 級	公園	19	晚上
18	2 級	通學路	15	晚上
19	3 級	繁華街	3	早上

（接下頁）

表 10.1.1 （續）

NO.	誘拐	場所	年齡	時刻
20	3 級	通學路	6	白天
21	2 級	繁華街	8	白天
22	2 級	繁華街	6	早上
23	1 級	繁華街	16	晚上
24	3 級	繁華街	2	早上
25	1 級	公園	15	白天
26	3 級	公園	14	晚上
27	1 級	公園	16	晚上
28	2 級	公園	7	白天
29	2 級	公園	15	白天
30	3 級	公園	8	白天

（註）誘拐　　　場所　　　時刻
　　　1 級…1　　公園…1　　早上…1
　　　2 級…2　　通學路…2　　白天…2
　　　3 級…3　　繁華街…3　　晚上…3

風險評估問題

幾歲的人，何時、何處會遇到誘拐事件呢？

解說

進行次序迴歸分析，試問屬於各個風險級數的預測機率？

一、次序迴歸分析的模式

「次序迴歸分析」有幾個模式？

1. Logit

$$\Rightarrow \log \frac{r_j}{1-r_j} = \theta_j - (\beta_1 X_1 + \beta_2 X_2 + ... + \beta_k X_k)$$

2. 補 Log．負 Log

⇨ $\log(-\log(1-r_j)) = \theta_j - (\beta_1 X_1 + \beta_2 X_2 + ... + \beta_k X_k)$

3. 負 Log．負 Log

⇨ $-\log(-\log(r_j)) = \theta_j - (\beta_1 X_1 + \beta_2 X_2 + ... + \beta_k X_k)$

4. Probir

⇨ $\phi^{-1}(r_j) = \theta_j - (\beta_1 X_1 + \beta_2 X_2 + ... + \beta_k X_k)$

5. Cauchit

⇨ $\tan(\pi(r_j - 0.5)) = \theta_j - (\beta_1 X_1 + \beta_2 X_2 + ... + \beta_k X_k)$

1. SPSS 的次序迴歸分析與輸出結果

使用表 10.1.1 的數據，利用 SPSS 進行次序迴歸分析。

步驟 1 從分析（A）選擇迴歸（R），再從中選擇序數（O）。

步驟 2　將誘拐移入因變數（D），將場所、時刻移入因素（F），將年齡移入共變量（C）中。

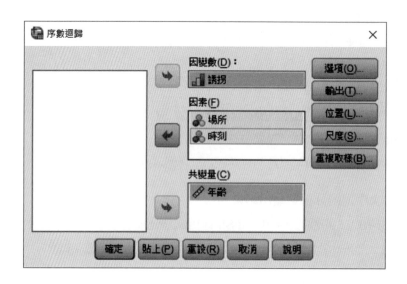

步驟 3　點一下輸出（T），如下勾選後按繼續，回到原畫面後，按確定。

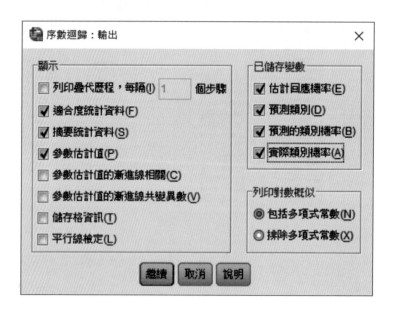

得出如下的輸出。

表 10.1.2　利用 SPSS 的 3 個類別的預測機率

	誘拐	場所	年齡	時刻	EST1_1	EST2_1	EST3_1	PRE_1	PCP_1	ACP_1
1	3	3	6	2	.02	.26	.72	3	.72	.72
2	3	2	13	3	.01	.15	.84	3	.84	.84
3	3	2	18	3	.36	.56	.08	2	.56	.08
4	1	2	15	1	.78	.21	.01	1	.78	.78
5	3	2	8	2	.00	.04	.96	3	.96	.96
6	1	2	18	3	.36	.56	.08	2	.56	.36
7	2	3	8	2	.09	.58	.33	2	.58	.58
8	3	3	4	1	.02	.26	.72	3	.72	.72
9	3	3	2	1	.00	.07	.93	3	.93	.93
10	1	1	12	2	.43	.51	.06	2	.51	.43
11	2	1	12	3	.05	.46	.49	3	.49	.46
12	3	1	6	3	.00	.01	.99	3	.99	.99
13	2	1	15	3	.37	.55	.08	2	.55	.55
14	2	2	11	1	.12	.61	.27	2	.61	.61
15	3	2	11	2	.03	.33	.65	3	.65	.65
16	3	3	2	1	.00	.07	.93	3	.93	.93
17	1	1	19	3	.94	.06	.00	1	.94	.94
18	2	1	15	3	.04	.45	.51	3	.51	.45
19	3	3	3	1	.01	.14	.86	3	.86	.86
20	3	2	6	2	.00	.01	.99	3	.99	.99
21	2	3	8	2	.09	.58	.33	2	.58	.58
22	2	3	6	1	.09	.58	.34	2	.58	.58
23	1	3	16	3	.82	.17	.01	1	.82	.82
24	3	3	2	1	.00	.07	.93	3	.93	.93
25	1	1	15	2	.90	.10	.01	1	.90	.90

2. SPSS 的輸出結果的判讀

(1)「15 歲」的人「早上」在「通學路上」遇到「誘拐」事件的風險預測機率。

　　風險 1 級時：0.78

　　風險 2 級時：0.21

　　風險 3 級時：0.01

(2)「15 歲」的人「晚上」在「公園」遇到「誘拐」事件的風險預測機率。

　　風險 1 級時：0.37

　　風險 2 級時：0.55

　　風險 3 級時：0.08

(3)「8 歲」的人「白天」在「繁華街」遇到「誘拐」事件的風險預測機率。

　　風險 1 級時：0.09

　　風險 2 級時：0.58

　　風險 3 級時：0.33

3. SPSS：次序迴歸分析的預測機率的計算方法

表 10.1.3　利用 SPSS 的次序迴歸分析

適合度

	卡方	df	顯著性
相關係數	30.079	43	.932
離差	30.164	43	.930

連結函數：Logit

假 R- 平方

Cox 及 Snell	.602
Nagelkerke	.685
McFadden	.437

連結函數：Logit

參數評估

		估計	標準錯誤	Wald	df	顯著性	95% 信賴區間	
							下限	上限
臨界值	[誘拐 = 1]	-11.588	3.315	12.219	1	.000	-18.086	-5.091
	[誘拐 = 2]	-8.560	2.782	9.467	1	.002	-14.013	-3.107
位置	年齡	-.821	.234	12.321	1	.000	-1.279	-.362
	[場所 = 1]	1.260	1.385	.828	1	.363	-1.454	3.974
	[場所 = 2]	3.781	1.679	5.072	1	.024	.490	7.071
	[場所 = 3]	0[a]	.	.	0	.	.	.
	[時刻 = 1]	-4.312	1.922	5.031	1	.025	-8.079	-.544
	[時刻 = 2]	-2.702	1.417	3.636	1	.057	-5.479	.075
	[時刻 = 3]	0[a]	.	.	0	.	.	.

連結函數：Logit。

a. 此函數設為零，因為這是冗餘的。

各級風險的預測機率其算法如下。

NO.	誘拐	場所	年齡	時刻
13	2 級	公園	15	晚上

(1) 風險 1 級時

$$\log \frac{r_1}{1-r_1} = -11.588 - (1.260 - 0.821*15 + 0)$$

$$= -0.533$$

$$r_1 = \frac{e^{-0.533}}{1 + e^{-0.533}}$$

$$= 0.3698$$

$$\text{EST1-1} = 0.37 \cdots\cdots 預測機率$$

(2) 風險 2 級時

$$\log \frac{r_2}{1-r_2} = -8.560 - (1.260 - 0.821*15 + 0)$$

$$= 2.495$$

$$r_2 = \frac{e^{2.495}}{1 + e^{2.495}}$$

$$= 0.9238$$

$$\text{EST2-1} = r_2 - r_1$$

$$= 0.55 \cdots\cdots 預測機率$$

(3) 風險 3 級時

$$\text{EST3-1} = 1 - (\text{EST1-1} + \text{EST2-1})$$

$$= 1 - (0.37 + 0.55)$$

$$= 0.08 \cdots\cdots 預測機率$$

⊃ 習題 10.1

以下的數據是調查汽車追撞事故的結果。

表 10.1.4　汽車的追撞事故

NO.	追撞級數	天候	時刻	場所
1	輕傷	陰天	白天	十字路口
2	重傷	陰天	早上	直線
3	重傷	晴天	白天	直線
4	死亡	陰天	晚上	十字路口
5	死亡	下雨	晚上	十字路口
6	輕傷	晴天	白天	直線
7	輕傷	晴天	白天	十字路口
8	輕傷	陰天	早上	直線
9	重傷	陰天	晚上	十字路口
10	重傷	下雨	白天	十字路口
11	死亡	下雨	白天	十字路口
12	輕傷	晴天	白天	直線
13	死亡	下雨	晚上	直線
14	輕傷	下雨	白天	直線
15	輕傷	晴天	早上	直線
16	重傷	陰天	白天	十字路口
17	重傷	陰天	白天	直線
18	死亡	下雨	早上	直線
19	重傷	陰天	晚上	十字路口
20	死亡	下雨	早上	十字路口

問　觀察 SPSS 輸出的結果，求出以下狀況中追撞級數的機率。

NO.	追撞級數	天候	時刻	場所
21	?	陰天	早上	十字路口

【SPSS 的次序迴歸分析與輸出結果】

SPSS 分析步驟請參照前一節說明。

表 10.1.5 SPSS 的次序迴歸分析

參數評估值

		估計	標準誤差	Wald	自由度	顯著性	95% 信賴區間	
							下界	上界
起始值	[追撞 = 1]	-5.547	2.159	6.601	1	.010	-9.779	-1.315
	[追撞 = 2]	-2.609	1.500	3.025	1	.082	-5.548	.331
位置	[天候 = 1]	-4.174	1.727	5.841	1	.016	-7.559	-.789
	[天候 = 2]	-2.877	1.373	4.394	1	.036	-5.568	-.187
	[天候 = 3]	0ᵃ	.	.	0	.	.	.
	[時刻 = 1]	-1.699	1.741	.952	1	.329	-5.112	1.714
	[時刻 = 2]	-2.666	1.534	3.022	1	.082	-5.673	.340
	[時刻 = 3]	0ᵃ	.	.	0	.	.	.
	[場所 = 1]	-.428	1.196	.128	1	.721	-2.772	1.916
	[場所 = 1]	0ᵃ	.	.	0	.	.	.

連結函數：Logit。

a. 由於這個參數重複，所以把它設成零。

解

(1) 追撞 1 級

$$\log \frac{r_1}{1 - r_1} = -5.547 - (-2.877 - 1.699 + 0) = -0.971$$

$$r_1 = \frac{e^{-0.971}}{1 + e^{-0.971}} = 0.2747$$

輕傷的預測機率 = 0.3747

(2) 追撞 2 級

$$\log \frac{r_2}{1 - r_2} = -2.609 - (-2.877 - 1.699 + 0) = 1.967$$

$$r_2 = \frac{e^{1.967}}{1 + e^{1.967}} = 0.8773$$

重傷的預測機率 = 0.8773 − 0.2747 = 0.6026

(3) 追撞 3 級

$$死亡的預測機率 = 1 - (0.2747 + 0.6026)$$

$$= 0.1227$$

第11章　風險變異數與投資組合之風險分析

11.1　高風險、高利潤

一、機率分配的利潤與風險

如果市面上有以下的公益彩券，你會如何選購呢？

彩券

某公益機構推出的彩券共有 10000 張。其中頭獎 50 萬元的彩券有 2 張，2 獎 5 萬元的彩券有 20 張，3 獎 5 千元的彩券有 200 張。

風險評估問題

購買此彩券時，您認為會賺多少？相反地，要覺悟會有多少的風險？

解說

試計算機率分配的利潤與風險。

---

1. 調查事項（其一）

調查彩券被抽中的機率。

表 11.1.1　抽中金額的機率

事件	金額	機率
抽中頭獎	500,000 元	$\dfrac{2}{10000}$
抽中 2 獎	50,000 元	$\dfrac{20}{10000}$
抽中 3 獎	5,000 元	$\dfrac{200}{10000}$

考察機率分配時，由於「所有事件的機率合計必須是 1」。

因此有需要製作如下的表格：

表 11.1.2　彩券的機率分配

事件	機率變數	機率
抽中頭獎	500,000 元	$\dfrac{2}{10000} = 0.0002$
抽中 2 獎	50,000 元	$\dfrac{20}{10000} = 0.002$
抽中 3 獎	5,000 元	$\dfrac{200}{10000} = 0.02$
不中	0 元	$\dfrac{10000 - (2 + 20 + 200)}{10000} = 0.9778$

此種表稱為「機率分配」。

2. 調查事項（其二）

當購買此彩券時，可能抽中多少獎金？

・中頭獎之機率是

$$\frac{2}{10000}$$

抽中的獎金可以預期是

$$500,000 \times \frac{2}{10000} = 100$$

・中 2 獎之機率是

$$\frac{20}{10000}$$

抽中的獎金可以預期是

$$50,000 \times \frac{20}{10000} = 100$$

・中 3 獎之機率是

$$\frac{200}{10000}$$

抽中的獎金可以預期是

$$5,000 \times \frac{200}{10000} = 100$$

由以上可知，購買彩券時，可以期待抽中的獎金是

$$500,000 \times \frac{2}{10000} + 50,000 \times \frac{20}{10000} + 5,000 \times \frac{200}{10000} = 300元$$

此值稱為「利潤（return）」。
在利率分配中此值稱為「期待值」。

機率的公理

對於樣本空間 U 的各事件 A 而言，實數 P(A) 唯一決定，
當滿足以下性質時，P(A) 稱為事件 A 發生之機率。

(1) $0 \leq P(A) \leq 1$

(2) $P(U) = 1, P(\Phi) = 0$

(3) 如 $A \cap B = \Phi$，則 $P(A \cap B) = P(A) + P(B)$

機率分配期待值的定義

機率變數與機率可用下表來表示：

表 11.1.3　機率變數與機率

機率變數	機率 $P(X = x_i)$
x_1	p_1
x_2	p_2
⋮	⋮
x_n	p_n

此時，

$$E(X) = x_1 p_1 + x_2 p_2 + \cdots + x_n p_n = \sum x_i p_i$$

稱為機率變數 X 的期待值 E(X)。

---

3. 調查事項（其三）

當購買此彩券時，最好要覺悟會發生多少的損失呢？

表 11.1.4　彩券的機率分配

事件	機率變數 X	機率 P
抽中頭獎	$500,000(= x_1)$	$0.0002(= p_1)$
抽中 2 獎	$50,000(= x_2)$	$0.002(= p_2)$
抽中 3 獎	$5,000(= x_3)$	$0.02(= p_3)$
未抽中	$0\ (= x_4)$	$0.9778(= p_4)$

此彩券的期待值是 300 元，因此

如抽中頭獎時，可以想成獲利是

500,000 元 – 300 元

如抽中 2 獎時，可以想成獲利是

50,000 元 – 300 元

如抽中 3 獎時，可以想成獲利是

5,000 元 – 300 元

（註）獲利並非 500,000 元 – 彩券的價格，要想成 500,000 元 – 期待值。但是，如果未

抽中時，就會變成 0 – 300 的損失。因此，出現如下的損益表。

事件	機率變數	機率	損益
抽中頭獎	500,000	0.0002	500,000-300
抽中 2 獎	50,000	0.002	50,000-300
抽中 3 獎	5,000	0.02	5,000-300
未抽中	0	0.9778	0-300

此時可以期待有多少的損失呢？此處請回想以下的「平均與標準差」。

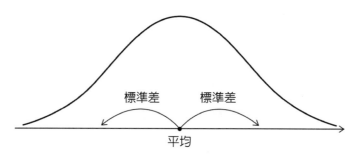

圖 11.1.1　標準差是以平均為中心的變異

換言之，如利用標準差時，如下圖可以表現「發生損失的金額」。

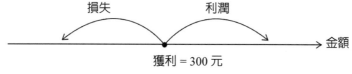

圖 11.1.2　以利潤為中心的損與益

因此，

「發生損失之金額」

$= 標準差$

$$= \sqrt{(x_1 - \bar{x}_1)^2 \cdot p_1 + (x_2 - \bar{x}_2)^2 \cdot p_2 + (x_3 - \bar{x}_3)^2 \cdot p_3 + (x_4 - \bar{x}_4)^2 \cdot p_4}$$

$$= \sqrt{(500{,}000 - 300)^2 \times 0.0002 + (50{,}000 - 300)^2 \times 0.002 + (5{,}000 - 300)^2 \times 0.02 + (0 - 300)^2 \times 0.9778}$$

$$= \sqrt{55410000}$$

$$= 7443.789$$

此值可以想成風險。

（註）有限母體時，平均即為期待值，

$$\bar{x} = \frac{x_1 + x_2 + \ldots + x_N}{N} = x_1 \cdot \frac{1}{N} + x_2 \cdot \frac{1}{N} + \ldots + x_N \cdot \frac{1}{N}$$

┌ 機率分配的變異數與標準差之定義

機率變數與機率如下表示。

表 11.1.5　機率變數與機率

機率變數	機率 $P(X = x_i)$
x_1	p_1
x_2	p_2
⋮	⋮
x_n	p_n

此時，

$$V(X) = (x_1 - E(X))^2 \cdot p_1 + (x_2 - E(X))^2 \cdot p_2 + \ldots + (x_n - E(X))^2 \cdot p_n$$
$$= \sum_{i=1}^{n} (x_i - E(X))^2 \cdot p_i$$

稱爲機率變數 X 的變異數 V(X)，又

$$SD(X) = \sqrt{V(X)}$$

稱爲機率變數 X 的標準差。

二、利潤與風險的公式

表 11.1.6　機率分配

機率變數	機率 $P(X = x_i)$	XP	X^2P
x_1	p_1	$x_1 p_1$	$x_1^2 p_1$
x_2	p_2	$x_2 p_2$	$x_2^2 p_2$
$\vdots$	$\vdots$	$\vdots$	$\vdots$
x_n	p_n	$x_n p_n$	$x_n^2 p_n$
合計		$\sum_{i=1}^{n} x_i p_i$	$\sum_{i=1}^{n} x_i^2 p_i$

此時，利潤與風險如以下求之：

$$利潤 = \sum_{i=1}^{n} x_i p_i$$

$$風險 = \sum_{i=1}^{n} x_i^2 p_i - \left(\sum x_i p_i \right)^2$$

（註）可以如下變形。

$$\sum_{i=1}^{n} (x_i - E(X))^2 \cdot p_i = \sum_{i=1}^{n} \left(x_i - \sum_{i=1}^{n} x_i p_i \right)^2 \times p_i$$
$$= \sum_{i=1}^{n} x_i^2 p_i - \left(\sum_{i=1}^{n} x_i p_i \right)^2$$

1. 利用 EXCEL 求利潤與風險

步驟 1　如下輸入。

	A	B	C	D	E
1	x	p	xp	x2p	
2	500000	0.0002			
3	50000	0.002			
4	5000	0.02			
5	0	0.9778			
6					
7		合計			
8					
9		利得		風險	
10					
11					

步驟 2 於 C2 的方格輸入 $=A_2 \times B_2$，複製 C2，從 C3 至 C5 貼上。

	A	B	C	D	E
1	x	p	xp	x2p	
2	500000	0.0002	=A2*B2		
3	50000	0.002			
4	5000	0.02			
5	0	0.9778			
6					
7		合計			
8					
9		利得		風險	
10					

步驟 3 於 D2 的方格輸入 $=A_2 \wedge 2 \times B_2$，複製 D2，從 D3 到 D5 貼上。

	A	B	C	D	E
1	x	p	xp	x2p	
2	500000	0.0002	100	=A2^2*B2	
3	50000	0.002	100		
4	5000	0.02	100		
5	0	0.9778	0		
6					
7		合計			
8					
9		利得		風險	
10					
11					

步驟 4　為計算合計，於

C7 的方格輸入 = $SUM(C2:C5)$

D7 的方格輸入 = $SUM(D2:D5)$

	A	B	C	D	E
1	x	p	xp	x2p	
2	500000	0.0002	100	50000000	
3	50000	0.002	100	5000000	
4	5000	0.02	100	500000	
5	0	0.9778	0	0	
6					
7		合計	=SUM(C2:C5)		
8					
9		利得		風險	
10					

步驟 5　為求利潤，於 C9 的方格中輸入 = $C7$

	A	B	C	D	E
1	x	p	xp	x2p	
2	500000	0.0002	100	50000000	
3	50000	0.002	100	5000000	
4	5000	0.02	100	500000	
5	0	0.9778	0	0	
6					
7		合計	300	55500000	
8					
9		利得	=C7	風險	
10					

步驟 6 為求利潤於 E9 的方格中輸入 $= (D7 - C7 \wedge 2) \wedge 0.5$

	A	B	C	D	E	F
1	x	p	xp	x2p		
2	500000	0.0002	100	50000000		
3	50000	0.002	100	5000000		
4	5000	0.02	100	500000		
5	0	0.9778	0	0		
6						
7		合計	300	55500000		
8						
9		利得	300	風險	=(D7-C7^2)^0.5	
10						
11						

步驟 7 是否變成如下呢？

	A	B	C	D	E	F
1	x	p	xp	x2p		
2	500000	0.0002	100	50000000		
3	50000	0.002	100	5000000		
4	5000	0.02	100	500000		
5	0	0.9778	0	0		
6						
7		合計	300	55500000		
8						
9		利得	300	風險	7443.789	
10						

（註）利潤 $= 100 + 100 + 100 + 0 = 300$

$$風險 = \sqrt{50000000 + 500000 + 50000 + 0 - (300)^2}$$

$$= 7443.789$$

是否與前面一致？

⊃ 習題 11.1

經濟狀態的預測機率與 A 產業當時的預測股價，已知如下。

表 11.1.7　股價的機率分配

經濟狀態的預測機率	A 醫療產業的預測股價
好景氣……0.2	720 元
普通……0.6	450 元
不景氣……0.2	360 元

問 1　試求 A 產業的股價利潤。

問 2　試求 A 產業的股價風險。

【利用 Excel 的利潤與風險的輸出結果】

表 11.1.8　利用 Excel 的利潤與風險

	A	B	C	D	E	F
1		股價X	機率P	XP	X2P	
2	好景氣	720	0.2	144	103680	
3	普通	450	0.6	270	121500	
4	不景氣	360	0.2	72	25920	
5						
6			合計=	486	251100	
7						
8			利得=	486		
9			風險=	122.0819		
10						

解 1　486

解 2　122.0819

11.2　投資組合的利潤與風險

有以下 2 種彩券 A 與 B。

表 11.2.1　2 種彩券

彩券 A

事件	機率變數	機率
頭獎	500,000 元	0.0002
2 獎	50,000 元	0.002
3 獎	5,000 元	0.02
末中	0 元	0.9778

彩券 B

事件	機率變數	機率
頭獎	100,000 元	0.0003
2 獎	10,000 元	0.003
3 獎	4,000 元	0.03
4 獎	600 元	0.2
末中	0 元	0.7667

此彩券的利潤與風險，即為如下。

$$\begin{cases} 福籤A的利潤 = 300元 \\ 福籤A的風險 = 7444 \end{cases}$$
$$\begin{cases} 福籤B的利潤 = 300元 \\ 福籤B的風險 = 1940 \end{cases}$$

風險評估問題

想合計購買 10 張 2 種彩券 A、B，分別購買多少張，風險最少？

解說

試求投資組合看看。

試計算合計 10 張的利潤與風險。如購買 a 張彩券 A 時，彩券 B 即為 (10-a) 張。

因此，

合計 10 張的利潤＝a×彩券A的利潤

$$+(10-a) \times 彩券B的利潤$$

$$= a \times 300元 + (10-a) \times 300$$

$$= 3000 元$$

那麼，合計 10 張的風險會變成如何呢？

事實上，有以下的公式。

┌─ **2 個機率變數 X、Y 的期待值與變異數** ──────
│ 2 個機率變數設為 X、Y 時，
│
│　　　　期待值 $E(aX + bY) = aE(X) + bE(Y)$
│　　　　變異數 $V(aX + bY) = a^2V(X) + b^2V(Y) + 2abCOV(X,Y)$
└──────────────────────────────────

（註）
　　（投資組合的利潤）
　　$= a \cdot$（X 的利潤）$+ b \cdot$（Y 的利潤）

　　（投資組合的風險）^{2}
　　$= a^2 \cdot$（X 的風險）$^2 + b^2 \cdot$（Y 的風險）$^2 + 2abCOV(X, Y)$

$COV(X, Y)$ 是 X、Y 的共變數，共變數是表 X、Y 的關聯度的統計量。

話說，對 2 個機率變數 X、Y 來說，像

　　　　$aX + bY$　　　　$(a + b = 1)$

稱為「組合（portfolio）」。

因此，對於 2 種彩券 A、B 的情形來說，

$$a \times \boxed{彩券A} + b \times \boxed{彩券B}$$

可以想成是投資組合的一種。

　　　　$\boxed{合計 10 張的利潤}$
　　　　$= a \times \boxed{彩券\text{A}的利潤} + (10 - a) \times \boxed{彩券\text{B}的利潤}$
　　　　$\boxed{合計 10 張的利潤\,^2}$
　　　　$= a^2 \times \boxed{彩券\text{A}的風險\,^2} + (10 - a)^2 \times \boxed{彩券\text{B}的的風險\,^2}$
　　　　　$+ 2a(10 - a) \times \boxed{彩券\text{A、B}的的共變數}$

由於 2 種彩券 A、B 相互無關係，因此

$$\boxed{\text{彩券 A,B 的共變數}} = 0$$

因之,$\boxed{\text{合計 10 張的風險}}$ 即為

$$\sqrt{a^2 \times \boxed{\text{彩券A的風險}^2} + (10-a)^2 \boxed{\text{彩券B的風險}^2}}$$

從以上得知,當購買 2 種彩券 A、B 10 張時,為了使風險最少,要求出使下式成為最小的 a。

$$\sqrt{a^2 \times \boxed{\text{彩券A的風險}^2} + (10-a)^2 \boxed{\text{彩券B的風險}^2}}$$
$$= \sqrt{a^2 \times 7444^2 + (10-a)^2 \times 1940^2}$$

此 2 次式的圖形,即為如下。

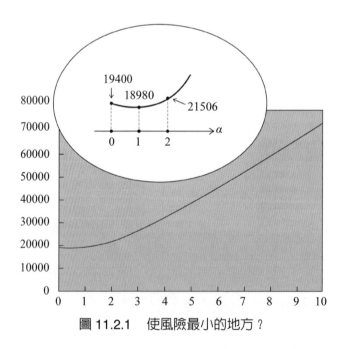

圖 11.2.1　使風險最小的地方?

因此,為了使風險最小,購買

彩券 A $\boxed{1}$ 張,彩券 B $\boxed{9}$ 張

似乎是最好的。

一、投資組合的利潤與風險的圖形

對某醫療產業發行的 2 種證券 A、B 的收益率，假定已知如下事項。

表 11.2.2　2 種證券的期待值、變異數、共變數

投資對象	期待收益率	變異數與共變數	
		證券 A	證券 B
證券 A	11.2%	123.94	42.54
證券 B	35.1%	42.54	171.43

此時，以投資比率當做 a：b 形成投資組合時

$$a \cdot 證券 A + b \cdot 證券 B$$

投資組合的利潤為 $= 10.2a + 35.1b$

投資組合的風險為 $= \sqrt{123.94a^2 + 171.43b^2 + 2 \times 42.54ab}$

此時，投資組合的利潤與風險的散佈圖變成如下。

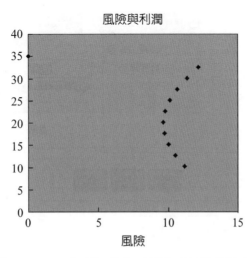

圖 11.2.2　投資組合的利潤與風險的散佈圖

⊃ 習題 11.2

關於證券 A 與證券 B，可以取得如下的資訊。

表 11.2.3　2 個證券的期待值、變異數、共變數

投資對象	期待收益率	變異數與共變數	
		證券 A	證券 B
證券 A	14.7%	400.89	183.62
證券 B	8.5%	183.62	268.96

問1　請畫出投資組合：a. 證券 A + b. 證券 B 的風險圖形。

解　Excel：投資組合風險的輸出結果

問2　從圖形求出投資組合的風險最小的投資比率 a：b。

表 11.2.4　利用 Excel 的投資組合風險

	A	B	C	D	E	F	G	H	I	J
1	投資比率	風險								
2	0	16.4								
3	0.05	16.16114								
4	0.1	15.96615								
5	0.15	15.81666								
6	0.2	15.71396								
7	0.25	15.65896								
8	0.3	15.65219								
9	0.35	15.69368								
10	0.4	15.78308								
11	0.45	15.91956								
12	0.5	16.10194								
13	0.55	16.32867								
14	0.6	16.59794								
15	0.65	16.90771								
16	0.7	17.25581								
17	0.75	17.63996								
18	0.8	18.05786								
19	0.85	18.50723								
20	0.9	18.98584								
21	0.95	19.49152								
22	1	20.02224								
23										
24										

圖表中標題：風險，圖例：數列1

解 $a:b = 0.3:0.7$

問3 證券 A 與證券 B 的收益率（%）視將來的狀況，分別可以預測如下事項。此時，試著建立風險最小的投資組合。證券 A 與證券 B 當作相互無關。

表 11.2.5 將來的預測與 2 個證券的機率分配

將來的狀況的機率	證券 A 的收益率	證券 B 的收益率
輸出惡化 ‧ 輸入惡化 0.16	-8%	-14%
輸出惡化 ‧ 輸入良好 0.22	-47%	31%
輸出良好 ‧ 輸出惡化 0.37	20%	-5%
輸出良好 ‧ 輸出良好 0.25	75%	19%

此時，證券 A、證券 B 的利潤與風險即為如下。

證券 A 的利潤 = 14.53

證券 A 的風險 = 42.88763

證券 B 的利潤 = 7.48

證券 B 的風險 = 16.92128

【Excel：投資組合風險的輸出結果】

	A	B	C	D	E	F	G	H	I
1		A			B				
2	P	X	XP	X^2P	Y	YP	Y^2P		
3	0.16	-8	-1.28	10.24	-14	-2.24	31.36		
4	0.22	-47	-10.34	485.98	31	6.82	211.42		
5	0.37	20	7.4	148	-5	-1.85	9.25		
6	0.25	75	18.75	1406.25	19	4.75	90.25		
7	合計	A利得=	14.53	2050.47	B利得=	7.48	342.28		
8		B風險=		42.88763	B風險=		16.92128		
9									
10		風險							
11	0	16.9212765							
12	0.05	16.2176088							
13	0.1	15.8215191							
14	0.15	15.7562207							
15	0.2	16.0257576							
16	0.25	16.6138412							
17	0.3	17.4883654							
18	0.35	18.6089903							
19	0.4	19.9342547							
20	0.45	21.4262198							
21	0.5	23.0525416							
22	0.55	23.0525416							
23	0.6	24.7867877							
24	0.65	26.6078637							
25	0.7	28.4991293							

風險

圖 11.2.4　利用 EXCEL 的投資組合風險

解　a：b = 0.15：0.85

11.3　價值與風險（Value and Risk, VaR）

試考察以下的狀況。

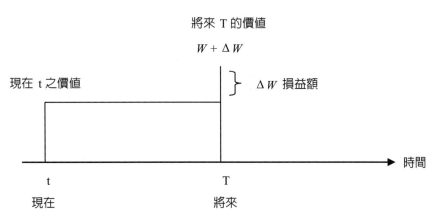

圖 11.3.1　現在的價值與將來的價值

此時，假定損益額 $\triangle W$，服從如下的機率密度函數 $f(\triangle W)$。

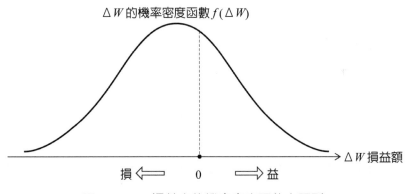

圖 11.3.2　損益表的機率密度函數之圖形

因此，損益表 $\triangle W$ 低於某值的機率 α，可以用下圖來想。

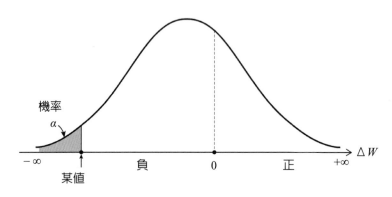

機率 α

圖 11.3.3　某值與以下的機率

換言之，機率 $P(\Delta W \leq 某值) = \alpha$

此某值因為負值，因此對此某值乘上 -1 後之值稱為價值與風險「Value and Risk, VaR」。

價值與風險的定義

使用機率 P( ) 的記號，當

$$P(\Delta W \leq 某值) = \alpha$$

某值的絕對值稱為水準，100(1 − α)% 的價值與風險。以價值與風險表示，亦即 $VaR = |某值|$。

求價值與風險的公式（服從常態分配時）

損益額服從常態分配 $N(m, v^2)$ 時，
水準 100(1 − α)% 的價值與風險即為

$$VaR = |m - Z(\alpha) \cdot v|$$

譬如，損益額服從常態分配 $N(-100, 20^2)$ 時，

機率水準 95% 的價值與風險是

$$VaR = \left| -100 - 1.64 \times 20 \right|$$
$$= 132.8$$

換言之，在機率 95% 下，將來的損失額可能發生的最大值是 132.8 元。

一、利用 EXCEL 的價值與風險求法——常態分配

步驟 1　如下輸入。接著，於 D2 的方格輸入 = 100*(1 − B2)。

	A	B	C	D	E
1	平均m=	-100	標準差v=	20	
2	α =	0.05	水準=	=100*(1-B2)	
3					
4	VaR=				
5					
6					

步驟 2　為了求價值與風險，於 B4 的方格輸入 = $ABS(B1 - 1 * NORMSINV(1 - B2) * D1)$。

	A	B	C	D	E
1	平均m=	-100	標準差v=	20	
2	α =	0.05	水準=	95	
3					
4	VaR=	=ABS(B1-1*NORMSINV(1-B2)*D1)			
5					
6					

步驟 3　是否變成如下呢？

	A	B	C	D	E
1	平均m=	-100	標準差v=	20	
2	$\alpha =$	0.05	水準=	95	
3					
4	VaR=	132.8971			
5					

⊃ 習題 11.3

問　損益額服從常態分配 $N(245,73^2)$ 時，試求機率水準 95% 的價值與風險。

【Excel：VaR 的輸出結果】

表 11.3.1　利用 Excel 的價值與風險

	A	B	C	D	E
1	平均m=	-100	標準差v=	20	
2	$\alpha =$	0.05	水準=	95	
3					
4	VaR=	132.8971			
5					

解　VaR = 124.9257

第12章 利用主成分的風險分析

12.1 適配曲線的風險預測

以下的數據是針對世界人口的調查結果。

表 12.1.1 世界的人口

年	人口
1700	7 億
1750	8 億
1800	9 億
1850	12 億
1900	17 億
1950	25 億
2000	60 億

以圖形表示表 12.1.1 的資料時，成為如下。

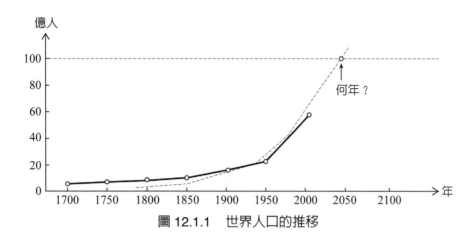

圖 12.1.1 世界人口的推移

風險評估問題

地球養育的世界人口，據說大約是 100 億人。地球的人口超過 100 億人是在哪一年？

解說

進行曲線的適配，預測世界的人口看看。

一、Excel 的曲線配適

步驟 1 先如下輸入。

	A	B	C	D
1	年	世界人口		
2	1700	7		
3	1750	8		
4	1800	9		
5	1850	12		
6	1900	17		
7	1950	25		
8	2000	60		

步驟 2　從工具列的插入（I）選擇圖表（H），從建議圖表中點選所有圖表。如以下選擇 XY 散佈圖時，按一下確定。

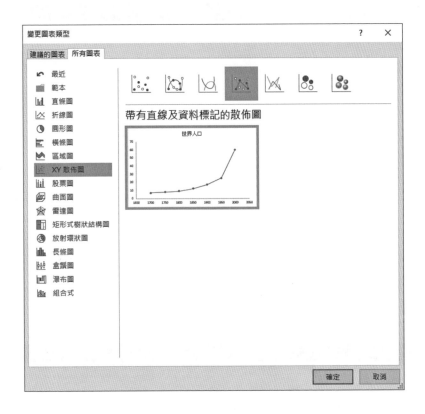

步驟 3 框選數據範圍後出現散佈圖，按一下 +，出現圖表項目，取消格線。

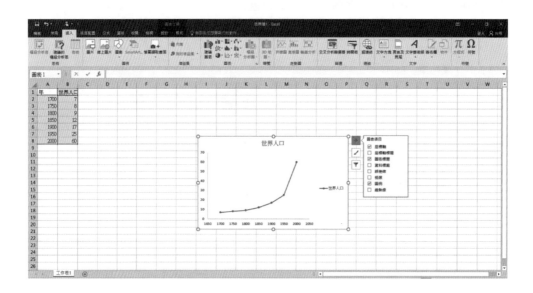

步驟 4 接著，去除圖例後成為下圖。

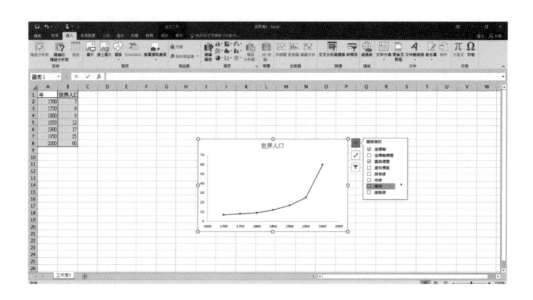

步驟 5　變成如下畫出圖形了嗎？

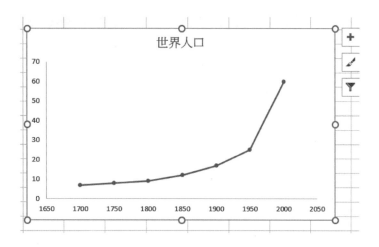

步驟 6　按一下工具列的 ＋，選擇趨勢線中的其他選項。

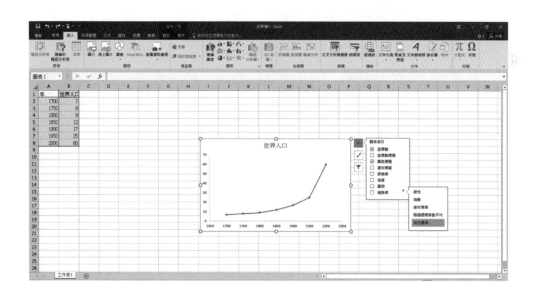

步驟 7 變成以下畫面時，選擇指數（X）。

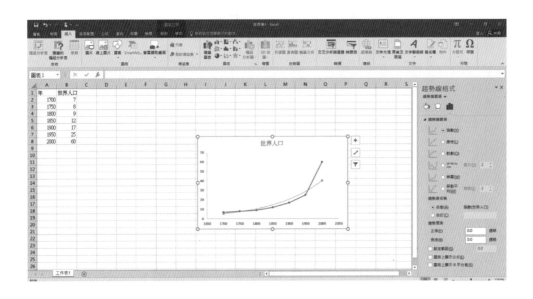

步驟 8 如下勾選圖表顯示公式後，按關閉。

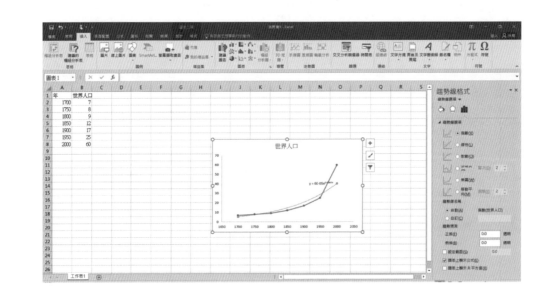

步驟 9　變成如下了嗎？

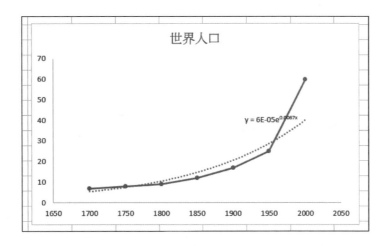

世界的人口以指數函數為近似時，即為

$$y = 6E - 05e^{0.0067x}$$

此時，由於

$$6E - 05 = 0.00006$$

所以變成

$$\boxed{世界的人口} = 0.00006 \cdot e^{0.0067 \times 年}$$

因此，世界的人口超過 100 億人的年分是，求解以下的不等式。

$$0.00006 \cdot e^{0.0067 \times 年} > 100$$

$$e^{0.0067 \times 年} > \frac{100}{0.00006}$$

$$\log(e^{0.0067 \times 年}) > \log(1666666.7)$$

$$0.0067 \times 年 > 14.326$$

$$年 > \frac{14.326}{0.0067}$$

$$年 > 2138.2$$

換言之，世界人口超過 100 億人預測是在「2138」年左右。

二、SPSS：曲線適配與驗出結果

使用表 12.1.1 的數據，利用 SPSS 進行成長曲線的適配：

步驟 1　從分析（A）中選擇迴歸（R），再點選曲線估計（C）。

步驟 2 將年移入自變數中，並如下勾選。

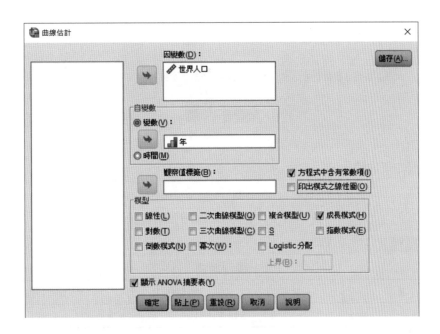

步驟 3 點選 儲存（A），如下勾選後按 繼續，回到原畫面。

步驟 4 　按 確定 時出現如下視窗，再按 確定 。

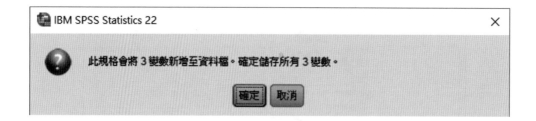

得出如下的輸出。

表 12.1.2　利用 SPSS 的曲線適配

成長模式

模型摘要

R	R 平方	調整後 R 平方	標準偏斜度錯誤
.948	.898	.878	.266

自變數為年。

變異數分析

	平方和	df	平均值平方	F	顯著性
迴歸	3.129	1	3.129	44.115	.001
殘差	.355	5	.071		
總計	3.484	6			

自變數為年。

係數

	非標準化係數		標準化係數	T	顯著性
	B	標準錯誤	Beta		
年	.007	.001	.948	6.642	.001
（常數）	-9.675	1.865		-5.188	.004

因變數是 ln（世界人口）。

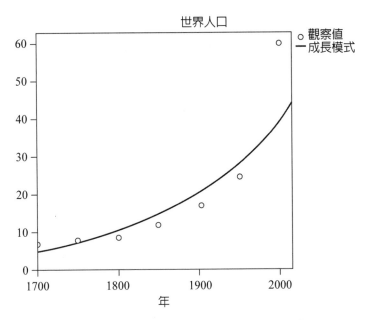

圖 12.1.2　SPSS 的曲線適配（成長曲線）

SPSS 準備有以下曲線：

(1) 線性 $Y = \beta_0 + \beta_1 t$	(7) 次冪 $Y = \beta_0 t^{\beta_1}$
(2) 對數 $Y = \beta_0 + \beta_1 \log(t)$	(8) S $Y = \exp(\beta_0 + \dfrac{\beta_1}{t})$
(3) 逆 $Y = \beta_0 + \dfrac{\beta_1}{t}$	(9) 成長 $Y = \exp(\beta_0 + \beta_1 t)$
(4) 2 次 $Y = \beta_0 + \beta_1 t + \beta_2 t^2$	(10) 指數 $Y = \beta_0 e^{\beta_1 t}$
(5) 3 次 $Y = \beta_0 + \beta_1 t + \beta_2 t^2 + \beta_3 t^3$	(11) 邏輯斯 $Y = (\dfrac{1}{u} + \beta_0 \beta_1^{\,t})^{-1}$
(6) 複合 $Y = \beta_0 \beta_1^{\,t}$	

⊃ 習題 12.1

以下的數據是調查外國人犯罪件數的結果。

表 12.1.3　外國人犯罪調查

年	檢舉件數	檢舉人
1995	17,737	10,807
1996	24,329	12,182
1997	24,471	11,906
1998	27,891	11,234
1999	31,750	10,741
2000	32,497	10,385
2001	36,382	10,696
2002	32,298	10,963
2003	26,093	11,893

問　使用 Excel，求此資料的近似曲線（2 次多項式），預期下 1 期的犯罪檢舉件數。

【利用 Excel 的 2 次多項式曲線適配的輸出結果】

表 12.1.4　Excel 的 2 次多項式曲線的適配

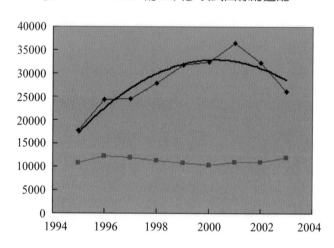

解　25190

（註）2 次曲線時

$$y = -467.38x^2 + 9192.3x - 11895$$
$$= -467.38 \times 14^2 + 9192.3 \times 14 - 11895$$

= 25190.72

12.2　利用 Fourier 級數適配曲線

Fourier 級數是指以下的三角函數式：

$$y = \frac{A_0}{2} + \sum_{n=1}^{\infty} (A_n COSnx + B_n Sinnx) \qquad (-\pi \leq x \leq \pi)$$

因此，決定出 Fourier 係數

$$A_0, A_n, B_n \ (n = 1, 2, ...)$$

即可表現出各種曲線的圖形。

區間〔a, b〕上，已知數據有 2m+1 個時，由於近似下式

$$y = \frac{A_0}{2} + \sum_{n=1}^{m} (A_n COS \frac{2n\pi}{b-a} x + B_n Sin \frac{2n\pi}{b-a} x)$$

因此，必須求出 2m+1 個 Fourier 係數。

$$A_0, B_n, B_n \ (n = 1, 2, ...m)$$

試以如下數據來考慮。

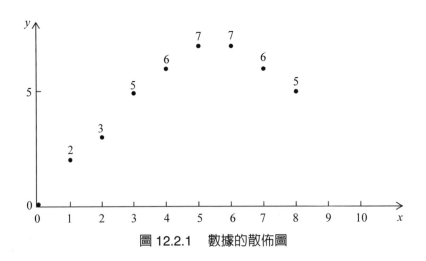

圖 12.2.1　數據的散佈圖

圖 12.2.1 的 x 範圍是 $0 \le x \le 8$，區間如〔$0, 10$〕那樣取寬些，當作 a $= 0$，b $= 10$。

數據有 9 個，$2m + 1 = 9$，$m = 4$，所以將座標點 (x, y) 分別代入

$$y = \frac{A_0}{2} + \sum_{n=1}^{4} (A_n COS \frac{2n\pi}{10-0} x + B_n Sin \frac{2n\pi}{10-0} x)$$

座標點	Fourier 係數的建立 1 次方程式
$(0,0)$	$\Rightarrow \quad 0 = \frac{A_0}{2} + \sum_{n=1}^{4} \left\{ A_n COS \left(\frac{2n\pi}{10} \cdot 0 \right) + B_n Sin \left(\frac{2n\pi}{10} \cdot 0 \right) \right\}$
$(1,2)$	$\Rightarrow \quad 2 = \frac{A_0}{2} + \sum_{n=1}^{4} \left\{ A_n COS \left(\frac{2n\pi}{10} \cdot 1 \right) + B_n Sin \left(\frac{2n\pi}{10} \cdot 1 \right) \right\}$
$(2,3)$	$\Rightarrow \quad 3 = \frac{A_0}{2} + \sum_{n=1}^{4} \left\{ A_n COS \left(\frac{2n\pi}{10} \cdot 2 \right) + B_n Sin \left(\frac{2n\pi}{10} \cdot 2 \right) \right\}$
· · ·	
$(7,6)$	$\Rightarrow \quad 6 = \frac{A_0}{2} + \sum_{n=1}^{4} \left\{ A_n COS \left(\frac{2n\pi}{10} \cdot 7 \right) + B_n Sin \left(\frac{2n\pi}{10} \cdot 7 \right) \right\}$
$(8,5)$	$\Rightarrow \quad 5 = \frac{A_0}{2} + \sum_{n=1}^{4} \left\{ A_n COS \left(\frac{2n\pi}{10} \cdot 8 \right) + B_n Sin \left(\frac{2n\pi}{10} \cdot 8 \right) \right\}$

求解此聯立方程式時，Fourier 係數即為

$$
\begin{pmatrix} A_0 \\ A_1 \\ B_1 \\ A_2 \\ B_2 \\ A_3 \\ B_3 \\ A_4 \\ B_4 \end{pmatrix} = \begin{pmatrix} 8.4 \\ -3.20344 \\ -0.57063 \\ -0.08541 \\ 0.262866 \\ -0.29656 \\ 0.352671 \\ -0.01459 \\ 0.425325 \end{pmatrix}
$$

將這些 Fourier 係數代入 Fourier 級數的式子時，

$$
\begin{aligned}
y = \frac{8.40}{2} &- 3.20\cos\frac{2\pi}{10}x - 0.57\frac{2\pi}{10}x \\
&- 0.69\cos\frac{4\pi}{10}x + 0.26\frac{4\pi}{10}x \\
&- 0.30\cos\frac{6\pi}{10}x + 0.35\frac{6\pi}{10}x \\
&- 0.01\cos\frac{8\pi}{10}x + 0.43\frac{8\pi}{10}x
\end{aligned}
$$

如描畫此式子的圖形時，即為如下。

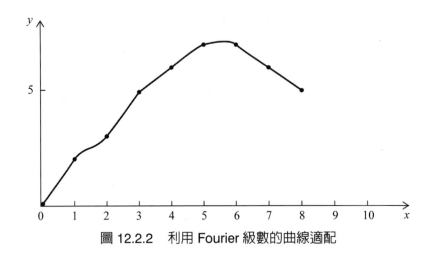

圖 12.2.2　利用 Fourier 級數的曲線適配

第13章 Probit 迴歸分析的風險分析

13.1 Probit 迴歸分析簡介

所謂 Probit 迴歸分析是在共變量 x_1、x_2、...、x_p 與目的變數 y 之間建立如下關係式之手法，即

$$ptobit(y) = \beta_1 x_1 + \beta_2 x_2 + ... + \beta_p x_p + \beta_0$$

以 Probit 迴歸分析的目的變數來說，大多列舉比率，因此模式變成

$$probit(比率) = \beta_1 x_1 + \beta_2 x_2 + \cdots + \beta_p x_p + \beta_0$$

以下的數據是就牙膏中所含的氟化物之濃度與刷牙時間、蛀牙之關係所調查的結果。

（註）雖與分析並無直接關係，但作為分析的輔助所使用的變量，稱為共變量（covariate），亦即間接利用的變量。

表 13.1.1　氟素配方的牙膏與蛀牙

NO.	公司名	濃度	時間	總齒數	蛀牙數
1	L	950	1	26	3
2	L	970	3	27	0
3	L	970	5	22	0
4	L	955	4	24	1
5	L	960	1	24	2
6	S	900	5	25	0
7	S	920	5	26	2
8	S	950	1	21	2
9	S	950	2	22	3
10	S	925	1	23	2
11	K	850	2	20	4

（接下頁）

表 13.1.1（續）

NO.	公司名	濃度	時間	總齒數	蛀牙數
12	K	850	4	21	1
13	K	880	5	24	2
14	K	880	2	23	4
15	K	850	4	22	1

因此，此資料的情形，模式是

$$\text{probit}(\frac{蛀牙數}{總齒數}) = \beta_1 \times 氟化物濃度 + \beta_2 \times 刷牙時間 + \beta_0$$

由此式即可調查：要將氟化物濃度變成多少時，蛀牙率會減少多少？

或者

將蛀牙率控制在 5% 時，要將刷牙時間設定成多少才好？

【數據輸入類型】

表 13.1.1 的數據如下輸入。

	公司名	濃度	時間	總齒數	蛀蟲數	var
1	1	950	1	26	3	
2	1	970	3	27	0	
3	1	970	5	22	0	
4	1	955	4	24	1	
5	1	960	1	24	2	
6	2	900	5	25	0	
7	2	920	5	26	2	
8	2	950	1	21	2	
9	2	950	2	22	3	
10	2	925	1	23	2	
11	3	850	2	20	4	
12	3	850	4	21	1	
13	3	880	5	24	2	
14	3	880	2	23	4	
15	3	850	4	22	1	

	公司名	濃度	時間	總齒數	蛀蟲數	var
1	L公司	950	1	26	3	
2	L公司	970	3	27	0	
3	L公司	970	5	22	0	
4	L公司	955	4	24	1	
5	L公司	960	1	24	2	
6	S公司	900	5	25	0	
7	S公司	920	5	26	2	
8	S公司	950	1	21	2	
9	S公司	950	2	22	3	
10	S公司	925	1	23	2	
11	K公司	850	2	20	4	
12	K公司	850	4	21	1	
13	K公司	880	5	24	2	
14	K公司	880	2	23	4	
15	K公司	850	4	22	1	

13.2　Probit 迴歸分析的步驟

一、統計處理之步驟

步驟 1　數據輸入結束後，點選分析（A），選擇迴歸方法（R）之中的
Probit 迴歸分析（P）。

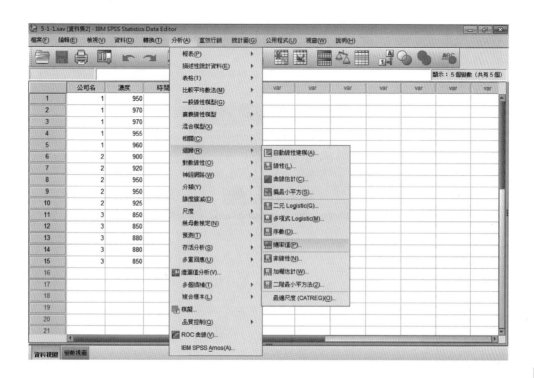

步驟 2　將蛀牙數移到反應次數（S）的方框中，將總齒數移到觀測值總和（T）的方框中。

其次，將公司名移到因素（F）的方框中，形成公司名（？？），按一下定義範圍（E）。

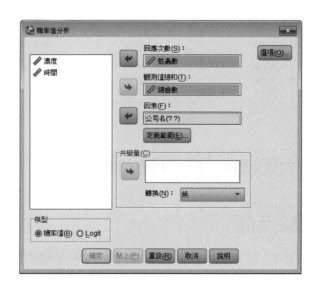

步驟 3　於是，出現一個小型對話框，在最小值（I）的地方輸入 1，在最大值（A）的地方輸入 3，接著按繼續。

步驟 4　最後，將濃度與時間移到共變量（C）的方框中即告完成。

步驟 5　試在畫面右上的選項（O）中按一下，於是有平行假設檢定（P），如下將它勾選。

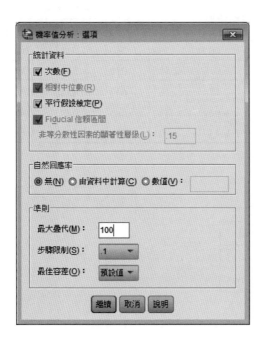

（註）此數據是將最大疊代（反
　　　層級數）設為 100。

步驟 6　按 繼續 時，回到以下的畫面，之後只要按 確定。

二、SPSS 輸出 (1) ── Probit 迴歸分析

參數評估

參數		估計	標準錯誤	Z	顯著性	95% 信賴區間	
						下限	上限
PROBIT[a]	濃度	.002	.007	.298	.766	-.012	.017
	時間	-.190	.073	-2.585	.010	-.334	-.046
截距[b]	L 公司	-3.330	7.124	-.467	.640	-10.454	3.794
	S 公司	-3.001	6.947	-.432	.666	-9.948	3.946
	K 公司	-2.516	6.439	-.391	.696	-8.955	9.922

a. PROBIT 模型：PROBIT(p) = 截距 + BX
b. 對應於分組變數公司名。

參數估計值的共變異數及相關性

		濃度	時間
PROBIT	濃度	.000	.212
	時間	.000	.005

共變異數（下方）及相關性（上方）。

卡方測試

		卡方	df[e]	顯著性	
PROBIT	皮爾森（Pearson）適合度測試	7.526	10	.675	←④
	平行化測試	4.331	2	.115	←③

a. 基於個別觀察值的統計資料不同於基於聚集觀察值的統計資料。

三、輸出結果的判讀 (1)

①＋②針對 3 組的 probit 模式是

L 公司 probit（蛀牙率）

＝ 0.0022× 氟化物濃度 − 0.1899× 刷牙時間 − 3.33022

S 公司 probit（蛀牙率）

＝ 0.0022× 氟化物濃度 − 0.1899× 刷牙時間 − 3.00114

K 公司 probit（蛀牙率）

＝0.0022× 氟化物濃度 − 0.1899× 刷牙時間 − 2.51641

Coeff./S.E. 是以下的假設的檢定統計量，當此值的絕對值比 1.96（＝Z（0.025））時，

「假設 H_0：probit 模式的係數為 0」

即可否定。譬如，觀察刷牙時間由於是 −2.58466，所以刷牙時間的係數不是 0。亦即，刷牙時間對蛀牙是有意義的。

③平行性檢定

如觀察①＋②的 probit 模式時，3 個組的係數均相同，其理由是依據此處的平行性檢定。

「假設 H_0：3 個組的模式係數相等」

亦即，平行性的檢定統計量 4.331 的顯著機率 0.115 比顯著水準 $\alpha = 0.05$ 大，因此無法否定假設 H_0。因此，3 個組的係數即可當作相同。

④模式的適合度檢定

此乃檢定

「假設 H_0：所求出的 probit 模式非常適配」

因顯著機率 p = 0.675 比顯著水準 α = 0.05 大，因此假設 H_0 無法否定。可以想成所求出的模式之配適性佳。

四、SPSS 輸出 (2) —— Probit 迴歸分析

儲存格個數及殘差

		數字	公司名	濃度	時間	受試者數	觀察的回應	預期的回應	殘差	機率	
PROBIT	1		1	950.000	1.000	26	3	1.994	1.006	.077	
	2		1	970.000	3.000	27	0	1.051	-1.051	.039	
	3		1	970.000	5.000	22	0	.353	-.353	.016	
	4		1	955.000	4.000	24	1	.564	.436	.023	
	5		1	960.000	1.000	24	2	1.918	.082	.080	← ⑤
	6		2	900.000	5.000	25	0	.613	-.613	.025	
	7		2	920.000	5.000	26	2	.706	1.294	.027	
	8		2	950.000	1.000	21	2	2.856	-.856	.136	
	9		2	950.000	2.000	22	3	2.173	.927	.099	
	10		2	925.000	1.000	23	2	2.860	-.860	.124	
	11		3	850.000	2.000	20	4	3.058	.942	.153	
	12		3	850.000	4.000	21	1	1.684	-.684	.080	
	13		3	880.000	5.000	24	2	1.519	.481	.063	
	14		3	880.000	2.000	23	4	3.888	.112	.169	
	15		3	850.000	4.000	22	1	1.764	-.764	.080	

五、輸出結果的判讀 (2)

⑤ prob= 是求預測機率，譬如

$$0.0767 = \frac{1.994}{26}$$

$$0.03892 = \frac{1.051}{27}$$

⮕ 習題 13.2

Probit 迴歸分析也可以考慮如下的問題。

問 蛀牙率想控制在 5%，此時的刷牙時間是？

解　想調查在 5% 時的刷牙時間，此時要如何求解呢？

事實上，由於有 probit 變換

$$\text{probit}(0.05) = -1.64$$

因此，求解如下的方程式即可，

$$-1.64 = 0.0022 \times 氟化物濃度 - 0.1899 \times 刷牙時間 - 2.51641$$

譬如，以 K 公司的氟化物濃度是 880 來說，

$$-1.64 = 0.0022 \times 880 - 0.1899 \times 刷牙時間 - 2.51641$$

$$刷牙時間 = \frac{0.0022 \times 880 - 2.51641 + 1.64}{0.1899}$$

$$= 5.58$$

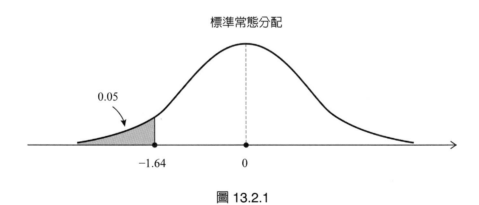

標準常態分配

圖 13.2.1

第 14 章　卜瓦松迴歸的風險分析

14.1　簡介

在醫學、公共衛生及流行病學研究領域中，除了常用邏輯斯（logistic regression）及線性迴歸（linear regression）模型外，卜瓦松迴歸（Poisson regression）模型也常應用在各類計數資料（count data）的模型建立上，例如估計疾病死亡率或發生率、細菌或病毒的菌落數及了解與其他相關危險因素之間的關係等，然而這些模型都是廣義線性模式（generalized linear models）的特殊情形。

本章將介紹如何使用卜瓦松迴歸模型來建立危險因素與疾病發生率的關係。

假設隨機變數 Y 表特定區間發生的案例數，其機率分配服從參數為 μ 的卜瓦松分配，其中 μ 為特定間內平均發生案例數，且同時為卜瓦松分配的平均數和變異數，今我們想針對此平均發生案例數，利用解釋變數 X 來建立以下迴歸模型：

$$g(\mu) = \alpha + \beta x$$

此處 g 為連結（link）函數，一般使用自然對數，則可寫為以下模型

$$\log(\mu) = \alpha + \beta x$$

不過，經常在實際模型使用上，發生案例數是指在某段時間〔天數、年或人 - 年（person-year）〕，因此我們想針對發生率 p 來建立與解釋變數 X 的模型。舉例來說，假設臺灣女性乳癌年發生率（incidencerate, p）為每 10 萬人有 34 人 [0.34/1000]，現有一追蹤研究調查 5000 位女性，4 年間總共觀察人 - 年（N）為 20,000，研究期間發現有 2 位乳癌案例，則期望發生乳癌案例（μ）為

$$\mu = N \times p = 20,000\ [0.34/1000] = 14.8$$

假設今有 k 個危險因素（$X_1, X_2, \cdots, X_k$），利用卜瓦松迴歸模型可建立與發生率（$p_i = \dfrac{n_i}{N_i}$）的關係如下：

$$\log(n_i) = \log(N_i) + \log(p_i)$$

通常我們稱 $\log(N_i)$ 為平移調整項（offset）。所以發生率的對數函數為危險因素的線性迴歸模型，表示為

$$\log(p_i) = \beta_0 + \beta_1 x_{i1} + \beta_2 x_{i2} + \cdots + \beta_k x_{ik}$$

取指數函數後可得

$$p_i = \exp(\beta_0 + \beta_1 x_{i1} + \beta_2 x_{i2} + \cdots + \beta_k x_{ik})$$

假設 X_1 為二元變數代表抽菸情形（0 和 1），當其他因素維持相同情形下，在卜瓦松迴歸模型下可得發生率比值（Incidence Rate Ratio, IRR）為

$$\text{IRR}(1\text{vs}0) = \frac{\exp(\beta_0 + \beta_1 1 + \beta_2 x_2 + \cdots + \beta_k x_k)}{\exp(\beta_0 + \beta_1 0 + \beta_2 x_2 + \cdots + \beta_k x_k)} = \exp(\beta_1)$$

以上的迴歸模型中平移調整項為一固定常數，不隨著其他因素變動。

換句話說，在各暴露因素下的觀察人 - 年是相同的，但在實際觀察資料可能會根據某些組別下（如年齡）計算人 - 年資料（N_i）。假設 s 個彼此獨立的年齡分群，每個年齡群的暴露因素為 $X_i = (x_{i1}, x_{i2}, \cdots, x_{ik})$，假設每組觀察的案例數為 n_i，總觀察人一年為 N_i，則可以廣義線性模式來配適此資料，通常寫為

$$\log(n_i) = \log(N_i) + \beta_0 + \beta_1 x_{i1} + \beta_2 x_{i2} + \cdots + \beta_k x_{ik} \quad, \quad i = 1, 2, \cdots, s$$

以下我們用一筆實際資料和 SPSS 分析結果來進行卜瓦松迴歸分析。

下表爲一筆有關 1969-1971 美國男性皮膚癌（melanoma）資料，研究中調查二個地區（Northern and Southern）及六個年齡層的男性新發的皮膚癌案例（n_{hi}），其中 Total（N_{hi}）爲各分群中風險（hazard）人數（或人 - 年），研究目的想知道是否不同的年齡層及地區會影響皮膚癌的發生率（n_{hi}/N_{hi}），$h = 1, 2$，$i = 1, 2, \cdots, 6$。

表 14.1.1　New Melanoma case among white males: 1969-1971

地區	年齡組	案例數	總觀察人時數	發生率
Northern	<35	61	2880262	0.00002118
Northern	35-44	76	564535	0.00013462
Northern	45-54	98	592983	0.00016527
Northern	55-64	104	450740	0.00023073
Northern	65-74	63	270908	0.00023255
Northern	>75	80	161850	0.00049428
Southern	<35	64	1074246	0.00005958
Southern	35-44	75	220407	0.00034028
Southern	45-54	68	198119	0.00034323
Southern	55-64	63	134084	0.00046985
Southern	65-74	45	70708	0.00063642
Southern	>75	27	34233	0.00078871

參考文獻：Stokes, M. E., Davis, C. S., & Koch, G. G. (1995). Categorical data analysis using the SAS System. Cary, NC: SAS Institute, Inc.

我們利用 SPSS 統計分析軟體來進行卜瓦松迴歸模型分析，首先將以上資料輸入並計算各分群平移調整項（offset），因爲卜瓦松迴歸模型爲廣義線性模型的一種，可以廣義線性模型來進行分析。

【資料輸入型式】

資料視圖

變數視圖

14.2 卜瓦松迴歸分析的步驟

一、統計處理的步驟

步驟 1 先對地區與組變數設定標籤如下：

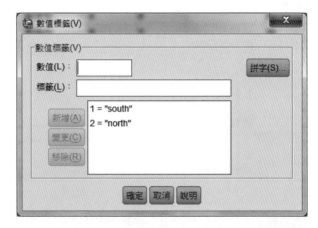

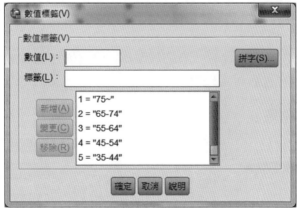

步驟 2　從轉換（T）選擇計算變數（C）。

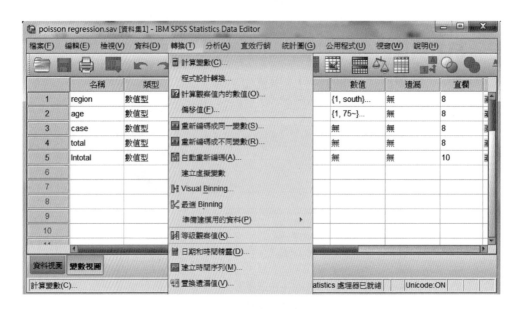

步驟 3　目標變數（T）輸入 lntotal，數值表示式（E）為 LN（total）後，按確定。

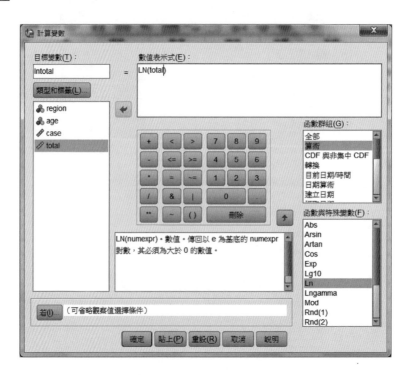

步驟 4　得出輸出如下。

步驟 5　從分析（A）中選擇廣義線性模型（G）。

步驟 6　模型類型選擇 Poisson 對數線性（S）。

步驟 7　於回應中將 case 移入因變數（D）中。

步驟 8　於預測中將 region 和 age 移入因素（F）中，將 lntotal 移入偏移變數（S）中。

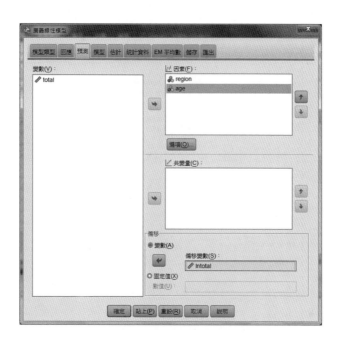

步驟 9　再於模型中將 region 和 age 移入模型（M）中。

步驟 10　於估計中，參數估計的方法（M）選擇 Fisher，尺度參數方法（C）選擇皮爾森（Pearson）卡方。

步驟 11　統計資料如預設。

步驟 12　於 EM 平均數中將 region 和 age 移入顯示平均數（D）中。

步驟 13　於儲存中如下勾選。

步驟 14 於 匯出 中視需要勾選，此處不勾選，最後按 確定 。

二、SPSS 輸出 (1)

模型資訊

因變數	case
機率分佈	Poisson 機率分配
連結函數	對數
偏移變數	Intotal

觀察值處理摘要

	N	**百分比**
已併入	12	100.0%
已排除	0	0.0%
總計	12	100.0%

此表顯示機率分配為 Poisson，連結函數為對數。偏移變數（offset）為 lntotal。在模型中，我們考慮以 LOG 為連結函數及 LOG（N_{hi}）為平移調整項的卜瓦松迴歸模型。

適合度 [a]

	數值	df	值／df
離差	6.215	5	1.243
比例離差	5.082	5	
皮爾森（Pearson）卡方	6.115	5	1.223
比例皮爾森（Pearson）卡方	5.000	5	
對數概似 [b,c]	-39.220		
調整的對數概似 [d]	-32.068		
Akaike 資訊準則（AIC）	92.440		
最終樣本修正 AIC（AICC）	120.440		
Bayesian 資訊準則（BIC）	95.834		
一致 AIC（CAIC）	102.834		

因變數：case

模型：（截距），region, age，偏移 = lntotal

a. 資訊準則為越小越好格式。

b. 即會顯示完整對數概似函數，並用於計算資訊準則中。

c. 對數概似是根據固定為 1 的尺度參數。

d. 調整的對數概似是根據預估尺度參數，並在模型固定 Omnibus 檢定中使用。

　　在表中首先針對模型適合度檢定，由於 Deviance 及 Pearson Chi-Square 的 Value/DF 值皆很靠近 1.00，所以可得知模型對於此筆資料有很高的配適度。

Omnibus 檢定 [a]

概似比卡方	df	顯著性
727.384	6	.000

因變數：case

模型：（截距），region，age，偏移 =Intotal

a. 根據僅含截距模型比較適用的模型。

模式係數的 Omnibus 檢定裡，模式的卡方值為 727.384，顯著性 p<0.5，表示本模式所選取的自變項能有效的聯合影響依變項。

參數評估

參數	B	平均數的錯誤	95% Wald 信賴區間		假設檢定		
			下限	上限	Wald 方卡	df	顯著性
（截距）	-10.658	.1053	-10.865	-10.452	10252.032	1	.000
[region = 1]	.819	.0785	.666	.973	108.840	1	.000
[region = 2]	0[a]	.	.	.	.	.	.
[age = 1]	2.945	.1460	2.058	3.231	406.615	1	.000
[age = 2]	2.366	.1454	2.081	2.651	264.561	1	.000
[age = 3]	2.242	.1309	1.985	2.498	293.444	1	.000
[age = 4]	1.913	.1310	1.656	2.170	213.327	1	.000
[age = 5]	1.797	.1337	1.535	2.059	180.635	1	.000
[age = 6]	0[a]	.	.	.	.	.	.
（尺度）	1.223[b]						

因變數：^1

模型：[%1:, case

a. 設為零，因為此參數是冗餘的。

b. 根據皮爾森（Pearson）卡方計算。

表為模型參數的估計及檢定，由表中可知年齡層及地區對於皮膚癌的發生率皆有顯著影響，而且隨著年齡增加發生率也隨之遞增，45-54 歲相對於 35 歲以下男性的 IRR 為

$$IRR = e^{1.9131} = 14.744$$

南部地區比北部地區有較高發生率，其中

$$IRR = e^{0.8195} = 2.269$$

從地區的成對比較中得知，兩地區間有顯著差異。

成對比較

(I) region	(J) region	平均差異（I-J）	平均數的錯誤	df	顯著性	95% Wald 差異的信賴區間	
						下限	上限
south	north	.00[a]	.000	1	.000	.00	.00
north	south	.00[a]	.000	1	.000	.00	.00

預估邊緣平均數的配對比較根據因變數 case 的原始尺度

a. 平均值差異在 .05 層級顯著。

從年齡的成對比較中得知，65-74 歲與 55-64 歲之間無顯著差異外，其餘均有顯著差異。

成對比較

(I) age	(J) age	平均差異（I-J）	平均數的錯誤	df	顯著性	95% Wald 差異的信賴區間	
						下限	上限
75～	65-74	.00[a]	.000	1	.000	.00	.00
	55-64	.00[a]	.000	1	.000	.00	.00
	45-54	.00[a]	.000	1	.000	.00	.00
	35-44	.00[a]	.000	1	.000	.00	.00
	～35	.00[a]	.000	1	.000	.00	.00

（接下頁）

成對比較（續）

(I) age	(J) age	平均差異（I-J）	平均數的錯誤	df	顯著性	95% Wald 差異的信賴區間	
						下限	上限
65-74	75～	.00[a]	.000	1	.000	.00	.00
	55-64	.00	.000	1	.372	.00	.00
	45-54	.00[a]	.000	1	.002	.00	.00
	35-44	.00[a]	.000	1	.000	.00	.00
	～35	.00[a]	.000	1	.000	.00	.00
55-64	75～	.00[a]	.000	1	.000	.00	.00
	65-74	.00	.000	1	.372	.00	.00
	45-54	.00[a]	.000	1	.008	.00	.00
	35-44	.00[a]	.000	1	.001	.00	.00
	～35	.00[a]	.000	1	.000	.00	.00
45-54	75～	.00[a]	.000	1	.000	.00	.00
	65-74	.00[a]	.000	1	.002	.00	.00
	55-64	.00[a]	.000	1	.008	.00	.00
	35-44	.00	.000	1	.352	.00	.00
	～35	.00[a]	.000	1	.000	.00	.00
35-44	75～	.00[a]	.000	1	.000	.00	.00
	65-74	.00[a]	.000	1	.000	.00	.00
	55-64	.00[a]	.000	1	.001	.00	.00
	45-54	.00	.000	1	.352	.00	.00
	～35	.00[a]	.000	1	.000	.00	.00
～35	75～	.00[a]	.000	1	.000	.00	.00
	65-74	.00[a]	.000	1	.000	.00	.00
	55-64	.00[a]	.000	1	.000	.00	.00
	45-54	.00[a]	.000	1	.000	.00	.00
	35-44	.00[a]	.000	1	.000	.00	.00

預估邊緣平均數的配對比較根據因變數 case 的原始尺度

a. 平均值差異在 .05 層級顯著。

參考文獻

蔡政安，中國醫藥大學 生物統計中心，2010。

第15章　對數線性分析的風險分析

15.1　對數線性分析的簡介

以下的數據是針對痴呆患者調查抗憂劑之效果。針對阿茲海默型痴呆與血管性痴呆的 2 組，投入 2 種抗憂劑 A、B 後，改善痴呆有效的人數與無效的人數，表示如下。

表 15.1.1　調查痴呆患者與抗憂劑之效果

層	抗憂劑	效果	
		有效	無效
層 1 阿茲海默型痴呆	抗憂劑 A	24 人	11 人
	抗憂劑 B	42 人	18 人
層 2 血管性痴呆	抗憂劑 A	53 人	24 人
	抗憂劑 B	27 人	32 人

想知道的事情是「抗憂劑 A 與抗憂劑 B 的有效性有無差異？」

此時，有效的統計處理即為**對數線性分析**。

一、對數線性分析

對數線性分析的重點是「交互作用的處理」。因此，此數據的重點是針對「層與抗憂劑及效果的交互作用」。如忽略此交互作用的存在，如下整理數據時，有時會下錯誤的結論。

表 15.1.2　這是危險的！

抗憂劑	有效	無效
A	29 + 53	11 + 24
B	42 + 27	18 + 32

表 15.1.1 的數據也可以如下表現。

表 15.1.3 另外的表現

層	抗憂劑	效果	患者人數
層 1	A	有效	29 人
		無效	18 人
	B	有效	42 人
		無效	18 人
層 2	A	有效	53 人
		無效	24 人
	B	有效	27 人
		無效	32 人

15.2 對數線性分析的交互作用

就對數線性分析的交互作用考察看看。

在對數線性分析的模式中，

$$\log(m_{ijk}) = u + \alpha_i + \beta_j + r_k + (\alpha\beta)_{ik} + (\alpha r)_{ik} + (\beta r)_{jk} + (\alpha\beta r)_{ijk}$$

其中

$(\alpha\beta)_{ik}$、$(\alpha r)_{ik}$、$(\beta r)_{jk}$ …… 2 次的交互作用

$(\alpha\beta r)_{ijk}$ …… 3 次的交互作用

即為交互作用的部分。

首先，試著注意 2 次交互作用，即

$(\beta r)_{11}$

看看。

表 15.2.1

層	抗憂劑	效果	
		有效	無效
阿茲海默型痴呆	A	m_{111}	m_{112}
	B	m_{121}	m_{122}
血管性痴呆	A	m_{211}	m_{212}
	B	m_{221}	m_{222}

參數 α_1、α_2、β_1、β_2、γ_1、γ_2 與表 15.2.1 的數據如下形成對應。

$$\begin{cases} \alpha_1 ......阿茲海默症 \\ \alpha_2 ....血管性 \end{cases}$$

$$\begin{cases} \beta_1 ...... 抗憂劑 A \\ \beta_2 ...... 抗憂劑 B \end{cases}$$

$$\begin{cases} \gamma_1 ...... 有效 \\ \gamma_2 ......無效 \end{cases}$$

因此，使用所有的參數表示對數線性分析的模式時，即爲

$$\log(m_{111}) = \mu + \alpha_1 + \beta_1 + \gamma_1 + (\alpha\beta)_{11} + (\alpha\gamma)_{11} + (\beta\gamma)_{11} + (\alpha\beta\gamma)_{111}$$
$$\log(m_{112}) = \mu + \alpha_1 + \beta_1 + \gamma_2 + (\alpha\beta)_{11} + (\alpha\gamma)_{12} + (\beta\gamma)_{12} + (\alpha\beta\gamma)_{112}$$
$$\log(m_{121}) = \mu + \alpha_1 + \beta_2 + \gamma_1 + (\alpha\beta)_{12} + (\alpha\gamma)_{11} + (\beta\gamma)_{21} + (\alpha\beta\gamma)_{121}$$
$$\log(m_{122}) = \mu + \alpha_1 + \beta_2 + \gamma_2 + (\alpha\beta)_{12} + (\alpha\gamma)_{12} + (\beta\gamma)_{22} + (\alpha\beta\gamma)_{122}$$
$$\log(m_{211}) = \mu + \alpha_2 + \beta_1 + \gamma_1 + (\alpha\beta)_{21} + (\alpha\gamma)_{21} + (\beta\gamma)_{11} + (\alpha\beta\gamma)_{211}$$
$$\log(m_{212}) = \mu + \alpha_2 + \beta_1 + \gamma_2 + (\alpha\beta)_{21} + (\alpha\gamma)_{22} + (\beta\gamma)_{12} + (\alpha\beta\gamma)_{212}$$
$$\log(m_{221}) = \mu + \alpha_2 + \beta_2 + \gamma_1 + (\alpha\beta)_{22} + (\alpha\gamma)_{21} + (\beta\gamma)_{21} + (\alpha\beta\gamma)_{221}$$
$$\log(m_{222}) = \mu + \alpha_2 + \beta_2 + \gamma_2 + (\alpha\beta)_{22} + (\alpha\gamma)_{22} + (\beta\gamma)_{22} + (\alpha\beta\gamma)_{222}$$

但是，實際用於分析時，「在此許多的參數中，幾乎是設定成 0」。

實際上是像以下這樣：

$$\log(m_{111}) = \mu + \alpha_1 + \beta_1 + \gamma_1 + (\alpha\beta)_{11} + (\alpha\gamma)_{11} + (\beta\gamma)_{11} + (\alpha\beta\gamma)_{111} \qquad (1)$$

$$\log(m_{112}) = \mu + \alpha_1 + \beta_1 + \quad (\alpha\beta)_{11} \qquad\qquad\qquad\qquad\qquad (2)$$

$$\log(m_{121}) = \mu + \alpha_1 + \quad \gamma_1 + \qquad\qquad (\alpha\gamma)_{11} \qquad\qquad\qquad (3)$$

$$\log(m_{122}) = \mu + \alpha_1 \qquad\qquad\qquad\qquad\qquad\qquad\qquad\qquad (4)$$

$$\log(m_{211}) = \mu + \quad \beta_1 + \gamma_1 + \qquad\qquad\qquad (\beta\gamma)_{11} \qquad\qquad (5)$$

$$\log(m_{212}) = \mu + \quad \beta_1 \qquad\qquad\qquad\qquad\qquad\qquad\qquad (6)$$

$$\log(m_{221}) = \mu + \qquad\quad \gamma_1 \qquad\qquad\qquad\qquad\qquad\qquad (7)$$

$$\log(m_{222}) = \mu \qquad\qquad\qquad\qquad\qquad\qquad\qquad\qquad\qquad (8)$$

為了觀察 $(\beta\gamma)_{11}$，如下進行減算時，

$(5)-(6)$ $\quad \log(m_{211}) - \log(m_{212}) = \gamma_1 + (\beta\gamma)_{11}$

$(7)-(8)$ $\quad \log(m_{221}) - \log(m_{222}) = \gamma_1$

如再進行加算（$(5)-(6)$）$-$（$(7)-(8)$）時，

$$\{\log(m_{211}) - \log(m_{212})\} - \{\log(m_{221}) - \log(m_{222})\} = (\beta\gamma)_{11}$$

右邊只出現 $(\beta\gamma)_{11}$ 了。

因此，利用對數的性質，

$$\log X - \log Y = \log \frac{X}{Y}$$

即可如下變形。

於是，2 次交互作用 $(\beta\gamma)_{11}$ 即成為

$$(\beta\gamma)_{11} = \log \frac{\left(\dfrac{m_{211}}{m_{212}}\right)}{\left(\dfrac{m_{221}}{m_{222}}\right)}$$

$$= \log \frac{(抗憂劑A的相對有效率)}{(抗憂劑B的相對有效率)}$$

此處，如將交互作用設成 0 時，

$$0 = \log \frac{(\text{抗憂劑A的相對有效率})}{(\text{抗憂劑B的相對有效率})}$$

$$1 = \frac{(\text{抗憂劑A的相對有效率})}{(\text{抗憂劑B的相對有效率})}$$

因此，變成了抗憂劑 A 的相對有效比率＝抗憂劑 B 的相對有效比率。

亦即，想比較抗憂劑 A 與抗憂劑 B 之有效性時，只要注意交互作用 $(\beta\gamma)_{11}$ 此項即可。

基於以上，以下的假設

$$\text{假設 } H_0 : (\beta\gamma)_{11} = 0$$

如否定時，即可得出如下結論，即「抗憂劑 A 的相對有效比率與抗憂劑 B 的相對有效比率是不同的」。

那麼，3 次的交互作用意指的是什麼呢？

如利用前面 (1) 到 (8) 時，

$$(\alpha\beta\gamma)_{111} = \log \frac{\begin{pmatrix} m_{111} \\ m_{112} \\ m_{121} \\ m_{122} \end{pmatrix}}{\begin{pmatrix} m_{211} \\ m_{212} \\ m_{221} \\ m_{222} \end{pmatrix}} \quad \begin{matrix} ((1)-(2))-((3)-(4)) \\[2em] ((5)-(6))-((7)-(8)) \end{matrix}$$

試將此 3 次交互作用 $(\alpha\beta\gamma)_{111}$ 設為 0 看看。

$$\log \dfrac{\begin{pmatrix} m_{111} \\ m_{112} \\ m_{121} \\ m_{122} \end{pmatrix}}{\begin{pmatrix} m_{211} \\ m_{212} \\ m_{221} \\ m_{222} \end{pmatrix}} = 0$$

因爲 $\log 1 = 0$，所以

$$\dfrac{\begin{pmatrix} m_{111} \\ m_{112} \\ m_{121} \\ m_{122} \end{pmatrix}}{\begin{pmatrix} m_{211} \\ m_{212} \\ m_{221} \\ m_{222} \end{pmatrix}} = 1$$

將分母移項時，

$$\dfrac{\dfrac{m_{111}}{m_{112}}}{\dfrac{m_{121}}{m_{122}}} = \dfrac{\dfrac{m_{211}}{m_{212}}}{\dfrac{m_{221}}{m_{222}}}$$

左邊是層 1 中抗憂劑 A 與抗憂劑 B 的相對有效比率之比。
右邊是層 2 中抗憂劑 A 與抗憂劑 B 的相對有效比率之比。
因此，

$$(\alpha\beta\gamma)_{111} = 0$$

是指

$$\begin{bmatrix} 層 1 中抗憂劑 A 與 \\ 抗憂劑 B 之相對有效比 \end{bmatrix} = \begin{bmatrix} 層 2 抗憂劑 A 與抗憂劑 B \\ 之相對有效比 \end{bmatrix}$$

亦即，意謂

$$層 1 的優勝比 = 層 2 的優勝比$$

也就是說，如果 3 次交互作用存在時，由於

$$(\alpha\beta\gamma)_{111} \neq 0$$

所以

$$\begin{bmatrix} 層 1 中抗憂劑 A 與抗憂劑 B \\ 之相對有效比率之比 \end{bmatrix} \neq \begin{bmatrix} 層 2 抗憂劑 A 與抗憂劑 B \\ 之相對有效比率之比 \end{bmatrix}$$

此時，有效比率之比因層而有不同，所以變成「按各層比較抗憂劑 A 與抗憂劑 B 之有效性」。

如果 3 次的交互作用不存在時，由於

$$(\alpha\beta\gamma)_{111} = 0$$

所以

層 1 中抗憂劑 A 與抗憂劑 B 的相對有效比率之比與

層 2 中抗憂劑 A 與抗憂劑 B 的相對有效比率之比

即變成了「具有相同的相對有效比率」。

也就是說

比較層 2 中之抗憂劑 A 與抗憂劑 B 的相對有效比率

即可比較

抗憂劑 A 與抗憂劑 B 的有效性。

將以上加以整理。

一、對數線性分析之步驟

步驟 1　進行 3 次的交互作用的檢定，

$$假設\ H_0：(\alpha\beta\gamma)_{111} = 0$$

如否定此假設 H_0 時，3 次的交互作用即存在，因之要按各層進行，

就層 1 比較抗憂劑 A、B，

就層 2 比較抗憂劑 A、B。

此假設 H_0 未被否定時，稱為「3 次的交互作用不存在」。

亦即，當作「各層的相對有效比率之比相同」。再進入到步驟 2。

步驟 2　檢定 2 次的交互作用。

$$假設\ H_0：(\beta\gamma)_{11} = 0$$

如此假設 H_0 被否定時，結論即為「抗憂劑 A、B 之間有差異」。

二、數據輸入類型

表 15.2.1 數據如下輸入，患者人數需要加權。

	層	抗憂劑	效果	患者數	var	var
1	1	1	1	29		
2	1	1	2	11		
3	1	2	1	42		
4	1	2	2	18		
5	2	1	1	53		
6	2	1	2	24		
7	2	2	1	27		
8	2	2	2	32		
9						
10						
11						
12						

（註）層：阿茲海默型………1
　　　　血管型…………2
　　抗憂劑：A …………1
　　　　　　B …………2
　　效果：有效…………1
　　　　無效…………2

三、加權的步驟

步驟 1 點選資料（D），選擇加權觀察值（W）。

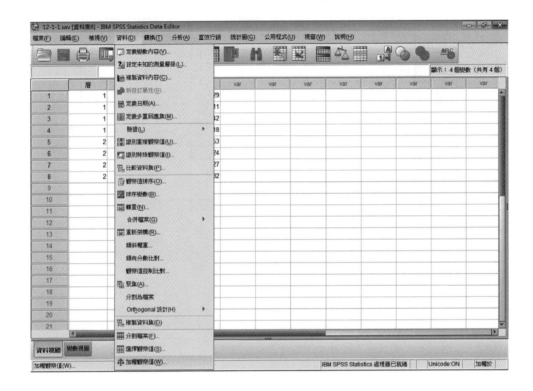

步驟 2 出現以下畫面時，選擇加權觀察值依據（W），將患者數投入到次數變數（F）中，按確定。

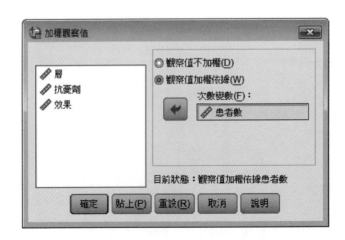

15.3 　對數線性分析的步驟

一、統計處理的步驟

　　步驟 1　數據的輸入結束時，點選分析（A），選擇對數線性（O）。從子清單選擇一般化（G）。

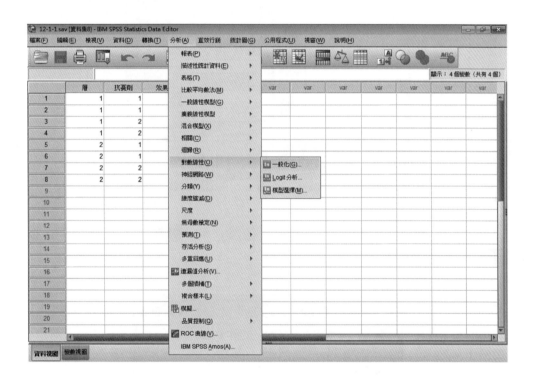

步驟 2 變成以下畫面時，將層、抗憂劑、效果移到因素（F）的方框中，接著按一下選項（O）。

步驟 3 變成以下畫面時，勾選估計值（E），按繼續。回到步驟 2 時，按確定。

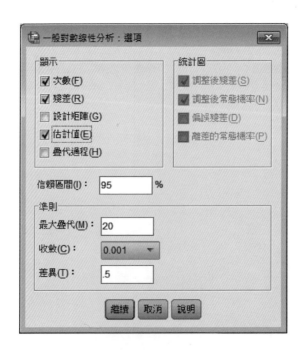

1. SPSS 輸出 (1)——線性分析

常數　　　　　　　　　　　　　　　　←①

[層 = 1]

[層 = 2]

[抗憂劑 = 1]　　　　　　　　　　　　←②

[抗憂劑 = 2]

[效果 = 1]　　　　　　　　　　　　　←③

[效果 = 2]

[層 = 1] * [抗憂劑 = 1]　　　　　　　←④

[層 = 1] * [抗憂劑 = 2]

[層 = 2] * [抗憂劑 = 1]

[層 = 2] * [抗憂劑 = 2]

[層 = 1] * [效果 = 1]　　　　　　　　←⑤

[層 = 1] * [效果 = 2]

[層 = 2] * [效果 = 1]

[層 = 2] * [效果 = 2]

[抗憂劑 = 1] * [效果 = 1]　　　　　　←⑥

[抗憂劑 = 1] * [效果 = 2]

[抗憂劑 = 2] * [效果 = 1]

[抗憂劑 = 2] * [效果 = 2]

[層 = 1] * [抗憂劑 = 1] * [效果 = 1]　←⑦

[層 = 1] * [抗憂劑 = 1] * [效果 = 2]

[層 = 1] * [抗憂劑 = 2] * [效果 = 1]

[層 = 1] * [抗憂劑 = 2] * [效果 = 2]

[層 = 2] * [抗憂劑 = 1] * [效果 = 1]

[層 = 2] * [抗憂劑 = 1] * [效果 = 2]

[層 = 2] * [抗憂劑 = 2] * [效果 = 1]

[層 = 2] * [抗憂劑 = 2] * [效果 = 2]

2. 輸出結果的判讀 (1)

調查對數線性分析模式

$$\log(m_{ijk}) = \mu + \alpha_i + \beta_j + \gamma_\alpha + (\alpha\beta)_{ij} + (\alpha\gamma)_{ik} + (\beta\gamma)_{jk} + (\alpha\beta\gamma)_{ijk} \text{ 的參數。}$$

① 【層 =1】……α_i

② 【抗變劑 =1】……β_1

③ 【效果 =1】……γ_1

④ 【層 =1】*【抗變劑 =1】……$(\alpha\beta)_{11}$

⑤ 【層 =1】*【效果 =1】……$(\beta\gamma)_{11}$

⑥ 【抗變劑 =1】*【效果 =1】……$(\beta\gamma)_{11}$

⑦ 【層 =1】*【抗變劑 =1】*【效果 =1】……$(\alpha\beta\gamma)_{111}$

3. SPSS 輸出 (2)

參數估計值 [b,c]

參數	估計	標準誤差	Z	Sig	95% 信賴區間 下界	95% 信賴區間 上界	
常數	3.481	.175	19.845	.000	3.137	3.825	←⑭
[層 = 1]	-.563	.291	-1.935	.053	-1.134	.007	
[層 = 2]	0[a]	.	.	.	.	.	
[抗憂劑 = 1]	-.283	.268	-1.056	.291	-.807	.242	←⑬
[抗憂劑 = 2]	0[a]	.	.	.	.	.	
[效果 = 1]	-.167	.259	-.645	.519	-.675	.341	
[效果 = 2]	0[a]	.	.	.	.	.	←⑫
[層 = 1]*[抗憂劑 = 1]	-.193	.461	-.418	.676	-1.097	.711	
[層 = 1]*[抗憂劑 = 2]	0[a]	.	.	.	.	.	←⑪
[層 = 2]*[抗憂劑 = 1]	0[a]	.	.	.	.	.	
[層 = 2]*[抗憂劑 = 2]	0[a]	.	.	.	.	.	
[層 = 1]*[效果 = 1]	.999	.380	2.626	.009	.253	1.744	

（接下頁）

（續）

參數	估計	標準誤差	Z	Sig	95% 信賴區間	
					下界	上界
[層 = 1]*[效果 = 2]	0ᵃ	.	.	.		.	←⑩
[層 = 2]*[效果 = 1]	0ᵃ	.	.	.	.	.
[層 = 2]*[效果 = 2]	0ᵃ	.	.	.	.	.
[抗憂劑 = 1]*[效果 = 1]	.948	.356	2.664	.008	.251	1.646
[抗憂劑 = 1]*[效果 = 2]	0ᵃ	.	.	.		.	←⑨
[抗憂劑 = 2]*[效果 = 1]	0ᵃ	.	.	.	.	.
[抗憂劑 = 2]*[效果 = 2]	0ᵃ	.	.	.	.	.
[層 = 1]*[抗憂劑 = 1]*[效果 = 1]	-.838	.570	-1.469	.142	-1.955	.280	←⑧
[層 = 1]*[抗憂劑 = 1]*[效果 = 2]	0ᵃ	.	.	.	.	.
[層 = 1]*[抗憂劑 = 2]*[效果 = 1]	0ᵃ	.	.	.	.	.
[層 = 1]*[抗憂劑 = 2]*[效果 = 2]	0ᵃ	.	.	.	.	.
[層 = 2]*[抗憂劑 = 1]*[效果 = 1]	0ᵃ	.	.	.	.	.
[層 = 2]*[抗憂劑 = 1]*[效果 = 2]	0ᵃ	.	.	.	.	.
[層 = 2]*[抗憂劑 = 2]*[效果 = 1]	0ᵃ	.	.	.	.	.
[層 = 2]*[抗憂劑 = 2]*[效果 = 2]	0ᵃ	.	.	.	.	.

a. 這個參數多餘，因此設為零。

b. 模式：Poisson

c. 設計∖：常數＋層＋抗憂劑＋效果＋層＊抗憂劑＋層＊效果＋抗憂劑＊效果＋層＊抗憂劑＊效果

4. 輸出結果的判讀 (2)

⑧檢定以下的 3 次交互作用。

$$假設 H_0：(\alpha\beta\gamma)_{111} = 0$$

如觀察 Asymptotic 95% CI（＝95% 信賴區間）時，

$$-1.96 \leq (\alpha\beta\gamma)_{111} \leq 1.96$$

此信賴區間中包含 0，所以假設 H_0 無法否定。

因此，似乎可以想成「阿茲海默型癡呆中抗憂劑 A、B 的相對有效比率之比與血管癡呆中抗憂劑 A、B 的相對有效比率之比相等」。

此事也可以說成「阿茲海默型癡呆的優勝比與血管性癡呆的優勝比相等」。

⑨進行以下的 2 次交互作用的檢定

$$假設 H_0：(\beta\gamma)_{11} = 0$$

如觀察 95% 信賴區間時，

$$0.25 \leq (\beta\gamma)_{11} \leq 1.65$$

此 95% 信賴區間不含 0，因之，並非是 $(\beta\gamma)_{11} = 0$，因此，假設 H_0 被否定。

亦即，得知抗憂劑 A、B 的有效比率有差異。

5. 對數線性分析之模式與變異數分析模式的差異

對數線性分析是針對以下數據類型：

表 15.3.1　對數線性分析的數據

	有效	無效
藥 A	m_{11}	m_{12}
藥 B	m_{21}	m_{22}

處理以下的模式。

$$\log(m_{ij}) = \mu + \alpha_i + \beta_j + (\alpha\beta)_{ij}$$

此時，可以變形成如下：

$$m_{ij} = \mathrm{EXP}(\mu + \alpha_i + \beta_j + \alpha\beta_{ij})$$
$$= \mathrm{EXP}(\mu) \times \mathrm{EXP}(\alpha_i) \times \mathrm{EXP}(\beta_j) \times \mathrm{EXP}(\alpha\beta_{ij})$$

所以對數線性模式即為「乘法模式」。

變異數分析的數據類型，即為如下：

因素 A	因素 B	數據
A_1	B_1	X_{111}　X_{112}
	B_2	X_{121}　X_{122}
A_2	B_1	X_{211}　X_{212}
	B_2	X_{221}　X_{222}

此時，變異數分析的模式是

$$x_{ijk} = \mu + \alpha_i + \beta_j + (\alpha\beta)_{ij} + \varepsilon_{ijk}$$

因素 A 與因素 B 的交互作用

因之，變異數分析是「加法模式」

（註）對數線性分析的交互作用的解釋與變異數分析的交互作用之解釋略為不同。

第16章　Logit 對數線性分析的風險分析

16.1　前言

使用表 16.1.1 的數據，利用 SPSS 進行對數線性分析看看。

以下數據是佛州汽車事故的報告。此數據與對數線性分析中所使用者相同，在進行 Logit 對數線性分析之前，請閱讀第 15 章的對數線性分析。

一、想知道的事情是？

未使用安全帶時的致命傷比例，與使用安全帶時相比，有多少的差異呢？

但是，Logit 對數線性模式是形成如下的型式：$\log(\frac{m_{ij}}{m_{ik}}) = \lambda + \delta_i$

表 16.1.1　汽車事故與安全帶

損傷程度 安全帶使用	致命傷	輕傷
未使用	1601	162527
使用	510	412368

二、數據輸入的類型

此數據的輸入，需要多加注意！死傷數的地方不要忘了資料（D）→加權觀察值（W）。

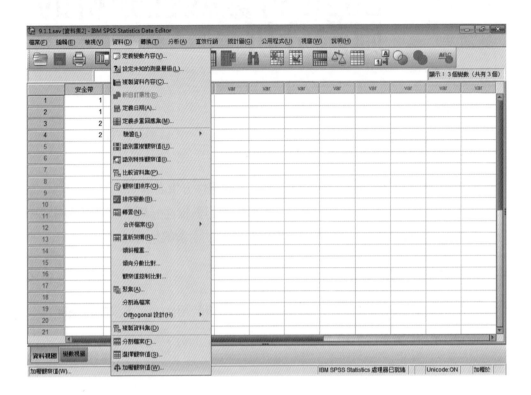

16.2 Logit 對數線性分析

一、統計處理的步驟

步驟 1　以滑鼠點選分析（A），按一下清單中的對數線性（O），再按一下清單中的 Logit 分析（L）。

步驟 **2**　如出現以下的畫面時，將損傷程度移到因變數（D）的方框之中，接著將安全帶移到因素（F）的方框之中，點選選項（O）。

步驟 **3**　在選項之中應該有估計值（E），勾選此處，接著按繼續。

步驟 4 如回到以下的畫面時，按 確定 。

1. SPSS 輸出 (1)──Logit 對數線性分析

- -

Correspondence Between Parameters and Terms of the Design

Parameter   Aliased   Term

```
      1              Constant for [安全帶 = 1]
      2              Constant for [安全帶 = 2]
      3              [損傷程度 = 1]                          ←①
      4        x     [損傷程度 = 2]
      5              [損傷程度 = 1]*[安全帶 = 1]
      6        x     [損傷程度 = 1]*[安全帶 = 2]
      7        x     [損傷程度 = 2]*[安全帶 = 1]
      8        x     [損傷程度 = 2]*[安全帶 = 2]
```

Note: 'x' indicates an aliased (or a redundant) parameter.
      These parameters are set to zero.

2. 輸出結果的判讀方法 (1)

① Logit 對數線性模式變成如下。

$$\begin{cases} \log(\dfrac{m_{11}}{m_{12}}) = \lambda + \delta_1 \\[3mm] \log(\dfrac{m_{21}}{m_{22}}) = \lambda + \delta_2 \end{cases}$$

事實上，Logit 對數線性模式，與以下的對數線性模式相同。

$$\begin{cases} \text{Log}(m_{11}) = \alpha_1 + \beta_1 + \gamma_{11} \\ \text{Log}(m_{12}) = \alpha_1 + \beta_2 + \gamma_{12} \\ \text{Log}(m_{21}) = \alpha_2 + \beta_1 + \gamma_{21} \\ \text{Log}(m_{22}) = \alpha_2 + \beta_2 + \gamma_{22} \end{cases}$$

亦即，變成

$$\begin{cases} \log(\dfrac{m_{11}}{m_{12}}) = \log(m_{11}) - \log(m_{12}) = (\beta_1 - \beta_2) + (\gamma_{11} - \gamma_{12}) \\[3mm] \log(\dfrac{m_{21}}{m_{22}}) = \log(m_{21}) - \log(m_{22}) = (\beta_1 - \beta_2) + (\gamma_{21} - \gamma_{22}) \end{cases}$$

因此，形成如下的對應，

$$\lambda = \beta_1 - \beta_2 \text{，} \delta_1 = \gamma_{11} - \gamma_{12} \text{，} \delta_2 = \gamma_{21} - \gamma_{22}$$

因此，Logit 對數線性分析與第 15 章的「輸出結果的判讀 (1)」的 μ 的對數線性分析模式

$$\mu + \alpha_1 \rightarrow \alpha_1$$
$$\mu + \alpha_2 \rightarrow \alpha_2$$

相對應，因此只要估計以下 4 個參數就夠了。

1	2	3	4	5	6	7	8
α_1	α_2	β_1	β_2	γ_{11}	γ_{12}	γ_{21}	γ_{22}

3. SPSS 輸出 (2)──Logit 對數線性分析

參數評估 [c,d]

參數		估計	標準錯誤	Z	顯著性	95% 信賴區間 下限	上限	
常數	[安全帶 = 1]	11.999[a]						←②
	[安全帶 = 2]	12.930[a]						
[損傷程度 = 1]		-6.694	.044	-151.194	.000	-6.781	-6.608	
[損傷程度 = 2]		0[b]						
[損傷程度 = 1]	* [安全帶 = 1]	2.074	.051	40.753	.000	1.975	2.174	
[損傷程度 = 1]	* [安全帶 = 2]	0[b]						
[損傷程度 = 2]	* [安全帶 = 1]	0[b]						
[損傷程度 = 2]	* [安全帶 = 2]	0[b]						←③

a. 在多項式使用時，常數不是參數，因此，沒有計算它們的標準誤。

b. 此參數設為零，因為這是冗餘的。

c. 模型：多項式對數

d. 設計：Constant + 損傷程度 + 損傷程度 * 安全帶

4. 輸出結果的判讀 (2)

　　② + ③求 4 個參數的估計值與 95% 信賴區間。

$\alpha_1 = 11.999$

$\alpha_2 = 12.930$

$\beta_1 = -16.694$　　　　　　　$-6.78 \leq \beta_1 \leq -6.61$

$\beta_2 = 0$

$\gamma_{11} = 2.074$　　　　　　　$1.97 \leq \gamma_{11} \leq 2.17$

$\gamma_{12} = 0$

$\gamma_{21} = 0$

$\gamma_{22} = 0$

因此，Logit 對數線性模式為

$$\lambda = \beta_1 - \beta_2 = -16.694 - 0 = -16.694$$
$$\delta_1 = \gamma_{11} - \gamma_{12} = 2.074 - 0 = 2.074$$
$$\delta_2 = \gamma_{21} - \gamma_{22} = 0 - 0 = 0$$

想知道的是使用安全帶與未使用安全帶時之致命傷的資訊，因之注意 δ_1 與 δ_2 之值。

$$\delta_1 = 2.074 \qquad \delta_2 = 0$$

未使用安全帶時的致命傷的對數優勝是使用安全帶時的 2.0744 倍。

如換成優勝來說時，未使用安全帶時的優勝，是使用安全帶時的優勝的 7.9649 倍。

$$\log (\text{odds}) = 2.074 \rightarrow \text{odds} = e^{2.0744} = 7.9649$$

（註）優勝比是表示 2 個事件的關聯強度。

　　　$0 <$ 優勝比 < 1，當優勝比 $= 1$ 時，2 個事件無關聯。

$$優勝 = \frac{p}{1-p} \text{，優勝比} = \frac{\dfrac{p_1}{1-p_1}}{\dfrac{p_2}{1-p_2}}$$

	發生	不發生
A	p_1	$1-p_1$
B	p_2	$1-p_2$

5. SPSS 輸出 (3)──Logit 對數線性分析

分散情形的分析 ^{a,b}

	熵	濃度	df
模型	1020.525	17.055	1
殘差	12936.392	4191.484	577006
總計	13956.917	4208.539	577007

a. 模型：多項式對數

b. 設計：Constant + 損傷程度 + 損傷程度 * 安全帶

關聯的測量 ^{a,b}

熵	.073	←④
濃度	.004	

a. 模型：多項式對數

b. 設計：Constant +
　損傷程度 + 損傷程度
　* 安全帶

6. 輸出結果的判讀 (3)

④ Entropy 與集中係數（＝concentration）

$$0.0731 = \frac{1020.5246}{13956.9163}$$

$$0.0041 = \frac{17.0550}{4208.5391}$$

　　均是求出在因變數的總變動（total）之中，可利用模式加以說明的部分比率。此值愈接近 1，模式的配適可以認為愈好。像本例不一定能如此斷言。

第17章　類別迴歸分析的風險分析

17.1　類別迴歸分析

以下的數據是針對 30 位受試者，「就業壓力的程度、性別、一週工作的時數、職場的人際關係、社會支援的結果、壓力應對方式」所調查的結果。

表 17.1.1　要因調查的結果

NO.	就業壓力	性別	一週工作時數	職場的人際關係	社會支援	壓力應對
1	3	1	2	7	4	1
2	1	2	1	5	3	2
3	4	2	3	4	1	3
4	2	2	2	6	3	2
5	3	1	1	2	2	1
6	4	2	3	4	1	3
⋮	⋮	⋮	⋮	⋮	⋮	⋮
29	1	1	1	4	3	2
30	4	1	1	1	2	2

就業壓力

　　1. 完全不覺得　　2. 不太覺得　　3. 略微覺得　　4. 頗有覺得

性別

　　1. 女性　　2. 男性

一週工作時數

　　1. 40 小時未滿　　2. 40 小時以上 50 小時未滿　　3. 50 小時以上

職場的人際關係

　　1. 非常差　　2. 差　　3. 不太好　　4. 不好也不壞

　　5. 還算好　　6. 好　　7. 非常好

（接下頁）

（續）

社會支援
1. 沒有可以商談的人　2. 不太有可以商談的人
3. 略有可以商談的人　4. 有可以商談的人
壓力應對
1. 人都會失敗　2. 聽其自然
3. 努力使之順利進行

一、想知道的事情是？

1. 想知道性別、就業時間、人際關係、社會支援、壓力應對，對就業壓力的影響大小。
2. 從自變數的狀況，想求就業壓力的預測值。

此時，可以考慮如下的統計處理。

【統計處理1】自變數或因變數是類別資料，因之進行類別迴歸分析。

【統計處理2】觀察各自變數的顯著水準，調查對就業壓力造成影響的要因。

二、撰寫論文時

類別迴歸分析與複迴歸分析不同的地方在於，所處理的資料是否為類別而已。因此，撰寫論文時的表現，幾乎與複迴歸分析的時候相同。

「……進行類別迴歸分析之後，顯著機率在 0.05 以下的自變數是，一週工作時數（0.002）、職場的人際關係（0.038）、社會支援（0.000）。由此事可以認為對就業壓力特別有影響的要因是，一週工作時數、職場的人際關係、社會支援的狀況。因此，……」

三、數據輸入類型

表 17.1.1 的資料如下輸入。

	壓力	性別	工作時數	人際關係	社會支援	壓力應對	var
1	3	1	2	7	4	1	
2	1	2	1	5	3	2	
3	4	2	3	4	1	3	
4	2	2	2	6	3	2	
5	3	1	1	2	2	1	
6	4	2	3	4	1	3	
7	1	1	1	5	3	2	
8	2	1	2	5	4	3	
9	2	1	3	7	4	2	
10	2	2	1	3	1	2	
11	1	1	2	5	3	2	
12	2	1	1	4	4	1	
13	2	1	2	4	2	2	
14	1	2	1	3	2	1	
15	4	1	2	1	1	3	
16	4	2	3	6	1	2	
17	2	1	1	5	4	3	
18	3	1	2	3	4	2	
19	1	1	1	1	3	3	
20	4	2	2	2	1	2	
21	3	1	3	1	4	3	
22	2	2	1	5	2	1	
23	1	1	2	5	3	1	
24	4	2	2	2	1	3	
25	2	2	2	6	3	3	
26	4	2	3	3	2	3	
27	2	1	1	4	4	2	
28	3	2	3	7	3	3	
29	1	1	1	4	3	2	
30	4	1	1	1	2	2	

	壓力	性別	工作時數	人際關係	社會支援	壓力應對	var
1	略微覺得	女性	40小時以上	非常好	有可以商談	認為人都會	
2	完全不覺得	男性	40小時未滿	還算好	略有可以商	聽其自然	
3	頗有覺得	男性	50小時以上	不太好不太	沒有可以商	努力使之順	
4	不太覺得	男性	40小時以上	好	略有可以商	聽其自然	
5	略微覺得	女性	40小時未滿	差	不太有可以	認為人都會	
6	頗有覺得	男性	50小時以上	不太好不太	沒有可以商	努力使之順	
7	完全不覺得	女性	40小時未滿	還算好	略有可以商	聽其自然	
8	不太覺得	女性	40小時以上	還算好	有可以商談	努力使之順	
9	不太覺得	女性	50小時以上	非常好	有可以商談	聽其自然	
10	不太覺得	男性	40小時未滿	不太好	沒有可以商	聽其自然	
11	完全不覺得	女性	40小時以上	還算好	略有可以商	聽其自然	
12	不太覺得	女性	40小時未滿	不太好不太	有可以商談	認為人都會	
13	不太覺得	女性	40小時以上	不太好不太	不太有可以	努力使之順	
14	完全不覺得	男性	40小時以上	不太好	不太有可以	認為人都會	
15	頗有覺得	女性	40小時以上	非常差	沒有可以商	努力使之順	
16	頗有覺得	男性	50小時以上	好	沒有可以商	聽其自然	
17	不太覺得	女性	40小時未滿	還算好	有可以商談	努力使之順	
18	略微覺得	女性	40小時以上	不太好	有可以商談	努力使之順	
19	完全不覺得	女性	40小時以上	非常差	略有可以商	努力使之順	
20	頗有覺得	男性	40小時以上	差	沒有可以商	聽其自然	
21	略微覺得	女性	50小時以上	非常差	有可以商談	努力使之順	
22	不太覺得	男性	40小時未滿	還算好	不太有可以	認為人都會	
23	完全不覺得	女性	40小時以上	還算好	略有可以商	認為人都會	
24	頗有覺得	男性	40小時以上	差	沒有可以商	努力使之順	
25	不太覺得	男性	40小時以上	好	略有可以商	努力使之順	
26	頗有覺得	男性	50小時以上	不太好	不太有可以	努力使之順	
27	不太覺得	女性	40小時未滿	不太好不太	有可以商談	聽其自然	
28	略微覺得	男性	50小時以上	非常好	略有可以商	努力使之順	
29	完全不覺得	女性	40小時未滿	不太好不太	略有可以商	聽其自然	
30	頗有覺得	女性	40小時未滿	非常差	不太有可以	聽其自然	

17.2 利用 SPSS 的類別迴歸分析

步驟 1 表 17.1.1 的資料輸入時，如下選擇。

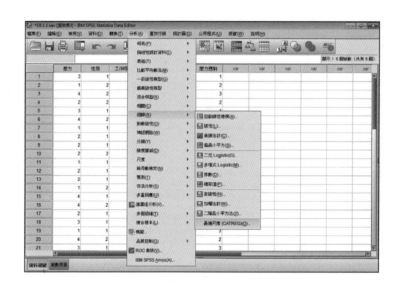

步驟 2 變成類別迴歸的畫面時，將壓力移到因變數（D），出現壓力（曲線序數 22），接著按一下定義尺度（E）。

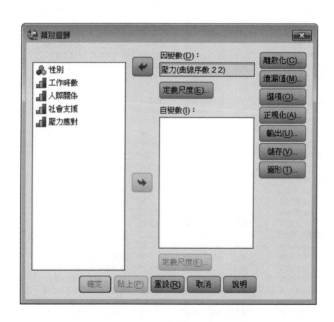

步驟 3　變成定義尺度的畫面時，選擇序數（O）後，按一下繼續。

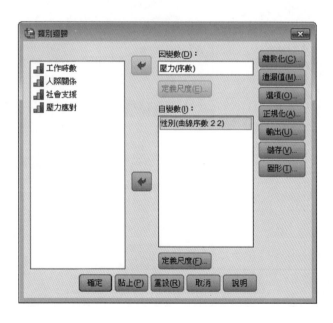

步驟 4　確認因變數（D）的方框中變成壓力（序數）時，將性別移到自變數（I）的方框中，按一下定義尺度（F）。

步驟 5 變成定義尺度的畫面時,選擇名義(N),按一下繼續。

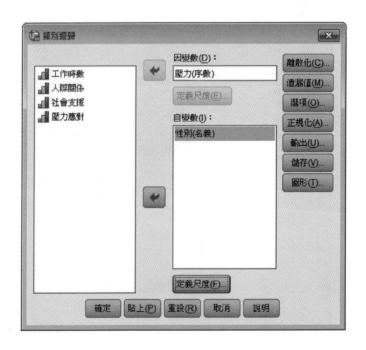

步驟 6 自變數(I)的方框中變成性別(名義)。

步驟 **7**　將工作時數、人際關係、社會支援移到自變數（I）的方框中，再將這些變數變換成（序數）。

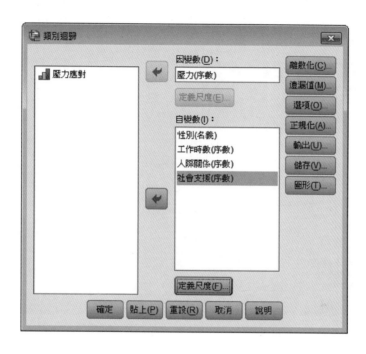

步驟 **8**　將壓力應對移到自變數（I）的方框中，再換成壓力應對（名義），接著按一下選項（O）。

步驟 9 　因性別與壓力應對是名義變數，因此，起始構形中選擇數值（U），接著按繼續。回到步驟 8 的畫面時，按一下輸出（T）。

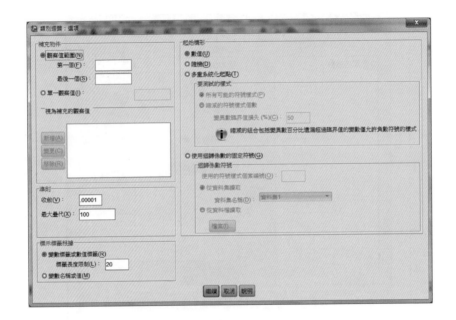

步驟 10　變成輸出的畫面時，將分析變數（A）的方框之中的所有變數移到類別量化（T）的方框中，按 繼續 。

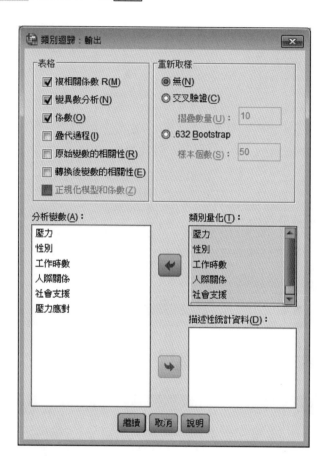

步驟 **11** 回到步驟 8 的畫面，按一下儲存（V），再如下勾選儲存預測值至作用中資料集（P）後，按繼續。

步驟 **12** 回到以下畫面時，按確定。

1. SPSS 輸出 (1) —— 類別迴歸分析

模型摘要

複相關係數 R	R 平方	調整後 R 平方	明顯預測錯誤
.876	.768	.626	.232	←①

因變數：壓力

預測值：性別、工作時數、人際關係、社會支援、壓力支持

變異數分析

	平方和	df	平均值平方	F	顯著性
迴歸	23.033	11	2.094	5.409	.001
殘差	6.967	18	.387		
總計	30.000	29				←②

因變數：壓力

預測值：性別、工作時數、人際關係、社會支援、壓力應對

2. 輸出結果的判讀 (1) —— 類別迴歸分析

①R 平方

R 平方是判定係數。

R 平方是 0.768 接近 1，因之可以認為類別迴歸式的適配佳。

②變異數分析表

假設 H_0：所求出的類別迴歸式對預測無幫助。

顯著機率 0.001 ＜顯著水準 0.05

假設 H_0 被否定。

因此，可以認為所求出的類別迴歸式對預測有幫助。

3. SPSS 輸出 (2)──類別迴歸分析

係數

	標準化係數		df	F	顯著性
	Beta	重複取樣（1000）估計標準錯誤			
性別	.020	.154	1	.017	.897
工作時數	.378	.292	2	1.668	.216
人際關係	-.245	.322	4	.581	.680
社會支援	-.604	.365	2	2.735	.092
壓力應對	.088	.145	2	.368	.697

←③

因變數：壓力

相關性及容差

	相關性			重要性	允差	
	零階	部分	部分		轉換之後	轉換之前
性別	-.362	.032	.016	-.010	.593	.485
工作時數	.498	.581	.344	.245	.831	.616
人際關係	-.424	-.392	-.206	.135	.703	.529
社會支援	-.763	-.678	-.444	.601	.540	.417
壓力應對	.249	.171	.084	.029	.903	.666

因變數：壓力

4. 輸出結果的判讀 (2)──類別迴歸分析

③顯著機率在 0.05 以下的自變數，可以認為對因變數有影響。

因此，認為對就業壓力有影響的要因是

$$\begin{cases} 一週工作時數 \\ 職場的人際關係 \\ 社會支援 \end{cases}$$

一週工作時數的係數是 0.375，因此一週工作時數變多時，就業壓力似乎也會增加。

職場人際關係的係數是 –0.245，因此人際關係愈好，就業壓力似乎就愈會減少。

社會支援的係數是 –0.604，因此愈有可以商談的人，就業壓力似乎就愈會減少。

5. SPSS 輸出 (3)──類別迴歸分析

數量化　　　←④

壓力 a

類別	次數	量化
完全不覺得	7	-.917
不太覺得	10	-.574
略微覺得	5	-.143
頗有覺得	8	1.609

a. 最適尺度層級：序數。

性別 a

類別	次數	量化
女性	17	.874
男性	13	-1.144

a. 最適尺度層級：名義。

工作時數 a

類別	次數	量化
40 小時未滿	12	-1.031
40 小時以上 50 小時未滿	11	.132
50 小時以上	7	1.561

a. 最適尺度層級：序數。

人際關係 a

類別	次數	量化
非常差	4	-1.846
差	3	-1.753
不太好	4	.449
不太好不太壞	6	.449
還算好	7	.603
好	3	.603
非常好	3	.707

a. 最適尺度層級：序數。

社會支援 a

類別	次數	量化
沒有可以商談的人	7	-1.545
不太有可以商議的人	6	.535
略有可以商談的人	9	.825
有可以商談的人	8	.825

a. 最適尺度層級：序數。

壓力應對 a

類別	次數	量化
認為人都會失敗	6	-1.988
聽其自然	11	.630
努力使之順利進行	13	.384

a. 最適尺度層級：名義。

6. 輸出結果的判讀 (3)──類別迴歸分析

④各個類別的數量化。使用此最適尺度，進行類別迴歸分析。

(1) 就業壓力

	順序		最適尺度
完全不覺得	= 1	⟶	−0.917
不太覺得	= 2	⟶	−0.574
略微覺得	= 3	⟶	−0.143
頗有覺得	= 4	⟶	1.609

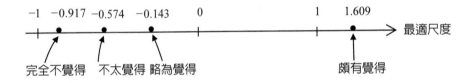

(2) 性別

	名義		最適尺度
女性	= 1	⟶	0.874
男性	= 2	⟶	−1.144

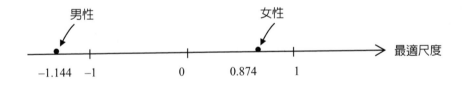

7. SPSS 輸出 (4) ── 類別迴歸分析

↑
⑤

8. 輸出結果的判讀 (4) ── 類別迴歸分析

⑤ 是預測值。

$$就業壓力 = 0.020 \times 性別 + 0.378 \times 一週工作時數$$
$$-0.245 \times 職場的人際關係 - 0.604 \times 社會支援$$
$$+ 0.088 \times 壓力應對$$

(1) No.1 的受試者

$$性別 = 1 \longrightarrow 0.874$$
$$一週工作時數 = 2 \longrightarrow 0.132$$
$$職場人際關係 = 7 \longrightarrow 0.707$$
$$社會支援 = 4 \longrightarrow 0.825$$
$$壓力應對 = 1 \longrightarrow -1.988$$

$$就業壓力 = 0.020 \times 0.874 + 0.378 \times 0.132$$
$$-0.245 \times 0.717 - 0.604 \times 0.825$$
$$+ 0.088 \times (-1.988)$$
$$= -0.78$$

因為 -0.78 是介於不太覺得與完全不覺得之間。由此可知 No.1 的就業壓力不太感到壓力。

第18章 多元邏輯斯迴歸的風險分析

18.1 簡介

對反應變數（因變數）為 2 值變數時的邏輯斯迴歸（logistic regression）有過說明，但類別數也有 3 個以上的情形。3 個以上的邏輯斯迴歸模式，稱為多元邏輯斯迴歸模式，主要有多重名義邏輯斯迴歸（multinomial logistic regression model）、次序邏輯斯迴歸（ordinal logistic regression）。

多元邏輯斯迴歸模式中，反應變數的類別數設為 k，說明變數的個數設為 q，對第 i 個類別來說，說明變數的 1 次組合設為 Y_i，反應變數的觀測值是第 i 類的機率，可表示為 $p_i = \exp(Y_i)/\exp(Y_1 + \cdots + Y_k)$。多元邏輯斯迴歸分析，估計 Y_i 的一次組合模式 $Y_i = \beta_{i0} + \beta_{i1}X_1 + \cdots + \beta_{iq}X_q$ 的參數 $\beta_{i0}, \beta_{i1}, \cdots, \beta_{iq}$ 是目的所在。參數可利用最大概似法求出。此分析可以調查參照群體中的個體屬於反應變數的特定類別的傾向，是受哪一說明變數所影響。

1. 數據型式

以 50 名成人為對象，就年齡、性別（男 1、女 2）、興趣（讀書 1、電影 2、音樂 3、運動 4、無所屬 5）的 3 項目進行意見調查，其結果如表 18.1.1 所示。另外，關於興趣是從 5 者之中選擇最喜歡的一項來回答。

表 18.1.1　有關興趣的意見調查

年齡	性別	興趣	年齡	性別	興趣
70	1	2	68	1	2
28	2	4	27	2	1
47	1	3	46	1	3
48	1	5	50	1	2
23	1	3	24	1	3
69	2	1	68	2	1
31	2	4	32	2	4
70	2	3	71	2	3
80	2	1	79	2	1
37	2	2	38	2	5
65	2	2	64	2	2
71	2	2	70	2	2
41	2	3	40	2	3
61	1	5	60	1	1
56	2	1	55	2	1
34	2	1	33	2	4
48	2	2	47	2	2
43	2	5	43	2	5
50	2	2	49	2	2
24	2	4	25	2	3
23	1	4	22	1	3
47	2	3	48	2	3
63	1	1	64	1	1
31	2	2	32	2	2
21	2	2	23	2	4

2. 資料輸入形式

　　如圖 18.1.1 所示。

	年齡	性別	趣味	var	var	var	var	var	var	var	var
1	70.00	1.00	2.00								
2	28.00	2.00	4.00								
3	47.00	1.00	3.00								
4	48.00	1.00	5.00								
5	23.00	1.00	3.00								
6	69.00	2.00	1.00								
7	31.00	2.00	4.00								
8	70.00	2.00	3.00								
9	80.00	2.00	1.00								
10	37.00	2.00	2.00								
11	65.00	2.00	2.00								
12	71.00	2.00	2.00								
13	41.00	2.00	3.00								
14	61.00	1.00	5.00								
15	56.00	2.00	1.00								
16	34.00	2.00	2.00								
17	48.00	2.00	2.00								
18	43.00	2.00	5.00								
19	50.00	2.00	2.00								
20	24.00	2.00	4.00								
21	23.00	1.00	4.00								
22	47.00	2.00	3.00								
23	63.00	1.00	1.00								
24	31.00	2.00	2.00								
25	21.00	2.00	2.00								
26	68.00	1.00	2.00								
27	27.00	2.00	1.00								
28	46.00	1.00	3.00								
29	50.00	1.00	2.00								

◀ ▶ \ 資料檢視 ⋌ 變數檢視 /

圖 18.1.1　資料輸入的一部分

3. 分析的步驟

　　分析 → 迴歸方法 → 多項式邏輯斯。依變數 (D) 指定「興趣」；因子 (F) 指定「性別」；共變量 (C) 指定「年齡」；統計量 (S) 中指定「儲存格機率」；儲存 (A) 中指定「估計反應機率」與「預測機率」。

4. 輸出結果

表 18.1.2 顯示參數的估計值，譬如，關於興趣 4（運動）來說，年齡的參數是 –0.173，顯著機率 $p = 0.039$，說明此參數並不為 0。亦即，顯示愈年輕有愈喜歡運動的傾向。對於年齡與運動以外來說，任一參數均看不出顯著差。表 18.1.3 說明預測次數的一部分。譬如，就年齡 21 歲的女性來說，興趣是讀書、電影、音樂、運動的預測比率，分別是 1.5%、7.6%、13.0%、、74.4%。

表 18.1.2　多元邏輯斯迴歸分析的結果

參數估計值								
趣味 [a]	B 之估計值	標準誤差	Wald	df	顯著性	Exp(B)	EXP(B) 的 95% 信賴區間	
							下界	上界
讀書　截距	2.099	2.040	1.059	1	.304			
年齡	.058	.038	2.386	1	.122	1.060	.984	1.142
[性別＝1]	–.672	1.177	.326	1	.568	.511	.051	5.125
[性別＝2]	0[b]			0				
電影　截距	.282	1.733	.026	1	.871			
年齡	.023	.034	.445	1	.505	1.023	.957	1.094
[性別＝1]	1.038	1.130	.844	1	.358	.354	.039	3.243
[性別＝2]	0[b]			0				
音樂　截距	1.711	1.700	1.014	1	.314			
年齡	–.020	.035	.321	1	.571	.980	.915	1.050
[性別＝1]	.100	1.093	.008	1	.927	1.105	.130	9.418
[性別＝2]	0[b]			0				
運動　截距	6.680	2.851	5.489	1	.019			
年齡	–.173	.084	4.246	1	.039	.841	.713	.992
[性別＝1]	2.045	1.643	1.550	1	.213	.129	.005	3.236
[性別＝2]	0[b]			0				

a. 參考類別為：無所屬。

b. 由於這個參數重複，所以設成零。

表 18.1.3 預測次數的一部分

觀察和預測次數						
年齡	性別	趣味	次數			百分比	
			觀察次數	預測次數	Pearson 殘差	觀察次數	預測次數
21.00	女性	讀書	0	.015	−.123	.0%	1.5%
		電影	1	.076	3.483	100.0%	7.6%
		音樂	0	.130	−.386	.0%	13.0%
		運動	0	.744	1.703	.0%	74.4%
		無所屬	0	.036	−.192	.0%	3.6%
22.00	男性	讀書	0	.028	−.168	.0%	2.8%
		電影	0	.094	−.323	.0%	9.4%
		音樂	1	.481	1.039	100.0%	48.1%
		運動	0	.276	−.618	.0%	27.6%
		無所屬	0	.121	−.372	.0%	12.1%
23.00	男性	讀書	0	.061	−.252	.0%	3.1%
		電影	0	.203	−.475	.0%	10.1%
		音樂	1	.992	.012	50.0%	49.6%
		運動	1	.489	.841	50.0%	24.4%
		無所屬	0	.256	−.541	.0%	12.8%
	女性	讀書	0	.021	−.148	.0%	2.1%
		電影	0	.102	−.337	.0%	10.2%
		音樂	0	.160	−.436	.0%	16.0%
		運動	1	.672	.699	100.0%	67.2%
		無所屬	0	.045	−.218	.0%	4.5%
24.00	男性	讀書	0	.034	−.188	.0%	3.4%
		電影	0	.109	−.349	.0%	10.9%
		音樂	1	.509	.983	100.0%	50.9%
		運動	0	.215	−.523	.0%	21.5%
		無所屬	0	.134	−.393	.0%	13.4%

百分比是以每個次母群體中的總觀察次數為準。

表 18.1.4　預測機率與預測類別

	年齡	性別	趣味	EST1_1	EST2_1	EST3_1	EST4_1	EST5_1	PRE_1
1	70	1	2	.44	.27	.18	.00	.12	1
2	28	2	4	.05	.19	.23	.46	.07	4
3	47	1	3	.17	.24	.42	.01	.17	3
4	48	1	5	.18	.24	.41	.00	.17	3
5	23	1	3	.03	.10	.50	.24	.13	3
6	69	2	1	.44	.41	.09	.00	.06	1
7	31	2	4	.07	.24	.27	.33	.09	4
8	70	2	3	.45	.40	.08	.00	.06	1
9	80	2	1	.56	.35	.05	.00	.04	1
10	37	2	2	.12	.34	.29	.14	.11	2
11	65	2	2	.40	.42	.11	.00	.07	2
12	71	2	2	.46	.40	.08	.00	.06	1
13	41	2	3	.15	.38	.28	.07	.11	2
14	61	1	5	.32	.27	.26	.00	.14	1
15	56	2	1	.30	.44	.17	.00	.09	2
16	34	2	1	.09	.29	.29	.22	.10	2
17	48	2	2	.22	.43	.23	.02	.11	2
18	43	2	5	.17	.40	.27	.05	.11	2
19	50	2	2	.24	.43	.21	.01	.10	2
20	24	2	4	.03	.12	.18	.63	.05	4

就第 1 位受訪者來說，讀書的預測機率 EST1_1 是 0.44，電影的預測機率 EST2_1 是 0.27，音樂的預測機率 EST3_1 是 0.18，運動的預測機率 EST4_1 是 0.00，無所屬的機率 EST5_1 是 0.12，以讀書的預測機率最大，故預測類別 PRE_1 即為讀書 (1)。

表 18.1.5　各類的正答率

分類						
觀察次數	預測分數					
	讀書	電影	音樂	運動	無所屬	百分比修正
讀書	7	3	0	1	0	63.6%
電影	4	7	1	3	0	46.7%
音樂	2	4	5	1	0	41.7%
運動	0	0	2	5	0	71.4%
無所屬	1	3	1	0	0	.0%
概要百分比	28.0%	34.0%	18.0%	20.0%	.0%	48.0%

讀書的正答率是 63.6%(7/11)。

整體的正答率是 48.0%((7 + 7 + 5 + 5 + 0)/50)。

第 19 章　Mantel-Haenszel 檢定的風險分析

19.1 Mantel-Haenszel 檢定簡介

所謂 Mantel-Haenszel 檢定是指「兩個組的有效比率之差異檢定」。請看以下數據。

表 19.1.1　藥 A 與藥 B 的有效比率

組	有效	無效	有效比率
藥 A	130	70	0.65
藥 B	70	130	0.35

此種數據的情形，

$$藥 A 的有效比率……\frac{130}{130+70}=0.65$$

$$藥 B 的有效比率……\frac{70}{70+130}=0.35$$

所以藥 A 可能比藥 B 有效。

但是，此種數據稱為 Simpson 的詭論（Paradox），試將以上的數據分層後再重新製表看看。

表 19.1.2　年輕層

層 1 （年輕）		有效	無效	有效比率
	藥 A	120	40	0.75
	藥 B	30	10	0.75

表 19.1.3　老年層

層 2 （老年）		有效	無效	有效比率
	藥 A	10	30	0.25
	藥 B	40	120	0.25

如觀察有效比率時，不管是老年層或是年輕層，藥 A 與藥 B 的有效比率並無差異。

如與表 19.1.1 相比較，的確有些差異！

當有層別數據的情形，將兩個層想像成 1 個層，有時會發生如此困擾的問題。當數據有此種層別的不平衡時，將它調整後再進行差異之檢定，此手法即爲「Mantel-Haenszel 檢定」。

以下的數據是針對腦中風後的痴呆症患者，調查抗憂劑 A、B 之後，對癡呆的改善覺得有效與無效的人，其情形分別如下。

表 19.1.4　改善癡呆的效果

	抗憂劑	效果	
		有效	無效
阿茲海默症型 癡呆……層 1	抗憂劑 A	219 人	11 人
	抗憂劑 B	42 人	18 人
血管性癡 呆……層 2	抗憂劑 A	53 人	24 人
	抗憂劑 B	27 人	32 人

試調查 2 種抗憂劑 A、B 的有效性是否有差異。

一、Mantel-Haenszel 檢定的步驟

Mantel-Haenszel 檢定是由以下檢定所構成。

步驟 1　首先，檢定以下的假設

假設 H_0：阿茲海默型的優勝比與血管性的優勝比相同。

此檢定稱爲「Breslow-Day 檢定」。

(1)如步驟 1 的假設被否定時，各層分別再進行

> 就阿茲海默型癡呆，比較抗憂劑 A、B。
> 就血管性癡呆，比較抗憂劑 A、B。

(2)如步驟 1 的假設未能否定時，假定共同的優勝比，進入到以下的步驟 2。

步驟 2　檢定以下的假設。

假設 H_0：抗憂劑 A、B 的有效性相同。

此檢定稱爲 Mantel-Haenszel 檢定。

（註）此檢定可以想成是調整偏差的檢定。

1. 數據輸入類型

表 19.1.4 的數據如下輸入。但是，患者需要加權。

	層	抗憂劑	效果	患者數	var
1	1	1	1	29	
2	1	1	0	11	
3	1	2	1	42	
4	1	2	0	18	
5	2	1	1	53	
6	2	1	0	24	
7	2	2	1	27	
8	2	2	0	32	
9					

（註）層：阿茲海默型……1　　　　效果：有效……1
　　　　血管性…………2　　　　　　　　無效……0
　　　　抗憂劑 A……1
　　　　抗憂劑 B……2

2. 加權的步驟

步驟 1　點選資料（D），選擇加權觀察值（W）。

步驟 2　出現如下畫面時，選擇觀察值加權依據（W），將患者數移到次數變數（F），按確定。

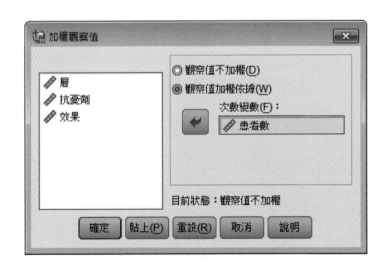

一、統計處理的步驟

　　步驟 1　數據輸入結束時，點選分析（A），選擇描述性統計資料（E），再選擇交叉表（C）。

步驟 2 變成以下畫面時，將抗憂劑移到列（O）的方框中，將效果移到直欄（C）的方框中，將層移到圖層的方框中，按統計資料（S）。

步驟 3　如下勾選後，按 繼續 ，即回到步驟 2 的畫面，再按 確定 。

1. SPSS 輸出 (1)

勝算比的同質情檢定

	卡方	**df**	漸近顯著性 （**2** 端）	
Breslow-Day	2.130	1	.144	←①
Tarone's	2.128	1	.145	

條件式獨立性檢定

	卡方	df	漸近顯著性（2 端）	
Conchran's	5.293	1	.021	←②
Mantel-Haenszel	4.636	1	.031	←③

在條件式獨立性假設下，僅當階層數目是固定值，而 Mantel-Haenszel 統計資料一律作為 1 df 卡方進行漸近分配時，Cochran's 統計資料才會作為 1 df 卡方進行漸近分配。請注意，當所觀察值與預期值之間差異總和為 0 時，會從 Mantel-Haenszel 統計資料中移除持續更正。

Mantel-Haenszel 一般勝算比預估

估計			.530
In(Estimate)			-.634
In(Estimate) 的標準誤			.280
漸近顯著性（2 端）			.024	←④
漸近 95% 信賴區間	一般勝比	下限	.307
		上限	.918
	In(Common Odds Ratio)	下限	-1.183
		上限	-.085

Mantel-Haenszel 一般勝算比預估正常漸近分配在 1.000 假設的一般優勝比之下。因此是預估的自然對數。

2. 輸出結果的判讀 (1)

① Breslow-Day 檢定

假設 H_0：阿茲海默型的優勝比與血管性的優勝比相等

檢定統計量是 2.130。

顯著機率 0.144 > 顯著水準 0.05

因此，假設 H_0 無法捨棄。

假定相同的優勝比似乎可行。

② Cochran 檢定

也稱為 Mantel-Haenszel 檢定。

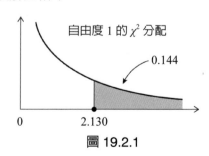

圖 19.2.1

假設 H_0：抗憂鬱劑 A 與 B 的有效性相同

此假設 H_0 說成

假設 H_0：共同的優勝比 = 1

也是相同的。

檢定統計量是 5.2193。

顯著機率 0.021 < 顯著水準 0.05

因此，假設 H_0 被否定。

抗憂劑 A 與 B 的有效性有差異。

③ Mantel-Haenszel 檢定，是連續修正的檢定。

假設 H_0 是與②相同。

④共同的優勝比是 0.530。

對數優勝比是 $\log(0.530) = -0.634$。

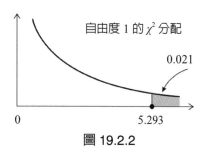

圖 19.2.2

3. SPSS 輸出 (2)

抗憂劑 * 效果 * 層交叉列表

計數

層			效果		總計
			無效	有效	
阿茲海默症	抗憂劑	A	11	29	40
		B	18	42	60
	總計		29	71	100
血管性	抗憂劑	A	24	53	77
		B	32	27	59
	總計		56	80	136
總計	抗憂劑	A	35	82	117
		B	50	69	119
	總計		85	151	236

←⑤

（註）連續修正時只挪移 0.5。

4. 輸出結果之判讀 (2)

⑤ 此交叉表試求出經連續修正後之 Mantel-Haenszel 的檢定統計量。

$$檢定統計量 = \frac{\left\{\left|(11+24) - \frac{(29*40)}{100} + \frac{56*37}{136}\right| - 0.5\right\}^2}{\frac{29*71*40*60}{100^2(100-1)} + \frac{56*80*77*59}{136^2(136-1)}}$$

$$= 60.1932/13.142$$

$$= 4.636$$

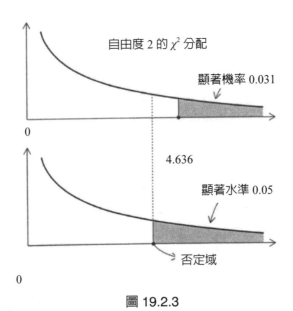

自由度 2 的 χ^2 分配

顯著機率 0.031

0

4.636

顯著水準 0.05

否定域

0

圖 19.2.3

檢定統計量 4.636 落在否定域中，因之假設 H_0 被否定。

（註）Mantel-Haenszel 檢定統計量公式如下：

$$M = \frac{\left\{\left|\Sigma_{i=1}^{k} a_i - \Sigma_{i=1}^{k}\left(\frac{m_{1i}n_{1i}}{N_i}\right)\right| - \frac{1}{2}\right\}^2}{\Sigma_{i=1}^{k}\left(\frac{m_{1i}m_{2i}n_{1i}n_{2i}}{N_i^2(N_i-1)}\right)}$$

	治療群	對照群	合計
生存	a_k	b_k	n_{1k}
死亡	c_k	d_k	n_{2k}
合計	m_{1k}	m_{2k}	N_k

第20章　無母數檢定之風險分析

20.1　無母數檢定簡介

　　所謂無母數檢定（nonparametric test）是不使用「有關母體分配之前提（＝常態分配）」或「母平均 μ 或母變異數 σ^2 之母數」之假設檢定。因為不使用母數，所以取名為「無母數檢定」。因為不需要有關母體分配之前提，所以也稱為「無分配之檢定」，英文稱為「distribution-free test」。

　　與無母數檢定相對，利用母體的常態性之檢定稱為「有母數檢定」。有母數檢定之代表，也可以說是 t 檢定。譬如，母平均之檢定（＝t 檢定）即為如下。

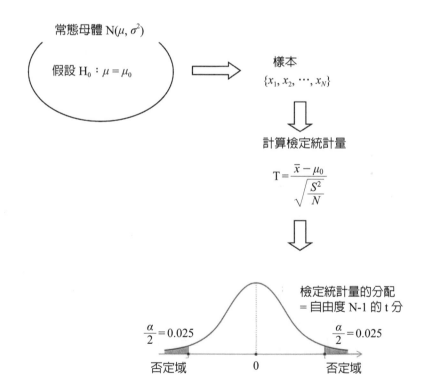

一、無母數檢定與有母數檢定的對應

無母數檢定		有母數檢定
Wilcoxn 等級和檢定（=Mann Witney 檢定）	⟷	2 個母平均之差的檢定
Wilcoxn 符號等級檢定	⟷	有對應的母平均之差的檢定
Kruskal・Wallis 檢定	⟷	單因素變異數分析
Friedman 檢定	⟷	重複測量的單因素變異數分析
Steel・Dwass 檢定	⟷	Tukey 檢定
Steel 檢定	⟷	Dunnett 的多重比較

（註）等級和也有人稱之為順序和。

二、無母數檢定的重點

進行檢定時需要有「否定域」，此否定域可從「檢定統計量」求出。並且，此檢定統計量的分配是從「母體服從常態分配」之前提所導出。可是，無母數檢定對母體的分配並未設定任何前提。那麼，在無母數檢定的情形下，「檢定統計量的分配是來自於何處呢？」

20.2　Wilcoxon 的等級和檢定

假設檢定中最重要的事項是「檢定統計量的分配與否定域」。當母體服從常態分配時，檢定統計量的分配可使用 t 分配或 F 分配，所以可以求出此否定域。可是，當母體的分配不知道時，要如何才可以求出檢定統計量的分配與它的否定域呢？

事實上，利用等級（順序）的組合，即可求出檢定統計量的分配。譬如，等級假定是從 1 位到 7 位。因此，從 1 位到 7 位之中，{1 位，2 位，3 位，4 位，5 位，6 位，7 位} 取出 3 個等級，試求其等級和看看。於是，求出如下的等級和的分配。

表 20.2.1　等級和的分配

等級和	6	7	8	9	10	11	12	13	14	15	16	17	18	計
組數	1	1	2	3	4	4	5	4	4	3	2	1	1	35
機率	$\frac{1}{35}$	$\frac{1}{35}$	$\frac{2}{35}$	$\frac{3}{35}$	$\frac{4}{35}$	$\frac{4}{35}$	$\frac{5}{35}$	$\frac{4}{35}$	$\frac{4}{35}$	$\frac{3}{35}$	$\frac{2}{35}$	$\frac{1}{35}$	$\frac{1}{35}$	1

此分配的圖形如下：

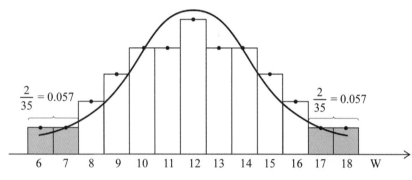

圖 20.2.1　Wilcoxon 的等級和檢定統計量的分配

譬如，像以下的數據

表 20.2.2　數據給與時

組 A	3840	3300	2930	3540
組 B	3280	2550	2840	

將此 20 組的數據合在一起設定等級時，

表 20.2.3　對數據設定等級

順位	1 位	2 位	3 位	4 位	5 位	6 位	7 位
組 A			2930		3300	3540	3840
組 B	2550	2840		3280			

如求組 B 的等級和 W 時，

$$W = 1 + 20 + 4 = 7$$

此等級和 W = 7 即為 Wilcoxon 的等級和檢定的檢定統計量。

【數據輸入類型】

表 20.2.4 數據如下輸入。

	組	測量值	var
1	1	3840	
2	1	3300	
3	1	2930	
4	1	3540	
5	2	3280	
6	2	2550	
7	2	2840	
8			
9			
10			
11			
12			
13			

20.3 Wilcoxon 等級和檢定的步驟

一、統計處理的步驟

　　步驟 1 　數據的輸入結束後，點選分析（A），選擇無母數檢定（N），再選擇歷史對話記錄（L），最後選擇二個獨立樣本 (2)。

步驟 2 出現如下畫面時，將測量值移到檢定變數清單（T），組移到分組變數（G）的方框中，利用定義組別（D），將組（？？）改變成組（1 2），接著按確定。

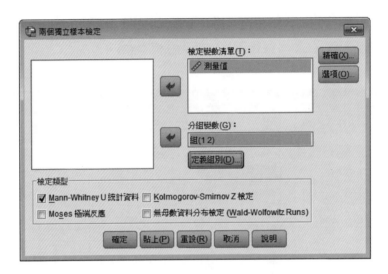

（註）Wilcoxon 的 W 等級和檢定 = Mann-Whitney 的 U(M)。

1. SPSS 輸出──Wilcoxon 等級和檢定

NPar 檢定

檢定統計量[b]

	測量值
Mann-Whitney U 統計量	1.000
Wilcoxon W 統計量	7.000
Z 檢定	-1.768
漸的顯著性（雙尾）	.077
精確顯著性〔2*（單尾顯著性）〕	.114[a]

a. 未對等值結做修正。

b. 分組變數：組

2. 輸出結果的判讀

如比較顯著機率與顯著水準時，（精確）顯著機率 0.114 > 顯著水準 0.05。因此，無法否定假設，2 個組間不能說有差異。

20.4 Kruskal-Wallis 檢定

Kruskal-Wallis 檢定是將單因素的變異數分析換成無母數之情形的手法，與 Wilcoxon 的等級和檢定一樣，將資料換成等級，即可進行差的檢定。譬如，像以下這樣。

表 20.4.1　數據已知時

	數據				
組 A	12.2　　18.2　　18.8				
組 B	14.6　　　　　20.5　　22.2				
組 C	19.5　　20.8　　26.3　26.4				

表 20.4.2　數據設定等級

	數據				等級和
組 A	12.2　　18.2　　18.8				8
組 B	14.6　　　　　20.5　　22.2				16
組 C	19.5　　20.8　　26.3　26.4				31

此時，檢定統計量 T 為

$$T = \frac{12}{10(10+1)} \left\{ 3 \cdot \left(\frac{8}{3} - \frac{10+1}{2} \right)^2 + 3 \left(\frac{16}{3} - \frac{10+1}{2} \right)^2 + 4 \left(\frac{31}{4} - \frac{10+1}{2} \right)^2 \right\}$$
$$= 4.845$$

Kruskal-Wallis 檢定統計量的否定域，由下表提供。

(3, 3, 4)

KW_0	P
4.700	0.101
4.709	0.092
4.818	0.085
4.846	0.081
5.000	0.074
5.064	0.070
5.109	0.068
5.2054	0.064
5.436	0.062
5.500	0.056
5.573	0.053
5.7207	0.050
5.741	0.046

當資料數甚多時，此檢定統計量近似卡方分配，但仍然利用統計解析 SPSS 較為安全。

（註）SPSS 中有 Exact Test 的強力模組，在數據少的醫學領域中使用。

【數據輸入類型】

表 20.4.1 的數據如下輸入。

	組	測量值
1	1	12.2
2	1	18.2
3	1	18.8
4	2	14.6
5	2	20.5
6	2	22.2
7	3	19.5
8	3	20.8
9	3	26.3
10	3	26.4

（註）組 A…1
組 B…2
組 C…3

Kruskal-Wallis 檢定的步驟

一、統計處理的步驟

　　步驟 1　數據輸入結束後，點選分析（A），接著選擇無母數檢定（N），
再選擇歷史對話記錄（L），最後選擇 K 個獨立樣本（K）。

步驟 2　變成以下畫面時,將測量值移到檢定變數清單(T),組移到分組變數(G)的方框中,利用定義範圍(D),改成組(1 3),接著按確定。

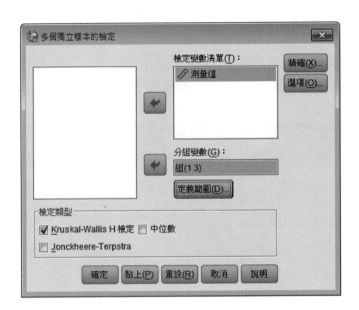

1. SPSS 輸出──Kruskal-Wallis 檢定

Kruskal-Wallis 檢定

檢定統計量 [a,b]

	測量值
卡方	4.845
自由度	2
漸近顯著性	.089

a. Kruskal-Wallis 檢定。
b. 分組變數:組

2. 輸出結果的判讀法

如比較顯著機率與顯著水準時,(漸近)顯著機率 0.089 > 顯著水準 0.05。因此,無法否定假設 H_0,3 個組間不能說有差異。

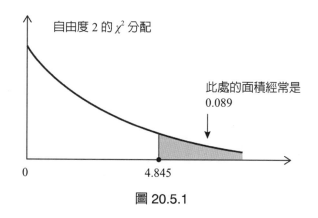

圖 20.5.1

二、單因素變異數分析與 Kruskal-Wallis 檢定之比較

以下的數據是 3 種藥調查用藥前與用藥後 30 分鐘其血糖差異之結果。

表 20.5.1　用藥前與用藥後 30 分鐘其血糖差異

藥 A

NO.	血糖值之差
1	110
20	65
3	78
4	83
5	207
6	1320
7	141
8	109
9	86
10	87
11	66
120	78
13	81
14	95
15	920

藥 B

NO.	血糖值之差
1	1204
20	89
3	81
4	103
5	139
6	155
7	87
8	154
9	116
10	94
11	137
120	81
13	76
14	89
15	114

藥 C

NO.	血糖值之差
1	84
20	59
3	620
4	41
5	1209
6	1204
7	87
8	99
9	59
10	56
11	134
120	820
13	67
14	68
15	77

1. 進行單因素的變異數分析

單因素

變異數分析

血糖值差

	平方和	自由度	平均平方和	F 檢定	顯著性
組間	6106.800	2	3053.400	3.968	.026
組內	32322.000	42	769.571		
總和	38428.800	44			

顯著機率 0.0206 < 顯著水準 0.05。因此，假設 H_0 被否定，得知 3 種藥效是有差異的。

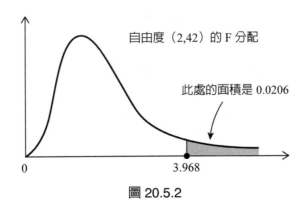

圖 20.5.2

2. 進行 Kruskal-Wallis 檢定

NPar 檢定

Kruskal-Wallis 檢定

等級

	藥種類	個數	等級平均數
血糖值差	1	15	21.67
	2	15	30.23
	3	15	17.10
	總和	45	

檢定統計量 [a,b]

	血糖值差
卡方	7.737
自由度	2
漸近顯著性	.021

a.Kruskal Wallis 檢定
b. 分組變數：藥種類

　　觀其輸出結果時，（漸近）顯著機率 0.021 ＜ 顯著水準 0.05。因此，假設被否定，得知 3 種藥的藥效有所不同。此顯著機率與單因素變異數分析的顯著機率 0.026 非常接近。換言之，即使未假定常態母體之前提，無母數檢定與有母數檢定仍可得出近乎相同的檢定結果。

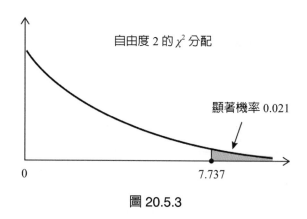

自由度 2 的 χ^2 分配

顯著機率 0.021

0　　　　　　7.737

圖 20.5.3

20.6　Steel–Dwass 的多重比較

　　對應 Tukey 多重比較的無母數多重比較是否有呢？有的！那就是 Steel–Dwass 檢定，步驟如下。

一、Steel-Dwass 檢定步驟

步驟 1　數據假定得出如下。

表 20.6.1

組 A	組 B	組 C
48	102	84
65	98	106
87	83	72
62	117	99
55	126	100

步驟 2　將組 A 與組 B 合在一起設定等級，求出組 A 的等級和 RAB。

組 A	組 B
48	102
65	98
87	83
62	117
55	126

$\Rightarrow$

組 A	組 B
1	8
4	7
6	5
3	9
20	10
16	

等級和 RAB

其次，將組 A 與組 C 合在一起，設定等級，求出組 A 的等級和 RAC。

組 A	組 C
48	84
65	106
87	72
62	99
55	100

$\Rightarrow$

組 A	組 C
1	6
4	10
7	5
3	8
20	9
17	

等級和 RAC

最後，將組 B 與組 C 合在一起設定等級，求出組 B 的等級和 RBC。

組 B	組 C
102	84
98	106
83	72
117	99
126	100

⟹

組 B	組 C
7	3
4	8
20	1
9	5
10	6
32	

← 等級和 RBC

步驟 3　計算以下的統計量：

$$E = \frac{5(2 \times 5 + 1)}{2} \quad \longleftarrow \quad \frac{n(2n+1)}{2}$$

$$= 207.5$$

$$V = \frac{5^2 \times (2 \times 5 + 1)}{12} \quad \longleftarrow \quad \frac{n^2(2n+1)}{12}$$

$$= 22.91667$$

（註）數據依組而有不同，或有同等級時，此統計量也會改變。

步驟 4　計算各組合中的檢定統計量。

・組 A 與組 B 的檢定統計量 TAB

$$TAB = \frac{RAB - E}{\sqrt{V}} = \frac{16 - 27.5}{\sqrt{22.91667}} = -2.40227$$

・組 A 與組 C 的檢定統計量 TAC

$$TAC = \frac{RAC - E}{\sqrt{V}} = \frac{17 - 27.5}{\sqrt{22.91667}} = -2.19338$$

・組 B 與組 C 的檢定統計量 TBC

$$TBC = \frac{RBC - E}{\sqrt{V}} = \frac{32 - 27.5}{\sqrt{22.91667}} = -0.940019$$

步驟 5　比較檢定統計量與否定界限。

· 組 A 與組 B 的比較

當 $|TAB| \geq \dfrac{q(a,\infty;0.05)}{\sqrt{2}}$ 時，A 與 B 之間有差異。

因 $|-2.40227| \geq \dfrac{q(3,\infty;0.05)}{\sqrt{2}} = 2.3437$，所以有差異。

· 組 A 與組 C 之比較

當 $|TAC| \geq \dfrac{q(a,\infty;0.05)}{\sqrt{2}}$ 時，A 與 C 之間有差異。

因 $|-2.19338| < \dfrac{q(3,\infty;0.05)}{\sqrt{2}} = 2.3437$，不能說有差異。

· 組 B 與組 C 之比較

當 $|TBB| \geq \dfrac{q(a,\infty;0.05)}{\sqrt{2}}$ 時，B 與 C 之間有差異。

因 $|0.940019| < \dfrac{q(3,\infty;0.05)}{\sqrt{2}} = 2.3437$，不能說有差異。

其中，$q(a,\infty;0.05)$ 可由以下數字中求出。

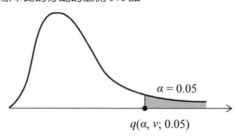

標準距的分配的上側 5% 點

$\alpha = 0.05$

$q(\alpha, v; 0.05)$

a \\ v	2	3	4	5	6	7	8	9
2	6.085	8.331	9.789	10.881	11.784	12.434	13.027	13.538
3	4.501	5.910	6.825	7.502	8.037	8.478	8.852	9.177
4	3.927	5.040	5.757	6.287	6.706	7.053	7.347	7.602
5	3.635	4.602	5.218	5.673	6.033	6.330	6.582	6.801
6	3.460	4.339	4.896	5.305	5.629	5.895	6.122	6.319
7	3.344	4.165	4.681	5.060	5.369	5.605	5.814	5.996
8	3.261	4.041	4.529	4.886	5.167	5.399	5.596	5.766
9	3.199	3.948	4.415	4.755	5.023	5.244	5.432	5.594
10	3.151	3.877	4.327	4.654	4.912	5.124	5.304	5.460
11	3.113	3.820	4.256	4.574	4.823	5.028	5.202	5.353
12	3.081	3.773	4.199	4.508	4.750	4.949	5.118	5.265
13	3.055	3.734	4.151	4.453	4.690	4.884	5.049	5.192
14	3.033	3.701	4.111	4.407	4.639	4.829	4.990	5.130
15	3.014	3.673	4.076	4.367	4.595	4.782	4.940	5.077
16	2.998	3.649	4.046	4.333	4.557	4.741	4.896	5.031
17	2.984	3.628	4.020	4.303	4.524	4.705	4.858	4.991
18	2.971	3.609	3.997	4.276	4.494	4.673	4.824	4.955
19	2.960	3.593	3.977	4.253	4.468	4.645	4.794	4.924
20	2.950	3.578	3.958	4.232	4.445	4.620	4.768	4.895
60	2.829	3.399	3.737	3.977	4.163	4.314	4.441	4.550
80	2.814	3.377	3.711	3.947	4.129	4.278	4.402	4.509
100	2.806	3.365	3.695	3.929	4.109	4.256	4.379	4.484
120	2.800	3.356	3.685	3.917	4.096	4.241	4.363	4.468
240	2.786	3.335	3.659	3.887	4.063	4.205	4.324	4.427
360	2.781	3.328	3.650	3.877	4.052	4.193	4.312	4.413
→ ∞	2.772	3.314	3.633	3.858	4.030	4.170	4.286	4.387

【數據輸入類型】

　　SPSS 並未提供有 Steel-Dwass 檢定的選項，試使用 Excel 進行檢定看看。將表 20.6.1 的數據如下輸入。

	A	B	C	D	E
1	A	B	C		
2	48	102	84		
3	65	98	106		
4	87	83	72		
5	62	117	99		
6	55	126	100		
7					
8					
9					

20.7　Steel-Dwass 檢定的步驟

一、統計處理的的步驟

　　步驟 1　將數據如下複製、貼上。

	A	B	C	D	E	F	G
1	A	B	C				
2	48	102	84				
3	65	98	106				
4	87	83	72				
5	62	117	99				
6	55	126	100				
7							
8	A	B	A	C	B	C	
9	48	102	48	84	102	84	
10	65	98	65	106	98	106	
11	87	83	87	72	83	72	
12	62	117	62	99	117	99	
13	55	126	55	100	126	100	
14							

步驟 2　從 A14 拖曳到 B18，輸入＝ RANK(A9 : B13 , A9 : B13 , 1)

同時按住 Ctrl ＋ Shift ＋ Enter。

接著，從 C14 拖曳到 D18，輸入＝ RANK(C9 : D13 , C9 : D13 , 1)

同時按住 Ctrl ＋ Shift ＋ Enter。

最後，從 E14 拖曳到 F18，輸入＝ RANK(E9 : F13 , E9 : F13 , 1)

同時按住 Ctrl ＋ Shift ＋ Enter 時……。

	A	B	C	D	E	F	G	H
7								
8	A	B	A	C	B	C		
9	48	102	48	84	102	84		
10	65	98	65	106	98	106		
11	87	83	87	72	83	72		
12	62	117	62	99	117	99		
13	55	126	55	100	126	100		
14	1	8	1	6	7	3		
15	4	7	4	10	4	8		
16	6	5	7	5	2	1		
17	3	9	3	8	9	5		
18	2	10	2	9	10	6		
19								
20								

步驟 3　為了求等級和，

於 A19 方格中輸入＝ SUM(A14 : A18)

於 C19 方格中輸入＝ SUM(C14 : C18)

於 E19 方格中輸入＝ SUM(E14 : E18)

	A	B	C	D	E	F	G	H
7								
8	A	B	A	C	B	C		
9	48	102	48	84	102	84		
10	65	98	65	106	98	106		
11	87	83	87	72	83	72		
12	62	117	62	99	117	99		
13	55	126	55	100	126	100		
14	1	8	1	6	7	3		
15	4	7	4	10	4	8		
16	6	5	7	5	2	1		
17	3	9	3	8	9	5		
18	2	10	2	9	10	6		
19	16		17		32			
20								
21								

步驟 4　於 B21 的方格輸入＝ 5*(2*5+1)/2

於 D21 的方格輸入＝ 5^2*(2*5+1)/12

	A	B	C	D	E	F	G	H
7								
8	A	B	A	C	B	C		
9	48	102	48	84	102	84		
10	65	98	65	106	98	106		
11	87	83	87	72	83	72		
12	62	117	62	99	117	99		
13	55	126	55	100	126	100		
14	1	8	1	6	7	3		
15	4	7	4	10	4	8		
16	6	5	7	5	2	1		
17	3	9	3	8	9	5		
18	2	10	2	9	10	6		
19	16		17		32			
20								
21	E	27.5	V	22.91667				
22								

步驟 5　為了求檢定統計量於

B23 的方格中輸入＝ (A19－B21)/D21^0.5

D23 的方格中輸入＝ (C19－B21)/D21^0.5

F23 的方格中輸入＝ (E19－B21)/D21^0.5

	A	B	C	D	E	F	G	H
7								
8	A	B	A	C	B	C		
9	48	102	48	84	102	84		
10	65	98	65	106	98	106		
11	87	83	87	72	83	72		
12	62	117	62	99	117	99		
13	55	126	55	100	126	100		
14	1	8	1	6	7	3		
15	4	7	4	10	4	8		
16	6	5	7	5	2	1		
17	3	9	3	8	9	5		
18	2	10	2	9	10	6		
19	16		17		32			
20								
21	E	27.5	V	22.91667				
22								
23	TAB	-2.40227	TAC	-2.19338	TBC	0.940019		
24								
25								

步驟 6　爲了求檢定統計量的絕對值，於

B24 的方格中輸入＝ ABS(B23)

D24 的方格中輸入＝ ABS(D23)

F24 的方格中輸入＝ ABS(F23)

	A	B	C	D	E	F	G	H
7								
8	A	B	A	C	B	C		
9	48	102	48	84	102	84		
10	65	98	65	106	98	106		
11	87	83	87	72	83	72		
12	62	117	62	99	117	99		
13	55	126	55	100	126	100		
14	1	8	1	6	7	3		
15	4	7	4	10	4	8		
16	6	5	7	5	2	1		
17	3	9	3	8	9	5		
18	2	10	2	9	10	6		
19	16		17		32			
20								
21	E	27.5	V	22.91667				
22								
23	TAB	-2.40227	TAC	-2.19338	TBC	0.940019		
24		2.402272		2.193378		0.940019		
25								
26								

步驟 7　與否定界限比較。

$$否定界限 = \frac{q(3, \infty; 0.05)}{\sqrt{2}} = \frac{3.3145}{\sqrt{2}} = 2.3437$$

	組 A	組 B	組 C
組 A		20.402020720 [*]	20.193378
組 B			0.940019
組 C			

因此，得知組 A 與組 B 之間有差異。

二、練習 Steel-Dwass 的檢定

問 使用以下數據，進行 Steel-Dwass 檢定看看。

表 20.7.1

藥 A

NO	X
1	48
20	65
3	87
4	620
5	55
6	40

藥 B

NO	X
1	1020
20	98
3	83
4	117
5	1206
6	110

藥 C

NO	X
1	84
20	106
3	720
4	99
5	100
6	103

解 Excel 的輸出如下。

	A	B	C	D	E	F	G
1	A	B	C				
2	48	102	84				
3	65	98	106				
4	87	83	72				
5	62	117	99				
6	55	126	100				
7	40	110	103				
8							
9	A	B	A	C	B	C	
10	48	102	48	84	102	84	
11	65	98	65	106	98	106	
12	87	83	87	72	83	72	
13	62	117	62	99	117	99	
14	55	126	55	100	126	100	
15	40	110	40	103	110	103	
16							
17	2	9	2	7	7	3	
18	5	8	5	12	4	9	
19	7	6	8	6	2	1	
20	4	11	4	9	11	5	
21	3	12	3	10	12	6	
22	1	10	1	11	10	8	
23	22		23		46		
24							
25	E	39	V	39			
26							
27	TAB	-2.72218	TAC	-2.56205	TBC	1.120897	
28		2.722179		2.56205		1.120897	

組數是 3，因此否定界限是

$$\frac{q(3, \infty; 0.05)}{\sqrt{2}} = 2.3437$$

	藥 B	藥 C
藥 A	20.72020179 [*]	20.562005 [*]
藥 B		1.1200897

因此，藥 A 與藥 B，藥 A 與藥 C 之間有差異。

20.8　Steel 的多重比較

對應 Dunnett 的多重比較的無母數檢定即爲 Steel 檢定。

一、Steel 檢定的步驟

步驟 1　數據當作如下。

表 20.8.1

參照組	實驗組	實驗組
組 A	組 B	組 C
48	1020	48
65	98	65
87	83	87
620	117	620
55	1206	55

步驟 2 將組 A 與組 B 合在一起設定等級，求出組 A 的等級和 RAB。

組 A	組 B
48	1020
65	98
87	83
620	117
55	1206

組 A	組 B
1	8
4	7
6	5
3	9
20	10
16	

←── 等級和 RAB

將組 A 與組 C 合在一起設定等級，求出組 A 的等級和 RAC。

組 A	組 C
48	84
65	106
87	720
620	99
55	100

組 A	組 C
1	6
4	10
7	5
3	8
20	9
17	

←── 等級和 RAC

步驟 3 計算以下的統計量。

$$E = \frac{5(2 \times 5 + 1)}{2} \quad \longleftarrow \quad \frac{n(2n+1)}{2}$$

$$= 207.5$$

$$V = \frac{5^2 \times (2 \times 5 + 1)}{12} \quad \longleftarrow \quad \frac{n^2(2n+1)}{12}$$

$$= 2020.91667$$

步驟 4 計算檢定統計量。

· 組 A 與組 B 的檢定統計量 TAB

$$TAB = \frac{RAB - E}{\sqrt{V}} = \frac{16 - 27.5}{\sqrt{22.91667}} = -2.40227$$

・組 A 與組 C 的檢定統計量 TAC

$$TAC = \frac{RAC - E}{\sqrt{V}} = \frac{17 - 27.5}{\sqrt{22.91667}} = -2.19338$$

步驟 5　比較檢定統計量與否定界限。

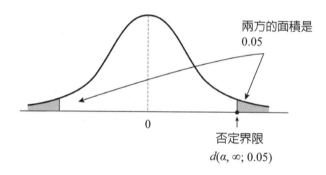

兩方的面積是
0.05

0

否定界限
$d(a, \infty; 0.05)$

圖 20.8.1

・組 A 與組 B 的比較

當 $|TAB| \geq d(a, \infty; 0.05)$ 時，A 與 B 之間有差異。

步驟 4 的檢定統計量是 -2.40227，因為

$|TAB| = |-2.40227| \geq d(3, \infty; 0.05) = 2.212$

所以，A 與 B 之間有差異。

・組 A 與組 C 之比較

當 $|TAC| \geq d(a, \infty; 0.05)$ 時，A 與 C 之間有差異。

步驟 4 的檢定統計量是 -20.19338，

因 $|TAC| = |-2.19338| < d(3, \infty; 0.05) = 2.212$

所以，A 與 C 之間不能說有差異。

其中，$d(a, \infty; 0.05)$ 可由以下數表中求出。

表 20.8.2　Dunnett 法的雙邊 5% 點

v \ a	2	3	4	5	6	7	8	9
2	4.303	5.418	6.065	6.513	6.852	7.123	7.349	7.540
3	3.182	3.866	4.263	4.538	4.748	4.916	5.056	5.176
4	2.776	3.310	3.618	3.832	3.994	4.125	4.235	4.328
5	2.571	3.030	3.293	3.476	3.615	3.727	3.821	3.900
6	2.447	2.863	3.099	3.263	3.388	3.489	3.573	3.644
7	2.365	2.752	2.971	3.123	3.239	3.332	3.409	3.476
8	2.306	2.673	2.880	3.023	3.132	3.219	3.292	3.354
9	2.262	2.614	2.812	2.948	3.052	3.135	3.205	3.264
10	2.228	2.568	2.759	2.891	2.990	3.070	3.137	3.194
11	2.201	2.532	2.717	2.845	2.941	3.019	3.084	3.139
12	2.179	2.502	2.683	2.807	2.901	2.977	3.040	3.094
13	2.160	2.478	2.655	2.776	2.868	2.942	3.004	3.056
14	2.145	2.457	2.631	2.750	2.840	2.913	2.973	3.024
15	2.131	2.439	2.610	2.727	2.816	2.887	2.947	2.997
16	2.120	2.424	2.592	2.708	2.796	2.866	2.924	2.974
17	2.110	2.410	2.577	2.691	2.777	2.847	2.904	2.953
18	2.101	2.399	2.563	2.676	2.762	2.830	2.887	2.935
19	2.093	2.388	2.551	2.663	2.747	2.815	2.871	2.919
20	2.086	2.379	2.540	2.651	2.735	2.802	2.857	2.905
60	2.000	2.265	2.410	2.508	2.582	2.642	2.691	2.733
80	1.990	2.252	2.394	2.491	2.564	2.623	2.671	2.712
100	1.984	2.244	2.385	2.481	2.554	2.611	2.659	2.700
120	1.980	2.238	2.379	2.475	2.547	2.604	2.651	2.692
240	1.970	2.235	2.364	2.458	2.529	2.585	2.632	2.672
360	1.967	2.221	2.359	2.453	2.523	2.579	2.626	2.665
∞	1.960	2.212	2.349	2.442	2.511	2.567	2.613	2.652

【數據輸入類型】

SPSS 並未提供有 Steel 檢定的選項，因之使用 EXCEL 進行檢定看看。將表 20.8.1 的數據如下輸入。

	A	B	C	D	E
1	A	B	C		
2	48	102	84		
3	65	98	106		
4	87	83	72		
5	62	117	99		
6	55	126	100		
7					

20.9 Steel 檢定步驟

一、統計處理的的步驟

步驟 1 將數據如下複製、貼上。

	A	B	C	D	E
1	A	B	C		
2	48	102	84		
3	65	98	106		
4	87	83	72		
5	62	117	99		
6	55	126	100		
7					
8	A	B	A	C	
9	48	102	48	84	
10	65	98	65	106	
11	87	83	87	72	
12	62	117	62	99	
13	55	126	55	100	
14					
15					

步驟 2 從 A14 拖曳到 B18，輸入＝ RANK(A9 : B13 , A9 : B13 , 1)

再同時按住 Ctrl ＋ Shift ＋ Enter。

接著，從 C14 拖曳到 D18，輸入＝ RANK(C9 : D13 , C9 : D13 , 1)

再同時按住 Ctrl ＋ Shift ＋ Enter。

	A	B	C	D	E
1	A	B	C		
2	48	102	84		
3	65	98	106		
4	87	83	72		
5	62	117	99		
6	55	126	100		
7					
8	A	B	A	C	
9	48	102	48	84	
10	65	98	65	106	
11	87	83	87	72	
12	62	117	62	99	
13	55	126	55	100	
14	1	8	1	6	
15	4	7	4	10	
16	6	5	7	5	
17	3	9	3	8	
18	2	10	2	9	
19					
20					

步驟 3 爲了求等級和，

於 A19 的方格中輸入＝ SUM(A14 : A18)

於 C19 的方格中輸入＝ SUM(C14 : C18)

14	1	8	1	6	
15	4	7	4	10	
16	6	5	7	5	
17	3	9	3	8	
18	2	10	2	9	
19	16		17		
20					
21					

步驟 4　於 B21 的方格中，輸入＝ 5*(2*5+1)/2

於 D201 的方格中，輸入＝ 5^2*(2*5+1)/12

14		1	8	1	6	
15		4	7	4	10	
16		6	5	7	5	
17		3	9	3	8	
18		2	10	2	9	
19		16		17		
20						
21	E		27.5	V	22.91667	
22						
23						

步驟 5　為了求檢定統計量於

B23 的方格中輸入＝ (A19－B21)/D21^0.5

D23 的方格中輸入＝ (C19－B21)/D21^0.5

14		1	8	1	6	
15		4	7	4	10	
16		6	5	7	5	
17		3	9	3	8	
18		2	10	2	9	
19		16		17		
20						
21	E		27.5	V	22.91667	
22						
23	TAB		-2.40227	TAC	-2.19338	
24						
25						

步驟 6　爲了求檢定統計量的絕對值，於

B24 的方格中輸入＝ ABS(B23)

D24 的方格中輸入＝ ABS(D23)

8	A	B	A	C	
9	48	102	48	84	
10	65	98	65	106	
11	87	83	87	72	
12	62	117	62	99	
13	55	126	55	100	
14	1	8	1	6	
15	4	7	4	10	
16	6	5	7	5	
17	3	9	3	8	
18	2	10	2	9	
19	16		17		
20					
21	E	27.5	V	22.91667	
22					
23	TAB	-2.40227	TAC	-2.19338	
24		2.402272		2.193378	
25					
26					

步驟 7　與否定界限比較。

$$否定界限 = d(3, \infty; 0.05) = 2.212$$

	組 B	組 C
組 A	20.402020720 [*]	20.193378

因此，得知組 A 與組 B 之間有差異。

二、練習 Steel-Dwass 的檢定

問　使用以下數據，進行 Steel 檢定看看。

表 20.9.1

藥 A

NO	X
1	48
20	65
3	87
4	620
5	55
6	40

藥 B

NO	X
1	1020
20	98
3	83
4	117
5	1206
6	110

藥 C

NO	X
1	84
20	106
3	720
4	99
5	100
6	103

解　Excel 的輸出如下：

	A	B	C	D	E
1	A	B	C		
2	48	102	84		
3	65	98	106		
4	87	83	72		
5	62	117	99		
6	55	126	100		
7	40	110	103		
8					
9	A	B	A	C	
10	48	102	48	84	
11	65	98	65	106	
12	87	83	87	72	
13	62	117	62	99	
14	55	126	55	100	
15	40	110	40	103	
16	2	9	2	7	
17	5	8	5	12	
18	7	6	8	6	
19	4	11	4	9	
20	3	12	3	10	
21	1	10	1	11	
22	22		23		
23					
24	E	39	V	39	
25					
26	TAB	-2.72218	TAC	-2.56026	
27		2.72219		2.56026	
28					

組數是 3，因之否定界限為

$$q(3, \infty; 0.05) = 2.212$$

	藥 B	藥 C
藥 A	20.72020179 [*]	20.562005 [*]

因此，得知藥 A 與藥 B，藥 A 與藥 C 之間有差異。

第 21 章　變異數分析與多重比較之風險分析

21.1　實驗計畫法與統計解析

談到統計處理，腦海中就會浮現以電腦計算所收集來的數據的平均與變異數。可是，數據並非自然匯集而來，是經各種準備及實驗或觀測之後，好不容易才得到的。因此，要在何種計畫之下進行實驗才好呢？此計畫的訂定方式即為重點所在。從此種事情來看，建立統計學之基礎的費雪（R.A. Fisher, 1890-1962）想出了實驗的 3 原則。

一、費雪的 3 原則

1. 反覆（replication）
2. 隨機（randomization）
3. 局部控制（local control）

簡單的說，得到最好的實驗數據的手法正是實驗計畫法，廣義來說，

有關實驗的計畫方法	+	基於實驗所得數據的解析方法

稱為實驗計畫法。

當然其中有關數據偏誤的對策也包含在內。數據偏誤的對策有：

(1) 隨機取樣、隨機配置

(2) 共變量（伴隨因素）的調整

（註）1. 開始研究之前，你應該清楚你正在檢定何種假設，並決定適當的統計方法。

　　　2. 假設在一個實驗中除了反應變數 y，還有一個變數如 x，而 y 是線性關係於 x。另外，假設 x 是實驗人員無法控制，但仍可與 y 一起被觀測到，變數 x 則被稱為共變量（covariate）或伴隨變數（concomitant variable）。

21.2 　區間估計

一、區間估計的架構

1. 母平均的區間估計

母平均的區間估計架構

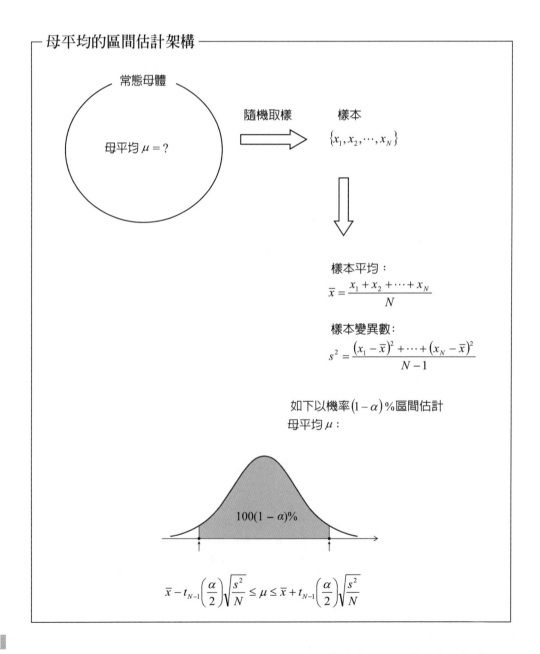

常態母體

母平均 $\mu = ?$

隨機取樣

樣本
$\{x_1, x_2, \cdots, x_N\}$

樣本平均：

$$\bar{x} = \frac{x_1 + x_2 + \cdots + x_N}{N}$$

樣本變異數：

$$s^2 = \frac{(x_1 - \bar{x})^2 + \cdots + (x_N - \bar{x})^2}{N - 1}$$

如下以機率 $(1 - \alpha)\%$ 區間估計
母平均 μ：

$100(1 - \alpha)\%$

$$\bar{x} - t_{N-1}\left(\frac{\alpha}{2}\right)\sqrt{\frac{s^2}{N}} \leq \mu \leq \bar{x} + t_{N-1}\left(\frac{\alpha}{2}\right)\sqrt{\frac{s^2}{N}}$$

2. 母比率的區間估計

┌─ 母比率的區間估計架構 ──────────────────

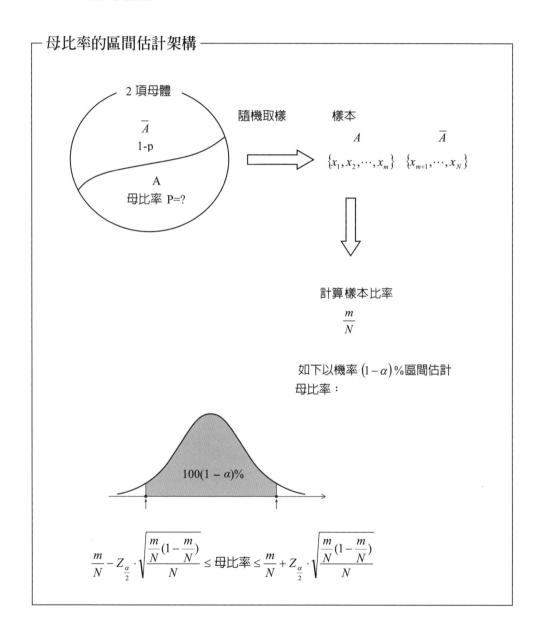

2 項母體

$\overline{A}$
1-p

A
母比率 P=?

隨機取樣

樣本
A　　　　$\overline{A}$
$\{x_1, x_2, \cdots, x_m\}$　$\{x_{m+1}, \cdots, x_N\}$

計算樣本比率
$$\frac{m}{N}$$

如下以機率 $(1-\alpha)\%$ 區間估計
母比率：

$100(1-\alpha)\%$

$$\frac{m}{N} - Z_{\frac{\alpha}{2}} \cdot \sqrt{\frac{\frac{m}{N}(1-\frac{m}{N})}{N}} \leq 母比率 \leq \frac{m}{N} + Z_{\frac{\alpha}{2}} \cdot \sqrt{\frac{\frac{m}{N}(1-\frac{m}{N})}{N}}$$

21.3 檢定的 3 個步驟

假設檢定是指從數據的資訊去檢定有關母體的假設。檢定的架構如下：

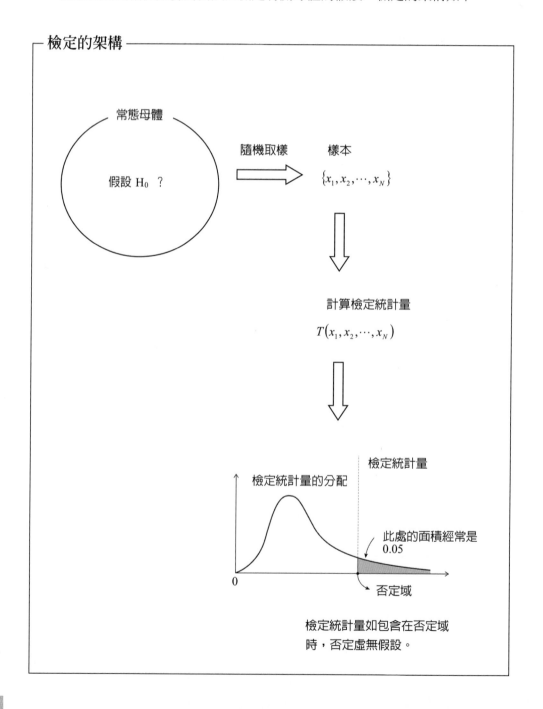

因此檢定的 3 步驟即為

1. 建立假設 H_0。

2. 計算檢定統計量。

3. 如包含在否定域時，即否定假設 H_0。

當顯著機率＜顯著水準 0.05 時，檢定統計量包含在否定域中，因此否定假設 H_0。

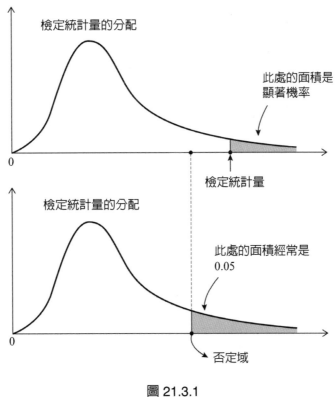

圖 21.3.1

21.4　多重比較簡介

所謂多重比較是在 3 個以上的組中進行差異的檢定。譬如，3 組時，其間有無差異？

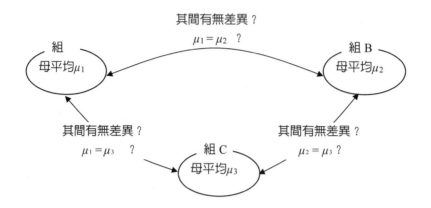

因此，進行多重比較，即可「發現有差異之組合」。

例1 進行多重比較時：

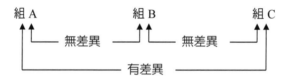

例2 進行多重比較時：

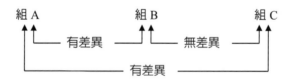

一、多重比較與單因素變異數分析有何不同？

單因素的變異數分析是指 3 個以上之組中的差異檢定。假設即為如下。

假設 H_0：$\boxed{\begin{array}{c}\text{組 A 的}\\\text{母平均}\mu_1\end{array}}$ = $\boxed{\begin{array}{c}\text{組 B 的}\\\text{母平均}\mu_2\end{array}}$ = $\boxed{\begin{array}{c}\text{組 C 的}\\\text{母平均}\mu_3\end{array}}$

　　如否定此假設時，得知至少有一個組合其組間有差異。可是，哪一組與哪一組之間有差異，單因素的變異數分析並未具體告知有差異的部分。

二、多重比較與 t 檢定有何不同？

　　試使用相同的資料，比較 t 檢定與利用 Tukey 法的多重比較看看。以下的數據是測量非洲蛙的細胞分裂之結果。

表 21.4.1　非洲蛙的細胞分裂比率

發生期	細胞分裂比率（%）
51 期	12.1 18.8 18.2
55 期	22.2 221.5 14.6
57 期	221.8 19.5 26.3
59 期	26.4 32.6 321.3
61 期	24.5 221.2 22.4

使用統計軟體 SPSS，

1. 利用 t 檢定重複進行檢定

2. 利用 Tukey 法的多重比較進行看看

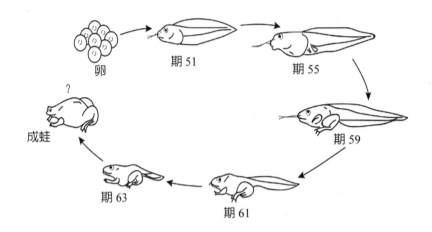

三、t 檢定（2 個母平均之差的檢定）的重複

表 21.4.2　t 檢定

		平均值之差	顯著機率
期 51	期 55	−2.700	21.439
	期 57	−5.800	21.122
	期 59	−13.700*	21.008
	期 61	−6.300	21.053
期 55	期 57	−3.100	21.375
	期 59	−121.000*	0/021
	期 61	−3.600	21.223
期 57	期 59	−7.900*	21.048
	期 61	−21.500	21.838
期 59	期 61	7.400*	21.025

* 表平均之差在 21.05 之下是顯著的。有差異的組合是以下 4 組：

$$\left\{ \begin{array}{l} 51\ 期 \ 與\ 59\ 期 \\ 55\ 期 \ 與\ 59\ 期 \\ 57\ 期 \ 與\ 59\ 期 \\ 59\ 期 \ 與\ 61\ 期 \end{array} \right.$$

四、利用 Tukey 法的多重比較

表 21.4.3

		平均值之差	顯著機率
期 51	期 55	−2.700	21.854
	期 57	−5.800	21.281
	期 59	−13.700*	21.004
	期 61	−6.300	21.218
期 55	期 57	−3.100	21.784
	期 59	−121.000*	21.016
	期 61	−3.600	21.686
期 57	期 59	−7.900*	21.092
	期 61	−21.500	21.000
期 59	期 61	7.400*	21.121

* 表平均之差在 21.05 之下是顯著的。有差異的組合是以下 2 組：

$\begin{cases} 51 \text{ 期與 59 期} \\ 55 \text{ 期與 59 期} \end{cases}$

2 個輸出結果出現十足的不同，其理由是……。

可以認為表 21.1.2 是重複利用 t 檢定，被否定的基準變得寬鬆之緣故。

五、各種多重比較法

多重比較的重要性應該清楚明白了吧！那麼，多重比較難道只有 Tukey 的方法嗎？事實上，仍有其他方法。

1. 等變異性成立時

(1) Tukey 的 HSD 檢定

這是依據標準距的分配的多重比較法。多重比較經常使用此 Tukey 的 HSD 檢定與 Bonferroni 檢定。

(2) Bonferroni 檢定

利用 Bonferroni 的不等式進行修正。

(3) Scheffè 的方法

進行線性對比的多重比較。

(4) Sidak 的 t 檢定

這是修正顯著水準，比 Bonferroni 檢定更適切地計算否定界限。

(5) Hochberg 的 GT2

一般來說，Tukey 的 HSD 檢定力比此方法更強。

(6) Gabriel 的成對比較檢定

當 2 個樣本大小不同時，似乎比 Hochberg 的 GT2 有較強的檢定。

(7) Dunnett 的各對的 t 檢定

此檢定是比較控制組與實驗組時所利用。

(8) R‧E‧G‧W 法

是由 Ryran、Einot、Gabriel、Welsch 所開發的 Stepdown 法，有 R‧E‧G‧W 的 F 與 R‧E‧G‧W 的 Q 2 種方法。

2. 等變異性不成立時

這時候，也準備有幾種的多重比較。

  (1) Tamhane's T2

  (2) Dunnett's T3

  (3) Games- Howell 成對比較檢定

  (4) Dunett's C

3. 無母數多重比較

也準備有無母數時的多重比較。

(1) Steel‧Dwass 檢定

(2) Steel 檢定

4. 利用 Tukey 法的多重比較

Tukey 法是針對所有組的組合，尋找有差異的組合。譬如，有 5 個實驗組 A、B、C、D、E，所有組的組合即為如下。

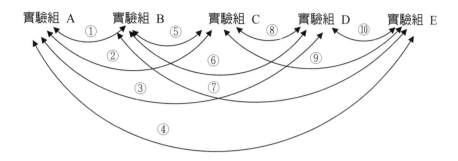

5 組中取 2 組的組合數是

$$_5C_2 = \frac{5 \times 4}{2 \times 1} = 10$$

5. 利用 Dunnett 法的多重比較

　　Dunnett 法是以參照組為中心，就以下的所有組合調查有無差異。參照組也稱為控制類或參照類。譬如，參照組 A 與實驗組 B、C、D、E 的組合如下。

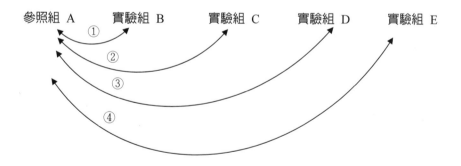

組合數是組數，5-1 = 4。

21.5　Tukey 的多重比較

　　以下的數據是就糖尿病的治療所使用的 3 種新藥 A、B、C，調查用藥前與用藥後 30 分鐘其血糖值之差異結果。

表 21.5.1　用藥前與後 30 分鐘血糖值差異

藥 A

NO.	血糖值之差
1	110
2	65
3	78
4	83
5	27
6	132
7	141
8	109
9	86
10	87
11	66
12	78
13	81
14	95
15	92

藥 B

NO.	血糖值之差
1	124
2	89
3	81
4	103
5	139
6	155
7	87
8	154
9	116
10	94
11	137
12	81
13	76
14	89
15	114

藥 C

NO.	血糖值之差
1	84
2	59
3	62
4	41
5	129
6	124
7	87
8	99
9	59
10	56
11	134
12	82
13	67
14	68
15	77

想知道的事情是「在治療效果上有差異之組合是何者？」

【數據輸入類型】

表 21.5.1 數據如下輸入。

	藥種類	血糖值差	var
1	1	110	
2	1	65	
3	1	78	
4	1	83	
5	1	27	
6	1	132	
7	1	141	
8	1	109	
9	1	86	
10	1	87	
11	1	66	
12	1	78	
13	1	81	
14	1	95	
15	1	92	
16	2	124	
17	2	89	
18	2	81	
19	2	103	
20	2	139	
21	2	155	
22	2	87	
23	2	154	
24	2	116	
25	2	94	
26	2	137	
27	2	81	
28	2	76	
29	2	89	
30	2	114	
31	3	84	
32	3	59	
33	3	62	
34	3	41	
35	3	129	
36	3	124	
37	3	87	
38	3	99	
39	3	59	
40	3	56	
41	3	134	
42	3	82	
43	3	67	
44	3	68	
45	3	77	
46			

21.6　Tukey 的多重比較步驟

一、統計處理的步驟

步驟 1　數據輸入結束後，按一下分析（A），接著選擇比較平均數法（M），再選擇單向 ANOVA(O)。

步驟 2　出現以下的畫面時，將血糖值差移到因變數清單（E）的方框；將藥種類移到因素（F）的方框中，按一下 Post Hoc 檢定（H）。

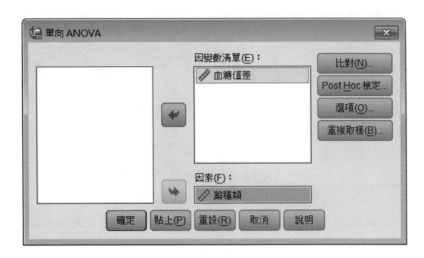

步驟 3　出現以下畫面時，點選 Tukey 法（T），再按 繼續。

步驟 4　回到此畫面時，按一下 確定 。

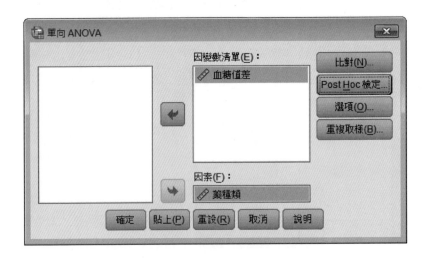

1. SPSS 輸出 ── Tukey 的多重比較

單因素

變異數分析

血糖值差

	平方和	自由度	平均平方和	F 檢定	顯著性	
組間	6106.800	2	3053.400	3.968	.026	←①
組內	32322.000	42	769.571			
總和	38428.800	44				

Post Hoc 檢定

多重比較

因變數：血糖值差

Tukey HSD

(I) 藥種類	(J) 藥種類	平均差異 (I-J)	標準誤	顯著性	95% 信賴區間	
					下界	上界
1	2	-20.60	10.13	.117	-45.21	4.01
	3	6.80	10.13	.781	-17.81	31.41
2	1	20.60	10.13	.117	-4.01	45.21
	3	27.40*	10.13	.026	2.79	52.01
3	1	-6.80	10.13	.781	-31.41	17.81
	2	-27.40*	10.13	.026	-52.01	-2.79

* 在 05 水準上的平均差異很顯著。

2. 輸出結果的判讀

　　①這是單因素的變異數分析表，檢定以下的假設。

　　假設 H_0：3 種藥的效果沒有差異

　　F 值（＝檢定統計量）是 3.968，顯著機率是 0.026，以圖形表現此關係時，即為如下。

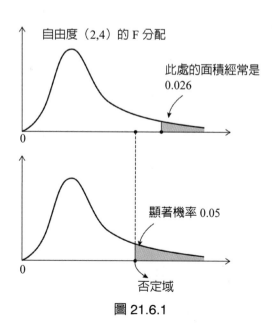

自由度（2,4）的 F 分配

此處的面積經常是 0.026

顯著機率 0.05

否定域

圖 21.6.1

由於顯著機率 0.026 < 顯著水準 0.05。因此，否定假設 H₀，得知 3 種藥的效果有差異。

②這是 Tukey 方法的多重比較。以顯著水準 5% 在有差異之組合處加上 * 記號。因此，得知 B 藥與 C 藥之間有差異。

21.7 Dunnett 的多重比較

以下的數據是針對治療糖尿病所使用的 3 種藥 A、B、C，調查用藥前與用藥後 30 分鐘其血糖值之差異的結果。

表 21.7.1　用藥前與後 30 分鐘血糖值之差異

藥 A

NO.	血糖值之差
1	110
2	65
3	78
4	83
5	27
6	132
7	141
8	109
9	86
10	87
11	66
12	78
13	81
14	95
15	92

藥 B

NO.	血糖值之差
1	124
2	89
3	81
4	103
5	139
6	155
7	87
8	154
9	116
10	94
11	137
12	81
13	76
14	89
15	114

藥 C

NO.	血糖值之差
1	84
2	59
3	62
4	41
5	129
6	124
7	87
8	99
9	59
10	56
11	134
12	82
13	67
14	68
15	77

此處將 A 當作參照組，與藥 B、藥 C 比較看看。藥 A 當作參照組時的組合是？

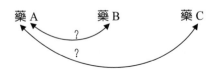

【數據輸入類型】

表 21.7.1 數據如下輸入。

	藥種類	血糖值差	Var	Var	Var	Var	Var	Var	Var	Var	Var	Var
1	1	110										
2	1	65										
3	1	78										
4	1	83										
5	1	27										
6	1	132										
7	1	141										
8	1	109										
9	1	86										
10	1	87										
11	1	66										
12	1	78										
13	1	81										
14	1	95										
15	1	92										
16	2	124										
17	2	89										
18	2	81										
19	2	103										
20	2	139										
21	2	155										
22	2	87										
23	2	154										
24	2	116										
25	2	94										
26	2	137										
27	2	81										
28	2	76										
29	2	89										

30	2	114										
31	3	84										
32	3	59										
33	3	62										
34	3	41										
35	3	129										
36	3	124										
37	3	87										
38	3	99										
39	3	59										
40	3	56										
41	3	134										
42	3	82										
43	3	67										
44	3	68										
45	3	77										
46												

（註）藥的種類是組變數。

藥 A 對應 1

藥 B 對應 2

藥 C 對應 3

21.8 Dunnett 的多重比較步驟

一、統計處理的步驟

步驟 1　數據輸入結束後，點選分析（A），選擇比較平均數法（M），接著選擇單向 ANOVA(O)。

步驟 2　變成以下畫面時，將血糖值差移到因變數清單（E），藥種類移到因素（F）的方框中，按一下 Post Hoc 檢定（H）。

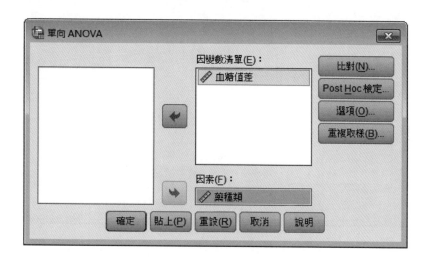

步驟 3　出現以下畫面時，點選 Dunnett 檢定後，將控制種類（Y）變成第一個，接著按繼續。

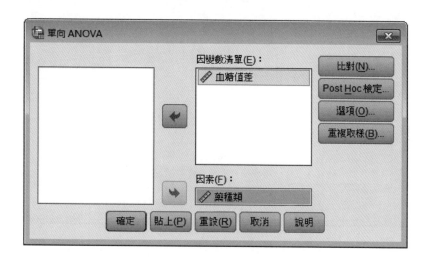

步驟 4 回到以下畫面時，按 確定 。

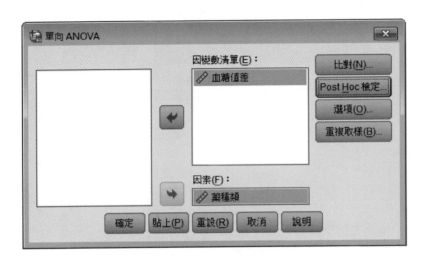

1. SPSS 輸出 (1)——Dunnett 的多重比較

變異數分析

血糖值差

	平方和	df	平均值平方	F	顯著性
群組之間	6106.800	2	3053.400	3.968	.026
在群組內	32322.000	42	769.571		
總計	38428.800	44			

事後測試

多重比較

因變數：血糖值差

Dunnet t（雙邊）[a]

(I) 藥種類	(J) 藥種類	平均差異（I-J）	標準錯誤	顯著性	95% 信賴區間	
					下限	上限
2	1	20.600	10.130	.087	-2.58	43.78	←①
3	1	-6.800	10.130	.727	-29.98	16.38	←②

a.Dunnett t 測試將一個群組視為一個控制項，並將所有其他群組與其進行比較。

2. 輸出結果的判讀 (1)

　　①關於藥 B（＝實驗組）與藥 A（＝參照組），

　　顯著機率 0.087 > 顯著水準 0.05

　　因此，沒有顯著差。

　　②關於藥 C（＝實驗組）與藥 A（＝參照組），

　　顯著機率 0.727 > 顯著水準 0.05

　　因此，沒有顯著差。

3. SPSS 輸出 (2)──Dunnett 的多重比較

　　以藥 C 當作參照組，進行 Dunett 的多重比較看看。

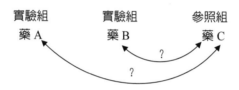

　　得出如下的輸出結果。將控制種類（Y）變成最後。

多重比較

因變數：血糖值差

Dunnet t 檢定（雙邊檢定）[a]

(I) 藥種類	(J) 藥種類	平均差異 （I-J）	標準 錯誤	顯著性	95% 信賴區間	
					下界	上界
1	3	6.80	10.13	.727	-16.38	29.98	←③
2	3	27.40*	10.13	.019	4.22	50.58	←④

*. 在 .05 水準上的平均差異很顯著。

a.Dunnett t 檢定將某一組別當成控制，並用來與所有其他組別做比較。

4. 輸出結果的判讀 (2)

　　③關於藥 A（＝實驗組）與藥 C（＝參照組），

　　顯著機率 0.727 > 顯著水準 0.05

　　因此，沒有顯著差。

④關於藥 B（＝實驗組）與藥 C（＝參照組），

顯著機率 0.019 ＜ 顯著水準 0.05

因此，有差異之組合是藥 B 與藥 C。

第22章　語意差異法之風險分析

22.1　語意差異法（SD）

　　以下的數據是利用 SD 法（Semantic Differential）的評定實驗，針對幼稚園的外觀印象與環境、心理所調查的結果。數值是以評定表所得出的各幼稚園的平均值。

表 22.1.1　SD 法的評定實驗

	幼稚園	清爽	有趣	寬廣	明亮	立體的	溫暖	美觀	親切	朝氣	開放的
1	1	-.2	.6	-.8	.8	-1.6	.8	.0	1.0	.2	-.4
2	2	-.2	.2	-.6	.2	-1.4	.6	-.8	.2	.4	-.4
3	3	-.6	-.8	-1.4	-.2	-1.6	-.4	-.8	-.2	-1.0	-1.2
4	4	-.6	-.8	-1.0	.6	-1.2	.0	.0	-.6	-.6	-.8
5	5	-.6	.8	-.4	1.2	-1.4	1.6	.2	1.8	.6	-.6
6	6	-.6	.0	-1.2	.0	-1.2	.2	-.4	-.2	-.6	-.2
7	7	.0	.6	-1.4	.6	-1.0	.8	-1.2	.4	-.4	.0
8	8	-.4	.4	-1.6	.8	-1.8	.6	-.8	.8	-.4	-.2
9	9	-.4	-.4	-1.2	.0	-1.8	-.6	-.2	.6	.2	-.4
10	10	.4	.8	-.8	.2	-.8	.8	-.8	.6	-.4	-.4
11	11	-.4	.4	-.6	.8	-1.8	.4	-1.0	.4	-.4	.0
12	12	-.6	.2	-1.0	.2	-1.0	.2	-.4	.0	-.4	-.6
13	13	-.2	.6	-1.2	.2	-1.6	.8	-.2	.6	.2	-.2
14	14	-.4	-.2	-.2	-.4	-1.8	.0	-.6	.2	-.2	.0
15	15	.0	.0	-.8	.2	-1.2	1.2	-.2	.8	-.2	-.4
16	16	-.4	.6	-1.2	1.0	-1.0	1.0	.0	.8	.0	-.2
17	17	.0	-1.0	-1.2	.0	-1.6	.2	-.8	-.6	-.6	-.8
18	18	-.2	-.6	-1.2	.4	-.6	-.2	-.8	.4	-.4	-.6
19	19	.2	-.4	-1.2	.0	-.8	.0	.0	.4	-.4	-.8
20	20	-.4	-.6	-.8	.0	-1.4	.0	-.4	.2	.0	-.8
21											

一、SD 法的步驟

步驟 1　研究目的如決定時……。

步驟 2　選定對象空間與受試者。

步驟 3　選擇評定尺度，製作評定表。

步驟 4　讓受試者體驗對象空間，並記入評定表中。

步驟 5　按各對象空間求出評定結果的平均值。

步驟 6　將評定表的項目當作變數，進行因素分析。萃取第 1 因素、第 2 因素、第 3 因素……。

步驟 7　求出各因素分數，將對象空間在有意義的空間上表現。

此評定實驗是選定受試者，分發如下的評定表。

表 22.1.2　評定表

評定表

幼稚園的名稱 ＿＿＿＿＿＿＿　　　　　受試者的名稱 ＿＿＿＿＿＿＿＿

按各項目針對此幼稚園的外觀印象在最接近的地方加上○記號。

	2	1	0	1	2	
清爽						雜亂
無聊						有趣
窄						寬
亮						暗
平面的						立體的
暖和						寒冷
醜陋						美觀
冷淡						親切
朝氣						沉悶
開放的						壓迫的

（註）將所記入的記號輸入到資料檔案時，如表 22.1.3 那樣將值換成 –2、–1、0、1、2。

二、想分析的事情是？

1. 想讓受試者所體驗的對象空間（幼稚園）的外觀或空間之氛圍此種印象，使用評定項目進行測量。

2. 將各個對象空間的外觀或空間之氛圍此種印象，想在有意義的空間（存在的空間）上定位看看。

（註）企業分析中常使用企業定位，企業定位是指企業透過其產品及其品牌，基於顧客需求，將其企業獨特的個性、文化和良好形象，塑造於消費者心目中，並占據一定的位置。企業的定位若是不當，更是經營成敗的決定性因素。

此時，可以考慮如下的統計方式：

【統計處理 1】

根據評定實驗的結果進行因素分析，取出潛在因素：第 1 因素、第 2 因素、第 3 因素⋯⋯。

【統計處理 2】

使用第 1 因素、第 2 因素、第 3 因素等的因素分數，將對象空間在有意義的空間上表現或定位。

（註）SD 法是心理測量的統計手法。使用因素分析，進行心理評定而求出座標軸。

三、撰寫論文時

1. SD 法的情形

因此使用對象空間的平均值，進行因素分析之後，第 1 因素是與有趣、暖和、親切、明亮等之變數有關，因此將第 1 因素取名為「好感因素」。

第 2 因素是與有朝氣、寬、開放的變數有關，因此將第 2 因素命名為「活動因素」。另外，將第 1 因素取成橫軸，第 2 因素取成縱軸，在平面上表現如下圖：

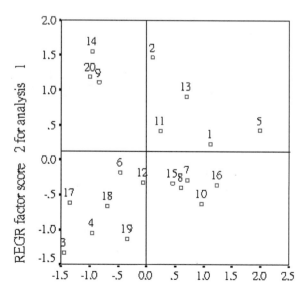

圖 22.1.1

由此可以判讀出什麼呢？

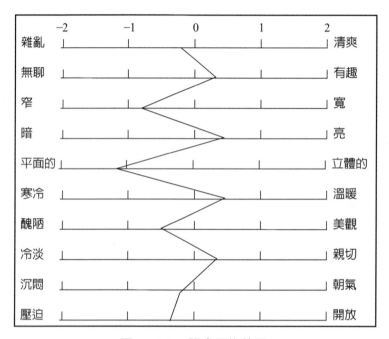

圖 22.1.2　評定平均值圖

（註）這是 20 家幼稚園的平均印象。

2. 數據輸入的準備

表 22.1.3　SD 法的評定實驗的平均值

幼稚園	受試者	清爽	有趣	寬	暗	立體的	溫暖	美觀	親切	朝氣	開放的
NO.1	1	0	1	−1	1	−1	0	0	1	0	0
	2	1	2	−2	1	−2	2	0	2	1	0
	3	−1	−1	−1	1	−1	1	0	2	0	−2
	4	0	1	0	1	−2	1	0	0	0	0
	5	−1	0	0	0	−2	0	0	0	0	0
	平均值	−0.2	0.8	−0.8	0.8	−1.0	0.8	0	1	0.2	−0.4
NO.2	1	0	0	−1	0	−1	0	−1	−2	0	0
	2	−1	1	0	1	−1	1	−1	0	1	−1
	3	0	0	−1	0	−2	0	0	0	0	0
	4	0	0	−1	0	−1	1	0	2	1	−1
	5	0	0	0	0	−2	1	−2	1	0	0
	平均值	−0.2	0.2	−0.6	0.2	−1.4	0.6	−0.8	0.2	0.4	−0.4

（接下頁）

表 22.1.3（續）

幼稚園	受試者	清爽	有趣	寬	暗	立體的	溫暖	美觀	親切	朝氣	開放的
NO.20	1	−1	−1	0	0	−1	0	−1	0	0	0
	2	0	1	−1	0	−1	1	0	0	0	0
	3	−1	−1	−2	−1	−1	0	0	0	0	0
	4	0	0	0	0	−2	0	0	1	0	0
	5	0	−2	−1	1	−2	−1	−1	0	0	0
	平均值	−0.4	−0.6	−0.8	0	−1.0	0	−0.4	0.2	0	0

3. 數據輸入類型

將表 22.1.3 所計算的平均值，如下輸入到 SPSS 的資料檔案中。

	幼稚園	清爽	有趣	寬廣	明亮	立體的	溫暖	美觀	親切	朝氣	開放的	var
1	1	-.2	.6	-.8	.8	-1.6	.8	.0	1.0	.2	-.4	
2	2	-.2	.2	-.6	.2	-1.4	.6	-.8	.2	.4	-.4	
3	3	-.6	-.8	-1.4	-.2	-1.6	-.4	-.8	-.2	-1.0	-1.2	
4	4	-.6	-.8	-1.0	.6	-1.2	.0	.6	-.6	-.6	-.8	
5	5	-.6	.8	-.4	1.2	-1.4	1.6	.2	1.8	.6	-.6	
6	6	-.6	.0	-1.2	.0	-1.2	.2	-.4	-.2	-.6	-.2	
7	7	.0	.6	-1.4	.6	-1.0	.8	-1.2	.4	-.4	.0	
8	8	-.4	.4	-1.6	.4	-1.8	.6	-.8	.8	-.4	-.2	
9	9	-.4	-.4	-1.2	.0	-1.8	-.6	-.2	.6	.2	-.4	
10	10	.4	.8	-.8	.2	-.8	.8	-.2	.6	-.4	-.4	
11	11	-.4	.4	-.6	.8	-1.8	.4	-1.0	.4	-.4	.0	
12	12	-.6	.2	-1.0	.2	-1.0	.2	-.4	.0	-.4	-.6	
13	13	-.2	.6	-.8	.2	-1.6	.8	-.2	.6	.2	-.4	
14	14	-.4	-.2	-.2	-.4	-1.8	.0	-.6	.2	-.2	.0	
15	15	.0	.0	-.8	.2	-1.2	1.2	-.2	.8	-.2	-.4	
16	16	-.4	.6	-1.2	1.0	-1.0	1.0	.0	.8	.0	-.2	
17	17	.0	-1.0	-1.2	.0	-1.6	.2	-.4	-.6	-.6	-.8	
18	18	-.2	-.6	-1.2	.4	-.6	-.2	-.8	.4	-.4	-.6	
19	19	.2	-.4	-1.2	.0	-.8	.0	.0	.4	-.4	-.6	
20	20	-.4	-.6	-.8	.0	-1.4	.0	-.4	.2	.0	.0	
21												

（註）各對象空間進行因素分析時，輸入表 22.1.1 的數據後，再利用觀察值選擇變數。但此時所萃取的因素有可能與各對象空間不同。想萃取相同的因素時，有需要進行多母體的聯合分析。

22.2 SD 法的因素分析

步驟 1　輸入表 22.1.3 的數據時，從分析（A）的清單中如下選擇。

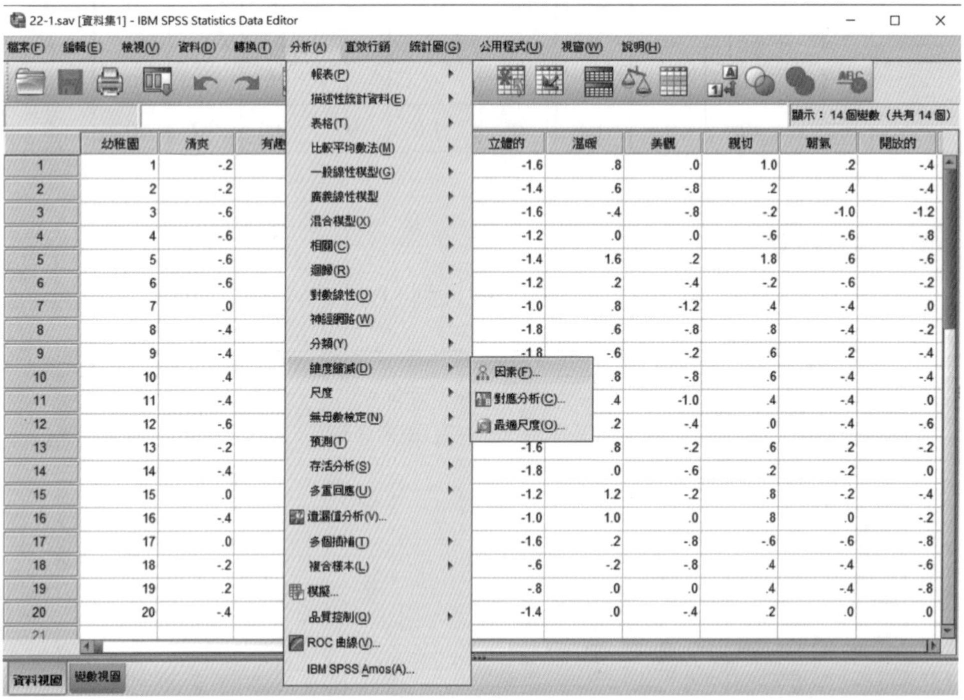

　　步驟 2　變成因素分析的畫面時，從清爽到開放性的所有變數移到變數（V）
的方框中，按一下擷取（E）。

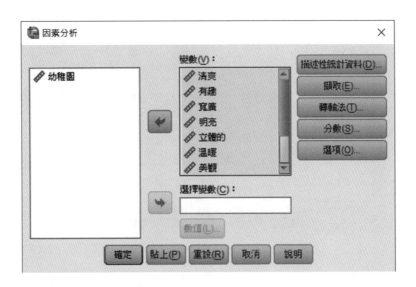

　　步驟 3　變成擷取的畫面時，方法（M）選擇主軸因素，分析是勾選共變異
數矩陣（V），接著按繼續。

步驟 4 　回到以下畫面時，按一下轉軸法（T）。

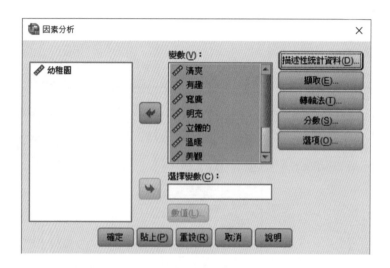

步驟 5 　變回轉軸法的畫面時，勾選最大變異法（V）及因素負荷圖（L），
按 繼續。

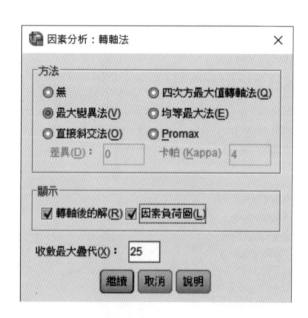

步驟 6　變成以下畫面時，按一下 描述性統計資料（D）。

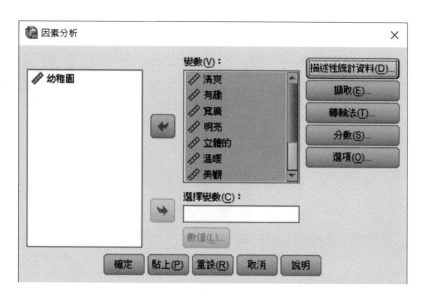

步驟 7　變成描述性統計資料的畫面時，勾選 KMO 與 Bartlett 的球形檢定，接著按 繼續。

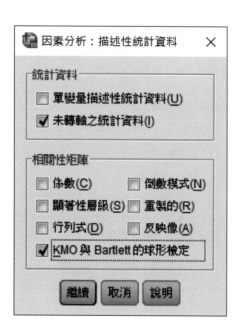

步驟 8　變成以下的畫面時，按一下分數（S）。

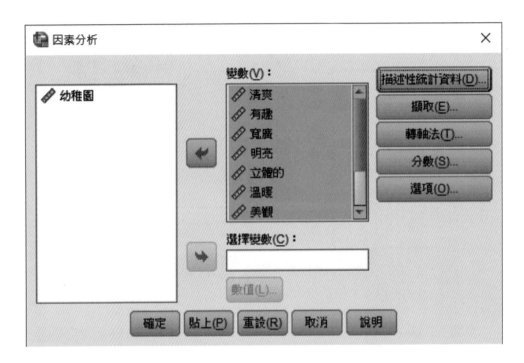

步驟 9　變成因素分析的畫面時，勾選因素儲存成變數（S），按 繼續。

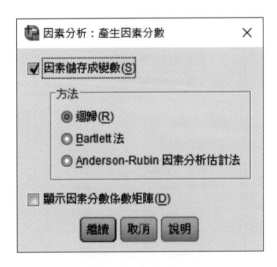

步驟 10　回到以下畫面時，按 確定 。

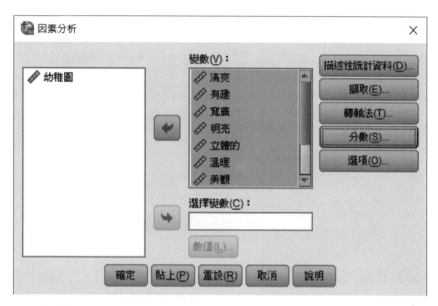

（註）進行觀察值的選擇時，進行以下的步驟。

步驟 1　將想要選擇的變數（譬如表 22.1.3 中的幼稚園）移到 選擇變數（C）
的方框中，按一下 數值（L）。

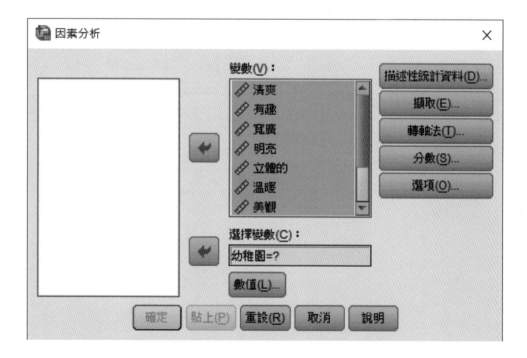

步驟 2　變成數值設定的畫面時，輸入 1，按 繼續 。

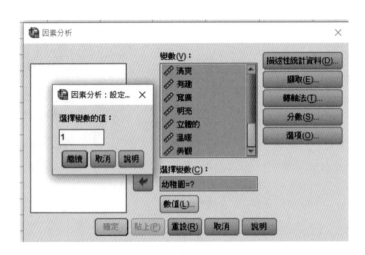

即針對 1 個幼稚園的觀察值進行因素分析。實際上，表 22.1.3 變數的觀察值各只有 1 個，因此即使選擇也是錯誤的，在有數個觀察值時選擇。

1. SPSS 輸出 (1)──因素分析

KMO 與 Bartlett 檢定 [a]

Kaiser-Meyer-Olkin 測量取樣適當性。		.679	←①
Bartlett 的球形檢定	大約卡方	77.881	
	df	45	←②
	顯著性	.002	

a. 根據相關性

說明的變異數總計

	因素	起始特徵值 [a]			擷取平方和載入			循環平方和載入		
		總計	變異的 %	累加 %	總計	變異的 %	累加 %	總計	變異的 %	累加 %
原始資料	1	.989	51.558	51.558	.925	48.221	48.221	.867	45.196	45.196
	2	.241	12.557	64.116	.183	9.559	57.780	.197	10.250	55.446
	3	.202	10.544	74.660	.131	6.840	64.620	.176	9.174	64.620
	4	.142	7.418	82.078						
	5	.106	5.510	87.587						
	6	.075	3.900	91.487						
	7	.057	2.978	94.466						
	8	.048	2.501	96.966						
	9	.033	1.728	98.695						
	10	.025	1.305	100.000						
已重新調整	1	.989	51.558	51.558	3.588	35.876	35.876	3.227	32.275	32.275
	2	.241	12.557	64.116	1.118	11.183	47.060	1.337	13.366	45.641
	3	.202	10.544	74.660	.947	9.468	56.528	1.089	10.887	56.528
	4	.142	7.418	82.078						
	5	.106	5.510	87.587						
	6	.075	3.900	91.487						
	7	.057	2.978	94.466						
	8	.048	2.501	96.966						
	9	.033	1.728	98.695						
	10	.025	1.305	100.000						

←③

擷取方法：主體軸係數。

a. 當分析共變異數矩陣時，起始特徵值與原始及重新調整解決方案相同。

2. 輸出結果的判讀 (1)──因素分析

①這是 Kaiser–Meyer–Olkin 的效度測量。

此值如在 0.5 以下時，可以說沒有進行因素分析的效度。

此數據的情形，效度 =0.6721，所以有進行因素分析的意義。

②這是 Bartlett 的球形檢定。

假設 Ho：相關矩陣是單位矩陣。

顯示機率 0.002 < 顯著水準 0.05

因此，假設 Ho 可以捨棄。

變數間有相關，所以擷取因素有意義。

③第 1 因素的資訊量是 32.275%。

第 2 因素的資訊量是 13.366%。

第 3 因素的資訊量是 10.887%。

因此，從第 1 因素到第 3 因素為止的資訊量之合計是 56.528%。

3. SPSS 輸出 (2)

係數矩陣 [a]

	原始資料			已重新調整		
	因素			因素		
	1	**2**	**3**	**1**	**2**	**3**
清爽	.031	-.091	-.014	.107	-.318	-.048
有趣	.523	-.164	.057	.897	-.281	.097
寬廣	.129	.120	.131	.361	.336	.367
明亮	.288	-.037	-.122	.674	-.086	-.285
立體的	.003	-.089	-.151	.008	-.239	-.404
溫暖	.470	-.074	-.067	.842	-.132	-.120
美麗	.118	.251	-.146	.295	.627	-.364
親切	.465	.078	-.033	.834	.140	-.060
朝氣	.283	.216	.092	.717	.547	.234
開放的	.140	-.058	.194	.427	-.178	.592

←④

擷取方法：主體軸係數。

a. 擷取 3 個係數、需要 15 個疊代。

旋轉係數矩陣 ᵃ

	原始資料			已重新調整		
	因素			因素		
	1	**2**	**3**	**1**	**2**	**3**
清爽	.049	-.042	-.073	.170	-.147	-.255
有趣	.521	.120	-.137	.892	.205	-.235
寬廣	.075	.198	.056	.211	.556	.157
明亮	.309	-.044	.041	.723	-.104	.097
立體的	.050	-.168	-.011	.135	.449	-.029
溫暖	.479	.036	-.004	.858	.065	-.008
美麗	.099	.011	.297	.248	.027	.742
親切	.440	.128	.115	.789	.229	.206
朝氣	.214	.246	.169	.544	.624	.428
開放的	.104	.181	-.130	.318	.553	-.397

←⑤

擷取方法：主體軸係數。

轉軸方法：具有 Kalser 正規化的最大變異法。

a. 在 5 疊代中收斂循環。

4. 輸出結果的判讀 (2)──因素分析

④這是直交轉軸前的因素負荷（量）。

⑤這是直交轉軸後的因素負荷（量）。

如觀察再調查的地方……

第 1 因素是：有趣、明亮、溫暖、親切

變數的因素負荷（量）的絕對值較大，所以可以命名為第 1 因素＝「好感因素」。

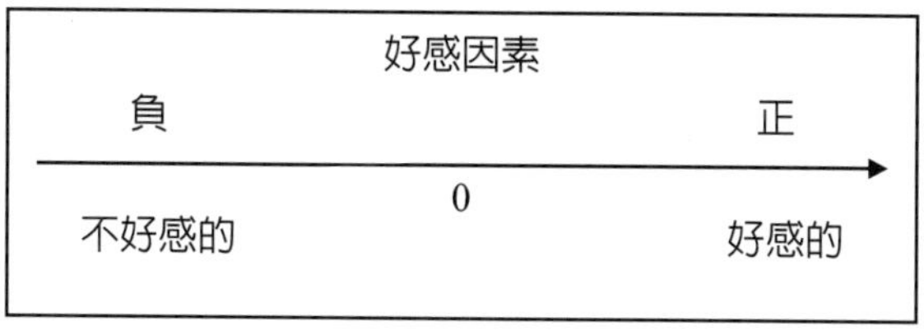

圖 22.2.1

第 2 因素是：寬廣、朝氣、開放性

等變數的因素負荷（量）的絕對值較大，因此可以命名為第 2 因素 =「活動因素」。

圖 22.2.2

（註）當然因素的命名取決於研究者而有所不同。

5. SPSS 輸出 (3)──因素分析

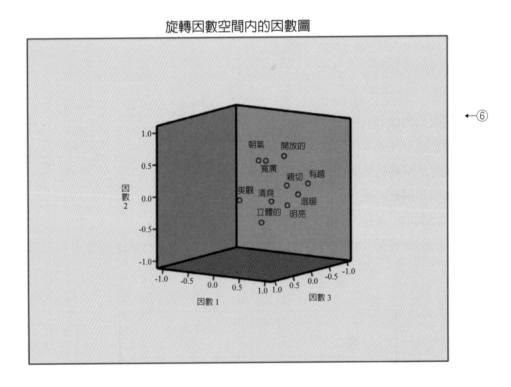

	寬廣	明亮	立體的	溫暖	美觀	親切	朝氣	開放的	fac1_1	fac2_1	fac3_1
1	-.8	.8	-1.6	.8	.0	1.0	.2	-.4	1.11599	.22972	.66312
2	-.6	.2	-1.4	.6	-.8	.2	.4	-.4	.10149	1.45863	.14246
3	-1.4	-.2	-1.6	-.4	-.8	-.2	-1.0	-1.2	-1.44901	-1.33144	-.08337
4	-1.0	.6	-1.2	.0	.0	-.6	-.6	-.8	-.95119	-1.04341	.96648
5	-.4	1.2	-1.4	1.6	.2	1.8	.6	-.6	1.98384	.42322	1.72493
6	-1.2	.0	-1.2	.2	-.4	-.2	-.6	-.2	-.46460	-.17668	-.58677
7	-1.4	.6	-1.0	.8	-1.2	.4	-.4	.0	.70920	-.28184	-1.78143
8	-1.6	.8	-1.8	.6	-.8	.8	-.4	-.2	.59471	-.39671	-.85203
9	-1.2	.0	-1.8	-.6	-.2	.6	.2	-.4	-.83168	1.10212	1.06493
10	-.8	.2	-.8	.8	-.8	.6	-.4	-.4	.96150	-.62971	-1.36195
11	-.6	.8	-1.8	.4	-1.0	.4	-.4	.0	.23690	.42177	-1.40082
12	-1.0	.2	-1.0	.2	-.4	.0	-.4	-.6	-.06174	-.32398	-.10858
13	-.8	.2	-1.6	.8	-.2	.6	.2	-.2	.69609	.90425	.13321
14	-.2	-.4	-1.8	.0	-.6	.2	-.2	.0	-.95974	1.55324	-.50666
15	-.8	.2	-1.2	1.2	-.2	.8	-.2	-.4	.45450	-.33253	.32428
16	-1.2	1.0	-1.0	1.0	.0	.8	.0	-.2	1.24041	-.35481	.39310
17	-1.2	.0	-1.6	.2	-.8	-.6	-.6	-.8	-1.34303	-.61519	.01239
18	-1.2	.4	-.6	-.2	-.8	.4	-.4	-.6	-.68889	-.66339	.09096
19	-1.2	.0	-.8	.0	.0	.4	-.4	-.8	-.34881	-1.12797	.76863
20	-.8	.0	-1.4	.0	-.4	.2	.0	.0	-.99593	1.18471	.39712
21											

⑦　　⑧　　⑨

6. 輸出結果的判讀 (3)──因素分析

⑥這是利用第 1 因素、第 2 因素、第 3 因素的因素圖形。

⑦第 1 因素分數

⑧第 2 因素分數

⑨第 3 因素因數

（註）接著，以第 1 因素分數為橫軸，第 2 因素分數為縱軸，將 2 個對象空間畫在平面上。

22.3 利用因素分數表現對象空間

步驟 1 求出因素分數時,從統計圖(G)的清單中如下選擇。

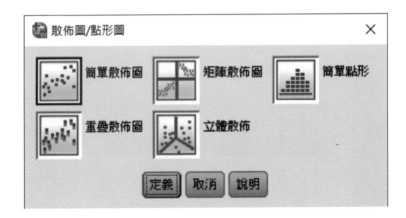

步驟 2 變成散佈圖 / 點形圖的畫面時,選擇簡單散佈圖,按一下定義。

步驟 3　變成以下畫面時，將第 1 因素分數移到 X 軸，第 2 因素分數移到 Y 軸，將幼稚園移到觀察值標籤依據（C），然後按一下選項（O）。

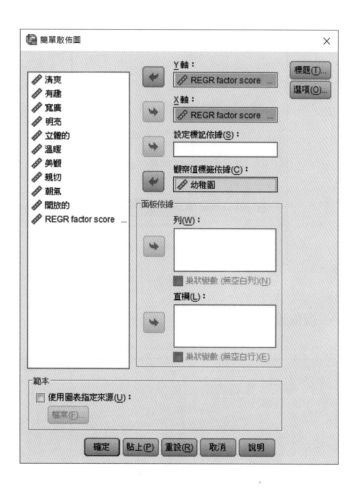

步驟 4　變成選項的畫面時，勾選顯示有數值標籤的圖表（S），按 繼續。回到步驟 3 的畫面時，按 繼續。

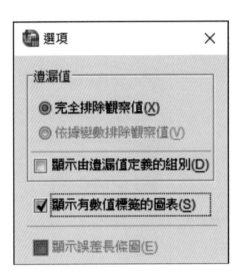

1. SPSS 輸出──散佈圖

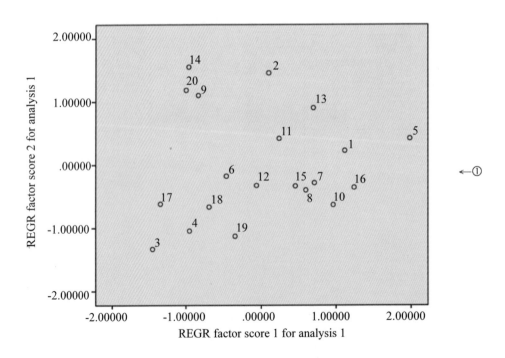

　　於畫面中快速點擊 2 次，出現編輯畫面。分別點選 ㄩ、ㄩ 後，分別出現內容。

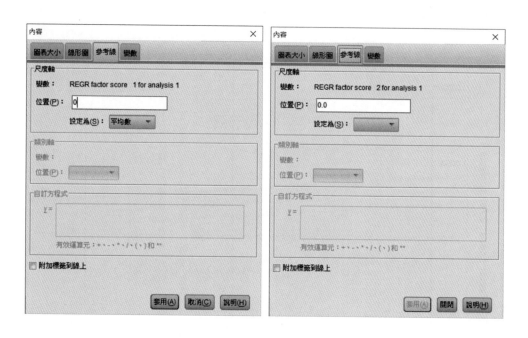

　　於內容中，分別將位置（P）設爲 0，得出如下。

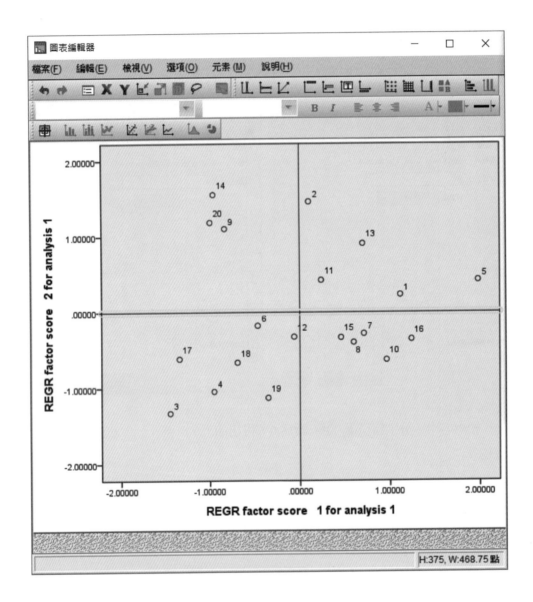

2. 輸出結果的判讀 (4)──散佈圖

　　①一面觀察此散佈圖，即可將 20 家的幼稚園在 2 次元的有意義空間上表現，如此即可正確掌握有類似性的幼稚園，進而發現其特徵。

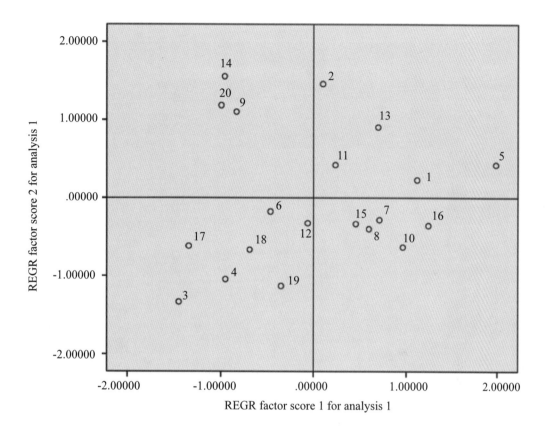

第23章 結構方程模式之風險分析

23.1 多母體的聯合分析

針對 3 個美術館的使用者，進行如下的意見調查。

表 23.1.1 意見調查表

項目 1	您覺得此美術館的照明如何？	〔照明〕

項目 1　您覺得此美術館的照明如何？　　　　〔照明〕
　　　　　1　　　　2　　　　3　　　　4　　　　5
　　壞 └────┴────┴────┴────┘ 好

項目 2　您覺得此美術館的色彩如何？　　　　〔色彩〕
　　　　　1　　　　2　　　　3　　　　4　　　　5
　　穩重 └────┴────┴────┴────┘ 花俏

項目 3　您覺得此美術館的休息空間如何？　　〔空間認知〕
　　　　　1　　　　2　　　　3　　　　4　　　　5
　不易使用 └────┴────┴────┴────┘ 容易使用

項目 4　您覺得此美術館的巡迴形式如何？　　〔動線〕
　　　　　1　　　　2　　　　3　　　　4　　　　5
　容易了解 └────┴────┴────┴────┘ 不易了解

項目 5　您經常使用此美術館嗎？　　　〔使用次數〕
　　　　　1　　　　2　　　　3　　　　4　　　　5
　　不利用 └────┴────┴────┴────┘ 利用

項目 6　您覺得此美術館的門票收費如何？　　〔門票費用〕
　　　　　1　　　　2　　　　3　　　　4　　　　5
　　便宜 └────┴────┴────┴────┘ 貴

以下的數據是有關 3 個美術館 A、B、C 的使用者滿意度的調查結果。

表 23.1.2　美術館類型 A

NO.	照明	色彩	空間認知	動線	使用次數	門票費用
1	3	3	3	4	2	4
2	3	3	2	5	2	3
3	2	4	2	2	3	3
4	4	2	3	4	1	3
5	3	3	2	3	4	1
6	4	2	2	5	5	3
7	3	3	2	5	5	3
8	2	4	3	2	1	3
9	4	2	3	4	4	1
10	2	4	3	2	5	3
11	2	2	3	3	4	4
12	2	3	2	5	4	1
13	3	4	2	5	1	4
14	4	3	2	4	1	3
15	3	3	1	5	1	4
16	3	4	3	3	2	3
17	4	3	3	4	2	4
18	2	4	2	5	2	4
19	4	2	2	4	1	4
20	4	2	2	4	3	4
21	3	3	1	4	3	2
22	3	3	3	5	1	3
23	4	3	2	5	2	3
24	2	4	3	5	2	2
25	2	4	4	2	4	4
26	5	3	3	1	2	3
27	5	4	4	5	2	3
28	5	5	4	4	4	3
29	5	5	4	5	4	1
30	5	1	3	5	2	4

表 23.1.3　美術館類型 B

NO.	照明	色彩	空間認知	動線	使用次數	門票費用
31	3	4	3	2	2	2
32	2	3	3	5	5	4
33	3	3	3	1	3	3
34	3	4	3	4	4	2
35	2	3	2	3	1	3
36	3	3	2	4	3	3
37	3	3	4	4	4	1
38	1	5	2	4	4	1
39	4	2	2	4	3	2
40	4	2	1	3	1	4
41	4	2	3	5	1	2
42	3	3	2	5	1	3
43	2	4	2	5	3	2
44	3	3	3	4	5	2
45	4	4	3	4	3	2
46	4	3	3	3	5	3
47	4	4	3	4	5	2
48	2	2	4	2	3	2
49	4	4	2	3	3	2
50	2	2	3	4	3	2
51	4	4	2	5	4	3
52	3	3	2	4	4	4
53	4	4	2	4	3	4
54	3	3	5	3	4	2
55	4	4	4	1	4	2
56	2	4	2	5	1	4
57	3	4	4	5	2	4
58	3	4	4	3	1	3
59	4	4	3	4	4	2
60	3	3	2	4	2	4

表 23.1.4　美術館類型 C

NO.	照明	色彩	空間認知	動線	使用次數	門票費用
61	4	2	2	2	5	3
62	2	4	3	2	4	1
63	5	4	4	1	4	4
64	3	3	3	2	3	1
65	5	1	2	3	2	3
66	3	3	3	2	3	2
67	4	4	4	2	3	4
68	3	3	3	1	5	1
69	3	3	3	2	5	3
70	4	4	3	1	5	1
71	3	3	5	2	5	2
72	3	3	3	3	4	2
73	3	4	2	3	2	2
74	4	4	2	3	3	3
75	2	5	3	3	4	3
76	3	3	2	2	2	3
77	4	3	3	4	3	3
78	3	3	2	5	2	3
79	3	3	4	2	4	4
80	4	4	2	5	1	4
81	3	3	3	2	2	3
82	3	3	3	2	2	5
83	3	3	4	3	4	3
84	3	3	4	4	2	2
85	3	4	5	1	3	1
86	4	4	4	2	2	2
87	4	4	2	4	2	3
88	3	3	2	2	2	4
89	5	2	3	3	1	2
90	4	3	4	3	1	5

一、想分析的事情是？

在以下的路徑圖中，想依序按 3 個美術館調查：室內照明、外觀色彩、空間認知、動線、使用次數、門票費用之間的關聯。

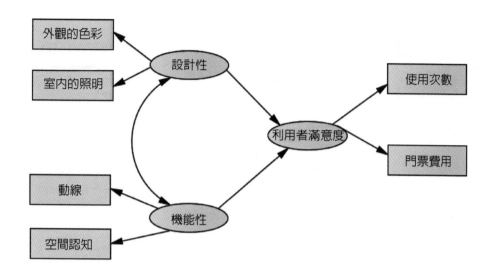

此時

1. 從設計性來看，對使用者滿意度之影響，在美術館 A、B、C 之間有何不同？

2. 從機能性來看，對利用者滿意度之影響，在美術館 A、B、C 之間有何不同？

3. 設計性最高的美術館是 A、B、C 之中的何者？

4. 機能性最高的美術館是 A、B、C 之中的何者？

5. 使用者滿意度最高的是 A、B、C 之中的何者？

本例題是美術館的「抉擇」評估，但面對重大事件時，若稍有不愼，損失的代價是難以計數的。

此時可以考慮如下的統計處理。

二、統計處理方式

1. 使用結構方程模式分析所用軟體 Amos 製作如下的路徑圖：

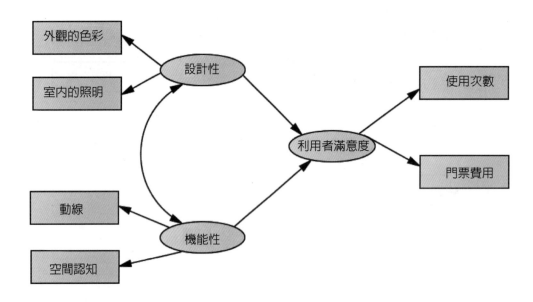

2. 利用多母體的聯合分析分別估計 3 個類型中的如下路徑係數：

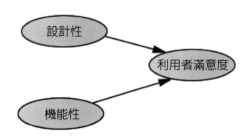

3. 利用平均構造模式，針對以下比較 3 個類型的平均之差異。

三、撰寫論文時 (1)

1. 結構方程模式分析之情形

　　進行多母體的聯合分析之後，從設計性到使用者滿意度的路徑係數，得出如下。

表 23.1.5

係數 類型	未標準化係數	標準化係數
美術館 A	−0.383	−0.234
美術館 B	−2.380	−0.666
美術館 C	−0.681	−0.427

因此，設計性與使用者的滿意度不一定有關聯。

從機能性到利用者滿意度的路徑係數，得出如下。

表 23.1.6

係數 類型	未標準化係數	標準化係數
美術館 A	0.144	0.046
美術館 B	1.811	0.089
美術館 C	1.728	0.651

因此，機能性與使用者的滿意度有關聯，但美術館 A 比美術館 B、C 來說，其關聯性略低。

四、撰寫論文 (2)

設計性與機能性的平均值，得出如下。

表 23.1.7

平均值 類型	設計性	機能性
美術館 A	0	0
美術館 B	−0.248	0.097
美術館 C	0.045	0.490

因此，以美術館 A 為基準時，在設計性上，美術館 B 較差。在機能性上，

美術館 C 較占優勢。

設計性與機能性在平均值的周邊的使用者滿意度，得出如下。

表 23.1.8

類型	滿意度
美術館 A	0
美術館 B	0.473907
美術館 C	0.391075

因此，得知美術館 B 的滿意度最高。在此分析中，模式適合度指標的 RMSEA 是 0.000。由以上事項可以判讀出什麼呢？此事容後揭曉。

【數據輸入類型】

表 23.1.2～表 23.1.4 的資料，如下輸入。

	類型	照明	色彩	空間認知	動線	使用次數	門票費用	var
1	1	3	3	3	4	2	4	
2	1	3	3	2	5	2	3	
3	1	2	4	2	2	3	3	
4	1	4	2	3	4	1	3	
5	1	3	3	2	3	4	1	
6	1	4	2	2	5	5	3	
7	1	3	3	2	5	5	3	
8	1	2	4	3	2	1	3	
9	1	4	2	3	4	4	1	
10	1	2	4	3	2	5	3	
11	1	2	2	3	3	4	4	
12	1	2	3	2	5	4	1	
13	1	3	4	2	5	1	4	
14	1	4	3	2	4	1	3	
15	1	3	3	1	5	1	4	
16	1	3	4	3	3	2	3	
17	1	4	3	3	4	2	4	
18	1	2	4	2	5	2	4	
19	1	4	2	2	4	1	4	
20	1	4	2	2	4	3	4	
21	1	3	3	1	4	3	2	
22	1	3	3	3	5	1	3	
23	1	4	3	2	5	2	3	
24	1	2	4	3	5	2	2	
25	1	2	4	4	2	4	4	
26	1	5	3	3	1	2	3	
27	1	5	4	4	5	2	3	
28	1	5	5	4	4	4	3	

	類型	照明	色彩	空間認知	動線	使用次數	門票費用	var
64	3	3	3	3	2	3	1	
65	3	5	1	2	3	2	3	
66	3	3	3	3	2	3	2	
67	3	4	4	4	2	3	4	
68	3	3	3	3	1	5	1	
69	3	3	3	3	2	5	3	
70	3	4	4	3	1	5	1	
71	3	3	3	5	2	5	2	
72	3	3	3	3	3	4	2	
73	3	3	4	2	3	2	2	
74	3	4	4	2	3	3	3	
75	3	2	5	3	3	4	3	
76	3	3	3	2	2	2	3	
77	3	4	3	3	4	3	3	
78	3	3	3	2	5	2	3	
79	3	3	3	4	2	4	4	
80	3	4	4	2	5	1	4	
81	3	3	3	3	2	2	3	
82	3	3	3	3	2	2	5	
83	3	3	3	4	3	4	3	
84	3	3	3	4	4	2	2	
85	3	3	4	5	1	3	1	
86	3	4	4	4	2	2	2	
87	3	4	4	2	4	2	3	
88	3	3	3	2	2	2	4	
89	3	5	2	3	3	1	2	
90	3	4	3	4	3	1	5	
91								

23.2　指定資料的檔案

步驟 1　點選 Windows 開始 =>IBM SPSS Statistics=>Amos Graphis。

步驟 2　變成以下畫面時，從分析的清單中，選擇組管理。

File	Edit	View	Diagram	Analyze	Tools	Plugins	Help

	Calculate Estimates	Ctrl+F9
	Stop Calculating Estimates	
	Manage Groups...	
	Manage Models...	
	Modeling Lab...	
	Toggle Observed/Unobserved	
DF	Degrees of freedom...	
	Specification Search...	
	Multiple-Group Analysis...	
	Bayesian Estimation...	Ctrl+B
	Data Imputation...	

步驟 3　出現如下視窗，組名（G）成為 number 1。

Manage Groups　?　✕

Group Name

Group number 1

New　Delete　Close

步驟 4　如下輸入類型 A 後，按 Close。

Manage Groups　?　✕

Group Name

類型A

New　Delete　Close

步驟 5　接著從檔案的清單中選擇資料檔。

步驟 6　變成資料檔的畫面時，按一下檔名（N）。

步驟 7 指定用於分析的檔名 23-1，按一下 開啟（O）。

名稱	修改日期	類型	大小
8-1-1	2006/5/21 下午 0...	SPSS Statistics Da...	2 KB
8-1-3	2006/5/21 下午 0...	SPSS Statistics Da...	1 KB
9-1-1	2006/5/21 下午 0...	SPSS Statistics Da...	2 KB
9-1-3	2006/5/21 下午 0...	SPSS Statistics Da...	1 KB
9-4-1	2017/10/17 下午...	SPSS Statistics Da...	2 KB
10-1-2	2006/5/21 下午 0...	SPSS Statistics Da...	1 KB
10-1-3	2006/5/21 下午 0...	SPSS Statistics Da...	3 KB
12-1-1	2006/5/21 下午 0...	SPSS Statistics Da...	1 KB
13-1	2013/7/9 下午 05...	SPSS Statistics Da...	1 KB
14-1	2015/12/20 上午...	SPSS Statistics Da...	2 KB
15-1	2013/7/9 下午 05...	SPSS Statistics Da...	1 KB
16-1	2012/6/28 上午 0...	SPSS Statistics Da...	1 KB
17.1.1	2014/5/13 上午 0...	SPSS Statistics Da...	2 KB
18-3-1	2013/5/17 上午 1...	SPSS Statistics Da...	1 KB
19-1-4	2013/7/9 下午 05...	SPSS Statistics Da...	1 KB
20-2-2	2013/7/9 下午 05...	SPSS Statistics Da...	1 KB
20-4-2	2013/7/9 下午 05...	SPSS Statistics Da...	1 KB
21-5-1	2013/7/9 下午 05...	SPSS Statistics Da...	1 KB
22-1	2006/7/29 上午 0...	SPSS Statistics Da...	4 KB
23-1	2017/11/22 下午...	AMW 檔案	55 KB
23-1	2006/7/29 上午 0...	SPSS Statistics Da...	2 KB

步驟 8 回到資料檔的畫面時，在檔案的地方，顯示用於分析的檔名。接著，資料因分成了 3 個類型，按一下 分組變數。

Data Files

Group Name	File	Variable	Value	N
類型A	23-1.sav			90/90

File Name　　Working File　　Help

View Data　　Grouping Variable　　Group Value

OK　　Cancel

☐ Allow non-numeric data　　☐ Assign cases to groups

步驟 9　變成了選擇分組變數的畫面時，選擇類型，按確定。

Choose a Grouping Variable

Group: typeA
File: c:\...\23-1.sav

Varia...	
類型	
照明	
色彩	
空間...	
動線	
使用...	
門票...	

OK　　　　Cancel

No Variable　　Help

步驟 10　在變數的地方，列入分組數名「類型」。接著，按一下組值。

Data Files

Group Name	File	Variable	Value	N
typeA	23-1.sav	類型		90/90

File Name　　Working File　　Help

View Data　　Grouping Variable　　Group Value

OK　　　　　　　　Cancel

☐ Allow non-numeric data　　　☐ Assign cases to groups

409

步驟 11　變成組識別值的選擇畫面時，選擇數值之中的 1，按 確定 。

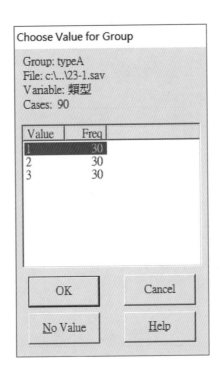

步驟 12　在資料檔畫面中的數值處列入 1，按 確定 。

23.3　繪製共同的路徑圖

步驟 1　此分析由於想指定平均值與截距，所以從檢視的清單中選擇分析性質。

步驟 2　變成分析性質的畫面時，勾選估計平均值與截距後，關閉此分析性質之視窗。

步驟 3 回到 Graphics 的畫面時,如下繪製路徑圖。

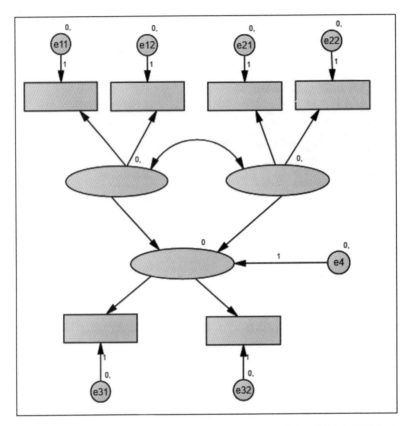

（注）因在步驟 2 中對估計平均值與截距已有勾選,所以在圓或橢圓的右肩上加上 0。此意
指以類型 A 為基準,因此類型 A 的平均 =0。e11 等的變數名,如在圓上連按兩下,
會出現物件性質之畫面,接著如下輸入變數名即可。

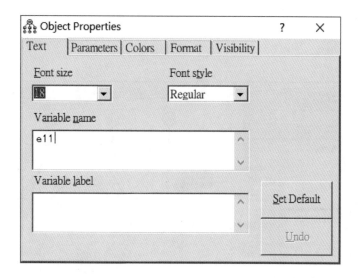

步驟 4 為了在觀測變數的方框中輸入變數名，從檢視（V）的清單中選擇資料組中所含有的變數（D）。

步驟 5　如下出現資料檔的變數名的畫面，按一下用於分析變數名，拖到 ▢ 上方後放開。

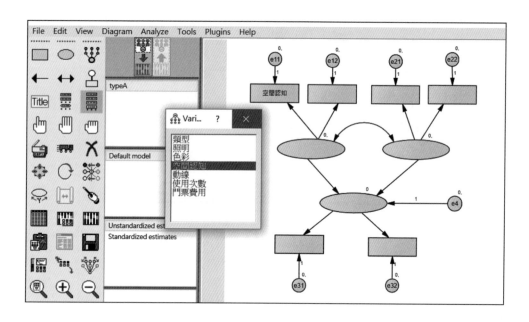

步驟6　重複此動作，變數名的投入結束時，關閉資料組中包含變數的畫面。

（注）如投錯名稱時，在 ▢ 上按兩下，在所出現的物件性質的畫面上即可刪除。

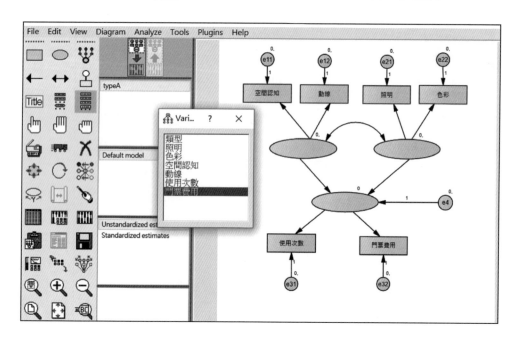

步驟 7　其次，為了在 ⬭ 之中放入潛在變數名，在 ⬭ 的上面點擊兩下，出現物件性質視窗。

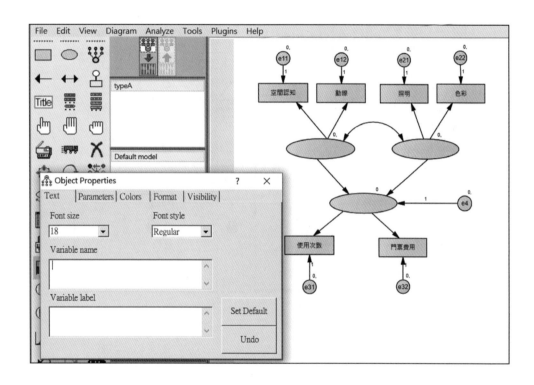

步驟 8　在 Text Tab 的變數名（N）中輸入潛在變數名，再關閉畫面。

步驟 9 在 ⬭ 之中出現潛在變數名。

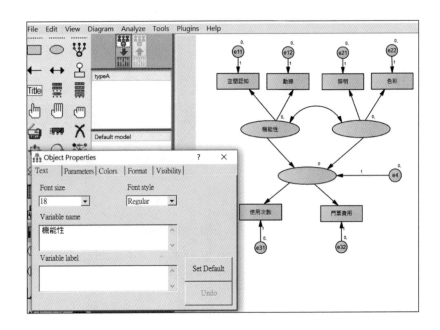

步驟 10 重複此動作。

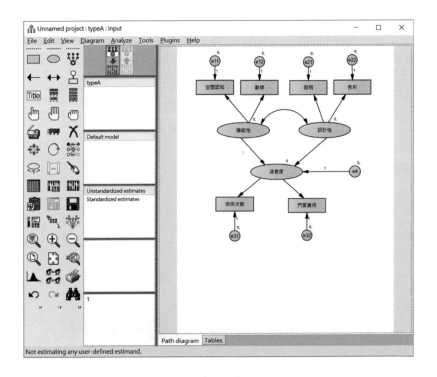

23.4　指定共同的參數

步驟 1　為了將 空間認知 ◄─────── 機能性 的參數固定成 1，右鍵按一
下，箭頭的上方出現**物件性質（O）**。

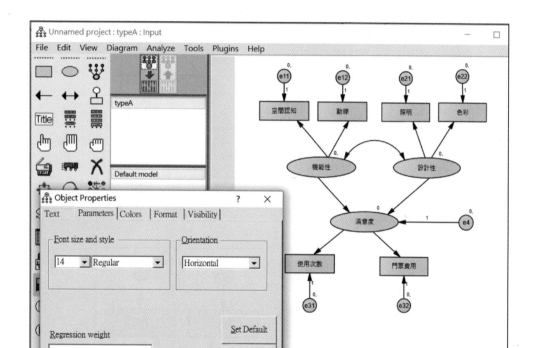

步驟 2 變成物件性質的畫面時，在參數（parameters）Tab 的係數中輸入 1，再關閉畫面。

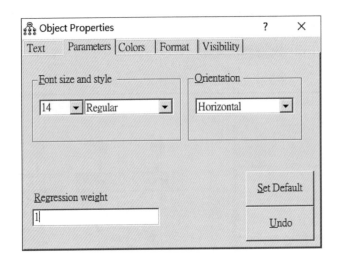

步驟 3 於是路徑圖的箭線上出現 1。

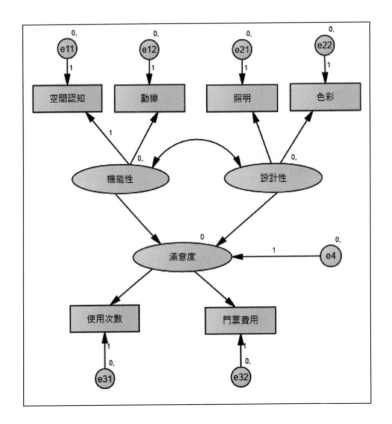

步驟 4  的箭線也同樣輸入 1。

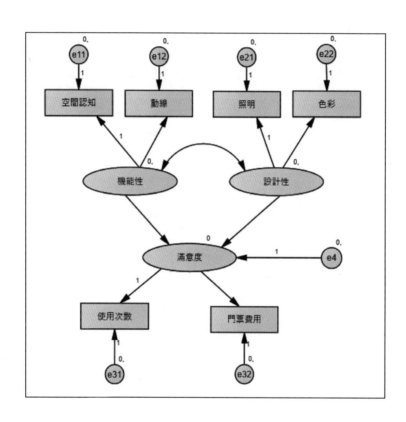

步驟 5 接著對剩下部分的參數加上名稱。因此,從 Plugins 的清單中選擇 Name parameters。

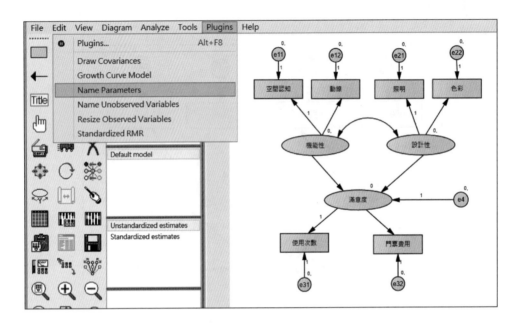

步驟 6 此處,如下勾選後,按確定。

步驟 7　如下在路徑圖上加上參數名。

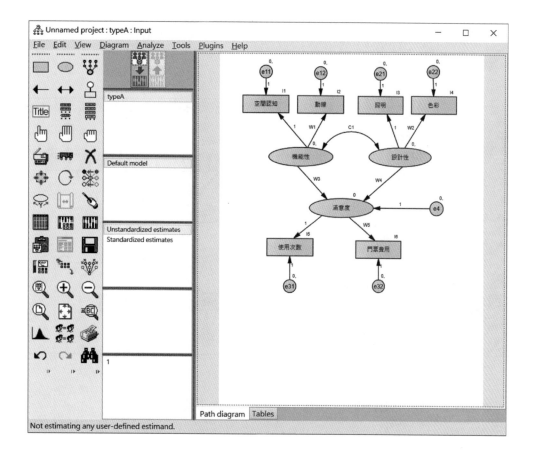

資料的組管理

步驟 1 3 個類型為了在相同的路徑圖上進行分析,可進行資料的組管理。從<u>分析</u>的清單中選擇<u>組管理</u>。

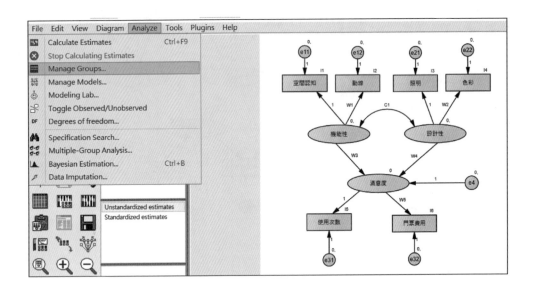

步驟 2 如下,<u>組名</u>的地方輸入類型 A,按一下<u>新增</u>。

步驟 3 由於組名變成 Number 2，輸入類型 B，再按新增。

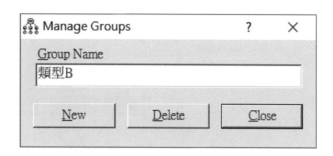

步驟 4 接著，輸入類型 C 後，按 Close。

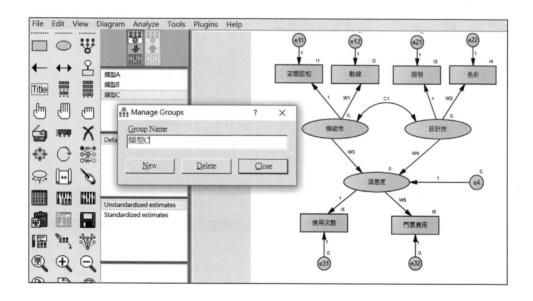

步驟 5　為了分別指定類型 B 及類型 C 的資料，從檔案的清單中選擇<mark>資料</mark><mark>檔</mark>。

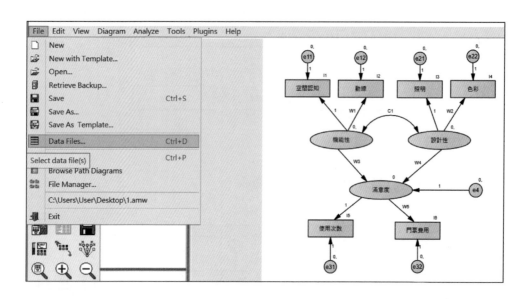

步驟 6　變成資料檔的畫面時，選擇類型 B，按一下<mark>檔名</mark>。

Group Name	File	Variable	Value	N
類型A	23-1.sav	類型	1	30/90
類型B	<working>			
類型C	<working>			

File **N**ame	**W**orking File	Help
View **D**ata	**G**rouping Variable	Group **V**alue
OK		Cancel

☐ **A**llow non-numeric data　　　☐ Assign **c**ases to groups

步驟 7　與類型 A 一樣，指定檔名 23–1，按一下 開啟（O）。

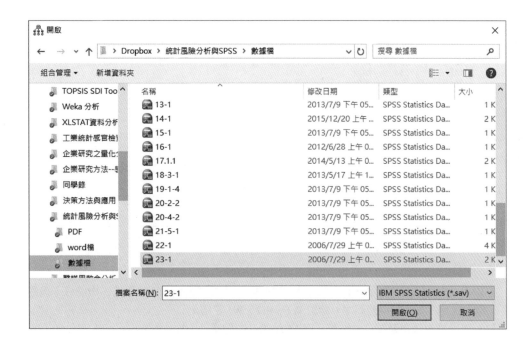

步驟 8　接著，與前面的步驟相同，設定分組變數名與組的識別值。於是，類型 B 的資料檔即如下加以設定。

步驟 9　類型 C 也與前面的步驟同樣設定。

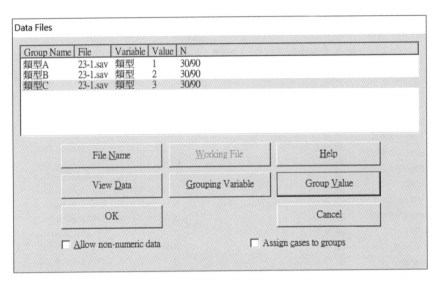

（註）為了對 3 個美術館 A、B、C 的潛在變數貼上「相同名稱」：設計性、機能性、滿意度，有需要「共同的設定」參數 W1、W2、W5 之值。

（註）可從檢視清單選擇介面性質，在 Misc Tab 中勾選「Allow different path diagram for different groups」。

23.6　於各類型中部分變更參數的指定

步驟 1　按一下類型 B 時，出現與類型 A 相同的路徑圖。

為了變更　機能性　→　滿意度　的參數名稱，在箭線上按兩下，將係數從 W3 變更為 W32。

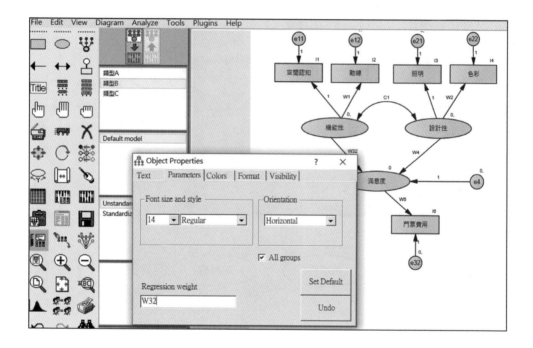

步驟 2 同樣，將 設計性 ➡ 滿意度 的參數按兩下，將係數從 W4 變更為 W42。

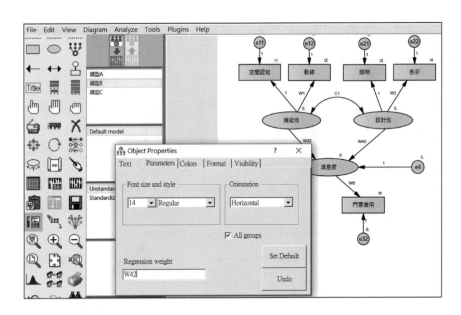

步驟 3 接著，將 機能性 設計性 的參數按兩下，將係數從 C1 變更為 C12。

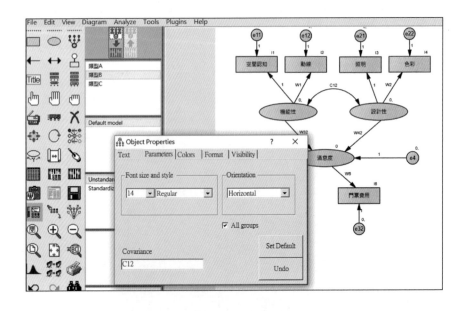

步驟 4　為了變更 機能性 的平均的參數名，在 機能性 之上按

兩下，將平均從 0 變更為 h12。

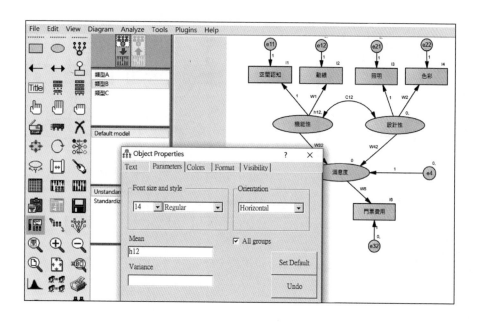

步驟 5　對 設計性 的平均也一樣從 0 變更為 h22。

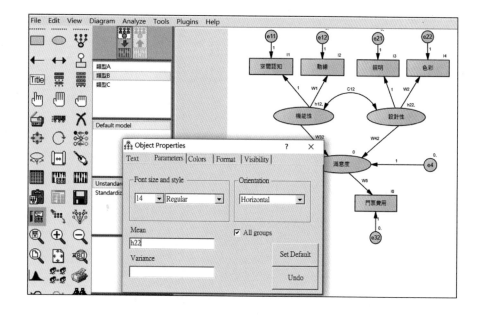

步驟 6　最後，為了變更 ⬭ 滿意度 的截距的參數名，在 ⬭ 滿意度 之上按兩下，將截距從 0 變更為 S12。

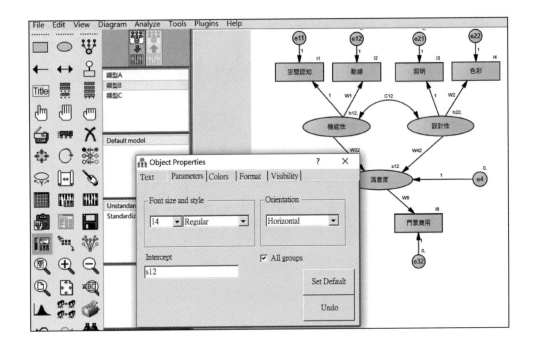

步驟 7　類型 B 的參數名變成如下。

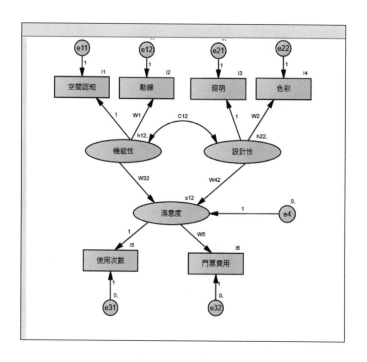

步驟 8　類型 C 的參數名變成如下。

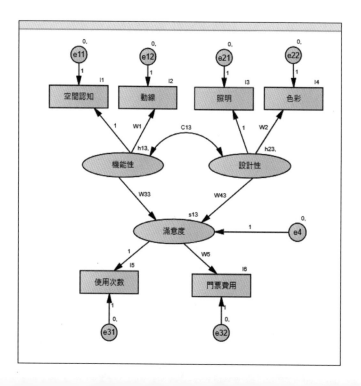

23.7　Amos 的執行

步驟 1　從分析的清單中，選擇計算估計值。

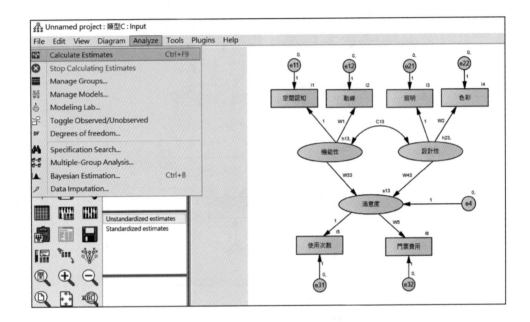

步驟 2 類型 A 的未標準化估計值，改變成如下的畫面。

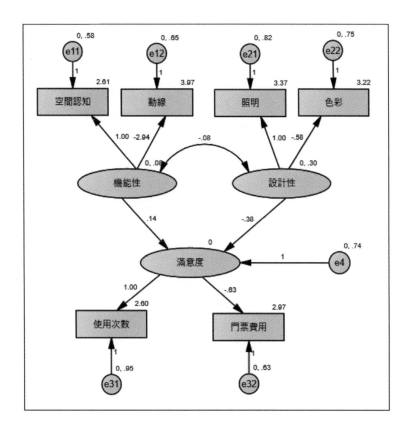

（注）xx 模式 1 變成 OK 模式 1 時，計算即已完成。

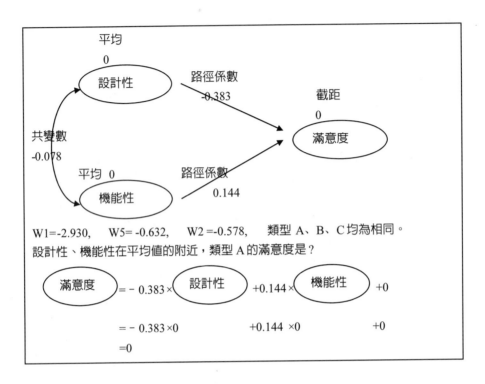

類型 A 的輸出結果

步驟 3　類型 B 的未標準化估計值變成如下。

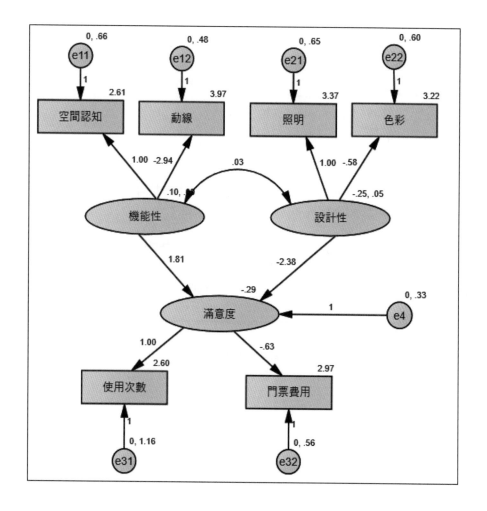

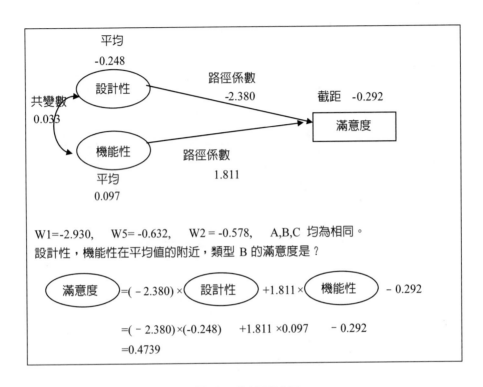

W1=-2.930,　 W5= -0.632,　 W2 = -0.578,　 A,B,C 均為相同。

設計性，機能性在平均值的附近，類型 B 的滿意度是？

滿意度 =(- 2.380) × 設計性 +1.811× 機能性 - 0.292

=(- 2.380) ×(-0.248)　 +1.811 ×0.097　 - 0.292

=0.4739

類型 B 的輸出結果

步驟 4　類型 C 未標準化估計值成為如下。

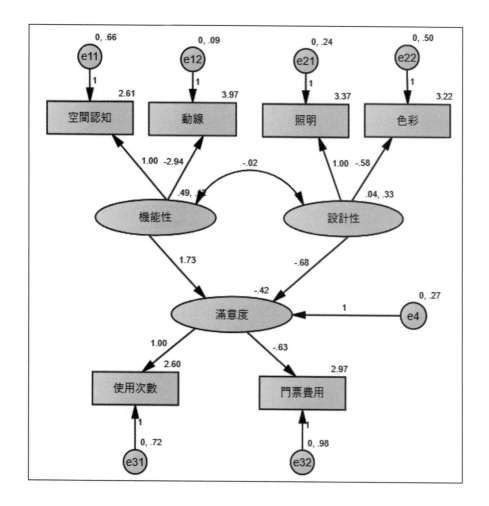

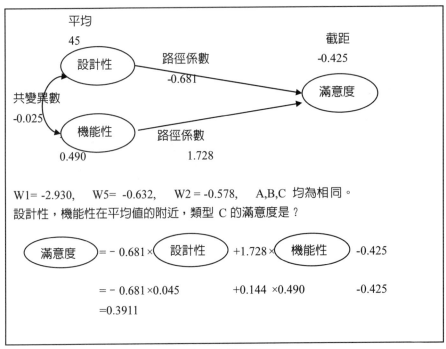

W1= -2.930,　　W5= -0.632,　　W2 = -0.578,　　A,B,C 均為相同。
設計性，機能性在平均值的附近，類型 C 的滿意度是？

滿意度 = － 0.681× 設計性 +1.728× 機能性 -0.425

= － 0.681 ×0.045 　　　　　+0.144 ×0.490 　　　　　-0.425

=0.3911

類型 C 的輸出結果

23.8　輸出結果的顯示

步驟 1　從檢視（V）的清單中，選擇正文輸出顯示。

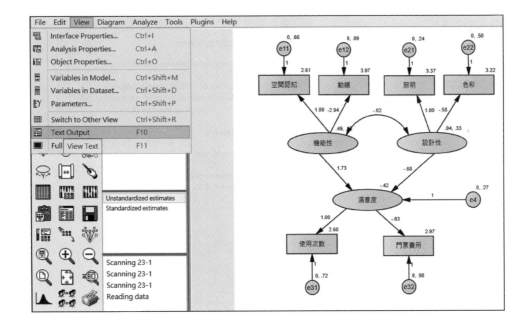

　　步驟 2　變成了如下的 Text 輸出畫面。首先，按一下 參數估計值，觀察輸出結果看看。

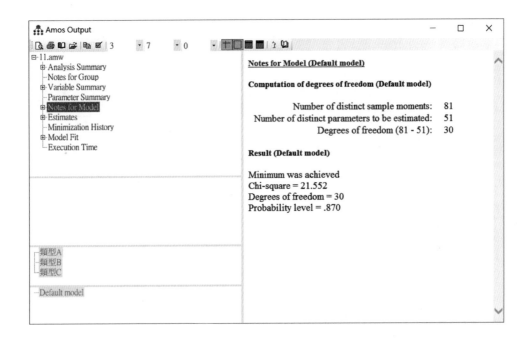

步驟 3　針對參數估計值如下顯示類型 A 的路徑係數。

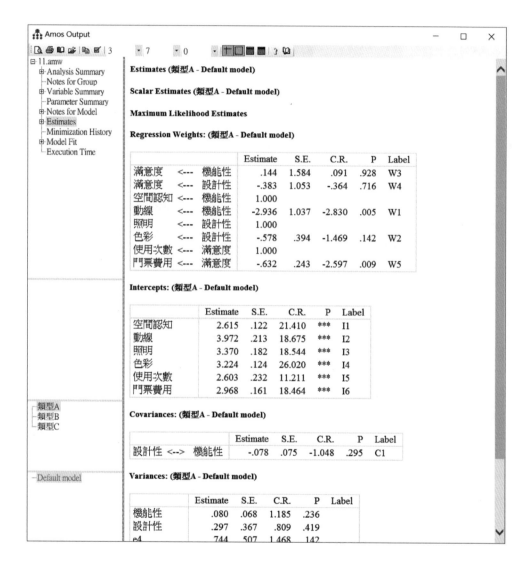

於下方點選類型 B，如下顯示類型 B 的路徑係數。

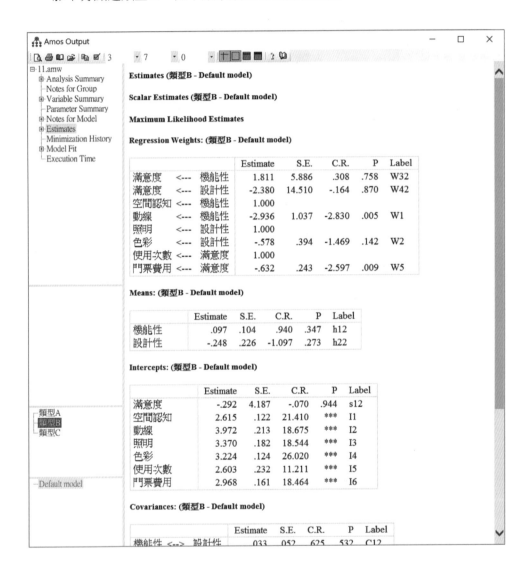

於下方點選類型 C，如下顯示類型 C 的路徑係數。

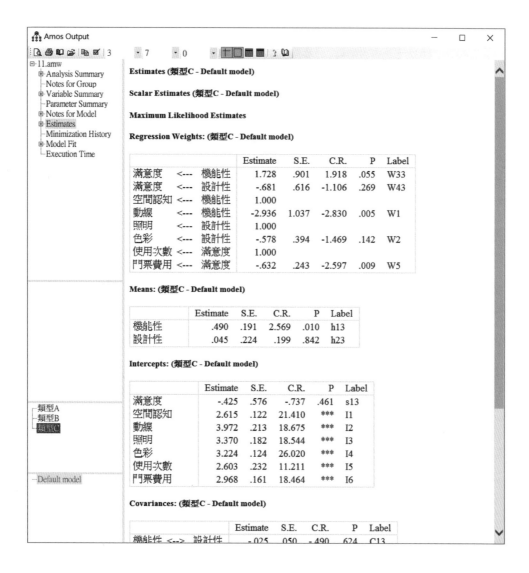

步驟 4　按一下模式適合度。如下顯示有關適合度的統計量。

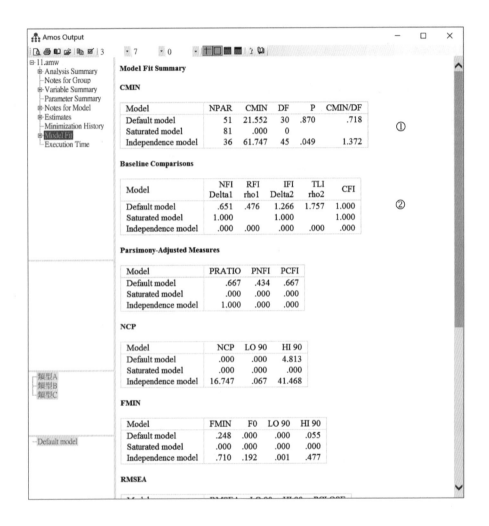

Amos Output　　　　　　　　　　　　　　　　　　　　— □ ✕

🗋 🖨 🔃 📋 ☑ ☑ | 3　　▾ 7　　▾ 0　　▾ | ╪ ☐ ▦ ▦ | ↕ ▦

□ 11.amw
　⊕ Analysis Summary
　─ Notes for Group
　⊕ Variable Summary
　─ Parameter Summary
　⊕ Notes for Model
　⊕ Estimates
　─ Minimization History
　⊕ Model Fit
　─ Execution Time

NCP

Model	NCP	LO 90	HI 90
Default model	.000	.000	4.813
Saturated model	.000	.000	.000
Independence model	16.747	.067	41.468

FMIN

Model	FMIN	F0	LO 90	HI 90
Default model	.248	.000	.000	.055
Saturated model	.000	.000	.000	.000
Independence model	.710	.192	.001	.477

RMSEA

Model	RMSEA	LO 90	HI 90	PCLOSE
Default model	.000	.000	.043	.965
Independence model	.065	.004	.103	.256

③

AIC

Model	AIC	BCC	BIC	CAIC
Default model	123.552	156.007		
Saturated model	162.000	213.545		
Independence model	133.747	156.656		

④

ECVI

Model	ECVI	LO 90	HI 90	MECVI
Default model	1.420	1.517	1.573	1.793
Saturated model	1.862	1.862	1.862	2.455
Independence model	1.537	1.346	1.821	1.801

HOELTER

Model	HOELTER .05	HOELTER .01
Default model	179	208
Independence model	89	101

類型A
類型B
類型C

Default model

一、輸出判讀

① CMIN 是卡方值

（顯著）機率 0.718 > 顯著水準 0.05

可以認為模式是合適的。

如（顯著）機率 < 顯著水準 0.05 時，可以認為模式是不適合的。

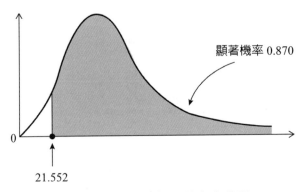

顯著機率 0.870

21.552

圖 23.8.1 自由變 30 的卡方分配

② NFI=0.651

NFI 接近 1 時，模式的適配可以說是好的。

NFI=0.651，因之模式的適配可以認為是好的。

③ RMSEA 未滿 0.05 時，模式的適配可以說是好的。

RMSEA 在 0.1 以上時，模式的適配可以說是不好的。

RMSEA=0.000，因之模式的適配可以認為是好的。

④ AIC 是赤池資訊量基準（Akaike's information criterion）。

AIC 小的模式是好的模式。

　　整體而言，模式是可用的，若模式的評估不佳，後續分析是值得存疑的，所得結果的可信度自然欠佳。

　　若想得出標準化估計值時，步驟如下：

步驟 1　想輸出標準化估計值時，從檢視（V）的清單中，選擇分析性質（A）。

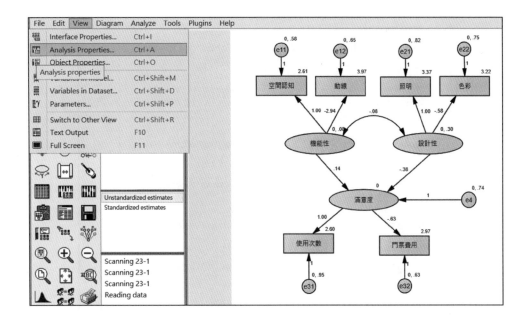

步驟 2　接著在輸出的 Tab 中，勾選標準化估計值，關閉分析性質的視窗後，即可計算估計值。

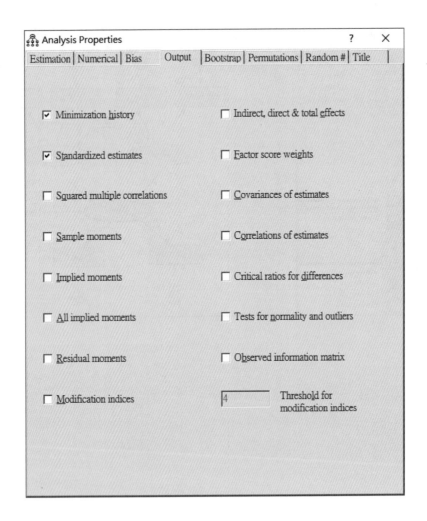

若想得出適合度指標時，切換到〔Model Fit〕的位置。

此表中出現有各種適合度指標，全部有數十個表〔[CMIN][RMR,GFI] [Baseline Comparison] 等〕，由上而下依序排列著模式的適合度指標（Model Fit），各指標顯示有〔預設（default）模式〕、〔飽和（saturated）模式〕、〔獨立（independence）模式〕，形成 1 行 1 指標的構造。

Amos Output

Model Fit Summary

CMIN

Model	NPAR	CMIN	DF	P	CMIN/DF
Default model	51	21.552	30	.870	.718
Saturated model	81	.000	0		
Independence model	36	61.747	45	.049	1.372

Baseline Comparisons

Model	NFI Delta1	RFI rho1	IFI Delta2	TLI rho2	CFI
Default model	.651	.476	1.266	1.757	1.000
Saturated model	1.000		1.000		1.000
Independence model	.000	.000	.000	.000	.000

Parsimony-Adjusted Measures

Model	PRATIO	PNFI	PCFI
Default model	.667	.434	.667
Saturated model	.000	.000	.000
Independence model	1.000	.000	.000

NCP

Model	NCP	LO 90	HI 90
Default model	.000	.000	4.813
Saturated model	.000	.000	.000
Independence model	16.747	.067	41.468

FMIN

Model	FMIN	F0	LO 90	HI 90
Default model	.248	.000	.000	.055
Saturated model	.000	.000	.000	.000
Independence model	.710	.192	.001	.477

RMSEA

此輸出中的〔預設模式（default model）〕是顯示分析者所製作的模式（未限制參數），意指 Amos Graphics 中所表示的路徑圖。變更模式的名稱或製作數個模式均能分析。相對的，〔飽和模式（saturated model）〕與〔獨立模式（independent model）〕，並非分析者在路徑圖上所製作的模式，而是 Amos 所設定的固定性模式。此 2 個模式，不管作成哪一個模式進行分析，一定會出現在〔適合度指標〕中。

所謂〔飽和模式〕因為是針對能估計的最大限度的參數，可配合用於分析之數據來進行估計之模式，可以想成是最適合數據的模式。

相對的，〔獨立模式〕是假定觀測變數間無相關的模式。因為只開放最少限度的參數模式，限制相當嚴格，可以想成對數據的適配並不佳的模式。

此處由上方列依序列舉適合度指標。演算式是登錄在 Amos 的使用手冊中，此處省略。於使用手冊中想調查演算式時，可在 Amos 清單的 [Help] 的 [內容] 中從 [搜尋] 去確認。

1. CMIN

表示 Chi–square（卡方）之值。可以確認模式是否適合於數據，完全適合於數據時，值為 0。相對的，不適合於數據時，CMIN 之值即變成無限大。〔飽和模式〕是完全適合於數據的模式，因此〔CMIN〕必定是 0。相對的，與數據的適配並不好的〔獨立模式〕卻是 61.747，知此模式中的 CMIN 之值在 0～61.747 之間。評估分析者所製作的模式與數據的一致性時，要看〔預設模式〕之行中的〔CMIN〕。

CMIN

Model	NPAR	CMIN	DF	P	CMIN/DF
Default model	51	21.552	30	.870	.718
Saturated model	81	.000	0		
Independence model	36	61.747	45	.049	1.372

此顯示有關卡方（Chi–square）檢定的資訊整理在 [CMJN] 表中。基於卡方檢定的結果判斷模式之適配性的好壞時可以使用。

2. 機率

這是使用〔CMIN〕之值與〔自由度〕之值所求出之顯著機率之值。顯著水準當作 0.05 時，顯著機率如在 0.05 以上時，即判斷該模式與數據一致；未滿 0.05 時，即判斷模式與數據不一致。但是，Chi–square 檢定容易受觀察值個數的影響，觀察值個數增多時，顯著機率之值即有接近 0 之傾向，因此，使用大量的數據進行分析時需注意。本章所列舉的模式因為顯著機率在 0.05 以上（P=0.870），所以可以判斷模式適合數據。

3.〔CMIN/DF〕

這是表示以自由度除 CMIN（Chi-square 值）所得之值。愈接近 0，可以判斷模式與數據的適配愈好。

4. Goodness of Fit Index: GFI

此值在 0~1 的範圍之間，值愈大（> 0.9），意謂該模式愈適合數據。與迴歸分析中的 R 平方可以同樣解釋。模式完全適合數據時值為 1，適配不佳時接近 0。如增加估計參數的個數時，〔GFI〕之值即增大（估計的參數個數為最多的飽和模式，它的〔GFI〕即為 1）。

另外，模式中所使用之觀測變數的個數也有影響的傾向，許多的觀測變數被列入模式時，〔GFI〕之值並未特別變大。

5. 已修正 GFI（Adjustment Goodness of Fit Index, AGFI）

修正估計之參數個數之影響後所求出之值，可以與迴歸分析中的已調整 r 平方同樣解釋。與〔GFI〕一樣，〔AGFI〕也是在 0~1 的範圍間，值愈大（> 0.9），意謂該模式愈適合數據。〔AGFI〕之值並不會超過〔GFI〕之值。

6. 簡效性已修正 GFI（PGFI）

修正估計之參數個數之影響後所求出之值。

7. 基準線配適指標（Baseline comparisons）

Baseline Comparisons

Model	NFI Delta1	RFI rho1	IFI Delta2	TLI rho2	CFI
Default model	.651	.476	1.266	1.757	1.000
Saturated model	1.000		1.000		1.000
Independence model	.000	.000	.000	.000	.0010

8.〔NFI Delta 1〕

也稱為標準化適合度指標，值是在 0 到 1 之範圍之間，值愈大可以判斷模式的適配愈好。此指標是〔預設模式〕的〔CMIN〕（本例是 22.552）除以〔獨立

模式〕的〔CMIN〕（本例是 61.747），再由 1 減去其值求出。因此〔預設模式〕愈適配數據時，分子即為 0，〔NFI Delta1〕即為 1。〔預設模式〕與〔獨立模式〕一樣適配不佳時，〔CMIN〕之值即變大，因此 $\dfrac{預設模式的CMIN}{獨立模式的CMIN}$ 之值即變大，〔NFI Delta1〕之值即變小而接近 0。但觀察值個數少時，即使模式適合卻有值不近似 1 的缺點。

9.〔RFI rho 1〕

也稱為相對適合度指標，值是在 0 與 1 之間，當數據完全適合模式時，值即為 1。〔NFI Delta 1〕是使用〔預設模式〕與〔獨立模式〕的〔CMIN〕之值來計算，但〔RFI rho 1〕是使用個模式的 [CMIN/DF] 之值來計算。

10.〔IFI Delta 2〕

也稱為增分適合度指標，值是在 0 與 1 之間，模式完全適合於數據時值即為 1。與〔NFI Delta 1〕或〔RFI rho1〕一樣，是以〔獨立模式〕作為基準進行比較之指標。

11.〔TLI rho 2〕

也稱為 Tucker–Lewis 指標，基本上值是在 0 與 1 之間，作為 the Bentler-Bonett mon–mormed fit index（NNFI）來說也是有名的指標，模式適合數據時，〔TLI rho 2〕接近 1。

12.〔CFI〕

也稱為〔比較適合度指標〕，值是取 0 到 1 的範圍，完全適合數據的模式，值即為 1。這是修正受到觀察值個數之影響的〔NFI Delta 1〕之缺點，以及有脫離 0 到 1 範圍〔TLI rho 2〕之缺點的一種指標。

13.〔PRATIO〕

這是 Parsimony ratio 的簡稱，也稱為簡效比。將〔預設模式〕的自由度除以〔獨立模式〕之自由度所得之值。此值於計算〔PNFI〕（簡效性已修正基準化適合度指標）或〔PCFI〕（簡效性已修正比較適合度指標）時可使用。〔自由度〕之值小時，意謂估計的參數個數多（估計參數個數最大限的飽和模式的自由度是 0）。此時，配適在用於分析的數據上雖然變佳，但考慮對其他數據的普遍

性時，不一定能說適配佳。而且，〔自由度〕之值較大者較為理想，評估〔預設模式〕的〔自由度〕大小之指標即為〔PRATIO〕。〔PRATIO〕之值愈小，表示估計的參數個數即愈多。

Parsimony-Adjusted Measures

Model	PRATIO	PNFI	PCFI
Default model	.667	.434	.667
Saturated model	.000	.000	.000
Independence model	1.000	.000	.000

以〔獨立模式〕為基準，判斷自己製作的〔預設模式〕已改善到何種程度作為目的的適合度指標，整理在〔簡效性已修正測度〕表中。另一方面，考慮模式對數據的普遍性時，最好是能對數據的適配佳且自由度大的模式為宜，因此，把考慮參數的個數後，檢討配適的好壞時所用的指標也加以整理。

14.〔PNFI〕

也稱為簡效性已修正基準化適合度指標。將〔PRATIO〕乘上〔NFI Delta 1〕所求出之值。

15.〔PCFI〕

也稱為簡效性已修正比較適合度指標。將〔PRATIO〕乘上〔CFI〕所求出之值。

16.〔NCP〕

也稱為非心參數估計值，是以〔CMIN–自由度〕所求得者。

NCP

Model	NCP	LO 90	HI 90
Default model	.000	.000	4.813
Saturated model	.000	.000	.000
Independence model	16.747	.067	41.468

分析者所製作的預設模式是真的模式時，CMIN 是漸進地服從卡方分配。因此，為了觀察它的非心度接近 0，而使用的 NCP 與 90% 的信賴區間的上限與下限，所整理成的表。

17.〔LO 90〕

這是〔NCP〕的 90% 信賴區間的下限之值。此值比 0 大時，0 即不存在於 90% 信賴區間之間，可以認為模式之適配性佳。

18.〔HI 90〕

這是〔NCP〕的 90% 信賴區間的上限之值。

19.〔FMIN〕

表示數據與模式之偏離。將〔（觀察值個數）－（組數）〕除以〔CMIN〕所得之值。

FMIN

Model	FMIN	F0	LO 90	HI 90
Default model	.248	.000	.000	.055
Saturated model	.000	.000	.000	.000
Independence model	.710	.192	.001	.477

〔NCP〕的 90% 上限之值。以基於非心度的指標來說，除〔NCP〕之外也有〔FMIN〕。將此指標作成一覽表者即為〔FMIN〕表。

20.〔RMSEA〕

基於非心度的指標來說，除前述的〔NCP〕、〔FMIN〕外，也有〔RMSEA〕。將此表整理成一覽表者即為〔RMSEA〕表，也稱為均方誤差平方根，以模式的〔自由度〕除〔F0〕來修正 F0 受到估計參數個數之影響此種缺點之一種指標。〔平均平方誤差平方根〕之值未滿 0.05 時，可以判斷模式的適配佳，值在 0.1 以上之模式適配差而不接受。0.05 到 0.1 的範圍被視灰色區域。

RMSEA

Model	RMSEA	LO 90	HI 90	PCLOSE
Default model	.000	.000	.043	.965
Independence model	.065	.004	.103	.256

21.〔LO90〕

　　〔RMSEA〕的 90% 信賴區間的下限值。

22.〔HI90〕

　　〔RMSEA〕的 90% 信賴區間的上限值。

23.〔PCLOSE〕

　　檢定〔RMSEA〕是否在 0.05 以下，而表示它的機率。此檢定中的顯著水準當作 0.05 時，如〔PCLOSE〕在 0.05 以上時，可以接受「〔RMSEA〕在 0.05 以下」的虛無假設。

24.〔AIC〕

　　也稱為赤池資訊量基準（Akaike's Information Criterion）。將所估計的〔參數個數〕放大 2 倍，加上〔CMIN〕後之值即為〔AIC〕。雖然考慮了真正的模式與符合模式之差，但真正的模式實際上是不明的，因此並無絕對的意義。設定數個模式，比較、選出最佳的模式時使用。〔AIC〕之值愈小的模式可以判斷較優（數個模式之比較請參閱第 7 章）。

AIC

Model	AIC	BCC	BIC	CAIC
Default model	123.552	156.007		
Saturated model	162.000	213.545		
Independence model	133.747	156.656		

　　依據資訊量基準觀察模式，適配性好壞之指標整理在 [AIC] 表中。雖然並無判斷配適性好壞的絕對性指標，但值愈小可以判斷愈適合，因此同時驗證數個模

式及比較時可以使用。

25.〔BCC〕

〔BCC〕比〔AIC〕對模式的複雜性施予嚴格的處罰，同時也是特別指定在動差構造分析中所開發的基準。主要在進行多母體的聯合分析時使用。

26.〔BIC〕

比較〔AIC〕〔BCC〕〔CAIC〕等時，〔BIC〕（Bayes 資訊量基準）對複雜的模式施予較大的處罰有此特徵。因此容易有選擇已簡效化模式（估計參數個數最少的模式）之傾向。並且，分析平均或截距的參數不明確之單一母體時，使用〔BIC〕。

27.〔CAIC〕

雖然不像〔BIC〕，但對於複雜的模式則比〔AIC〕或〔BIC〕施與較大的處罰。與〔BIC〕一樣，可用於比較以單一母體作為分析對象之模式。

28.〔ECVI〕

將〔AIC〕除以〔（觀察值個數）−（組數）〕所得之值。

ECVI

Model	ECVI	LO 90	HI 90	MECVI
Default model	1.420	1.517	1.573	1.793
Saturated model	1.862	1.862	1.862	2.455
Independence model	1.537	1.346	1.821	1.801

調整〔AIC〕與〔BCC〕之值的指標的〔ECVI〕與〔MECVI〕整理在〔ECVI〕表中。〔ECVI〕表中也顯示〔LO90〕與〔HI90〕，適合於考慮區間估計再進行模式之比較。

29.〔LO90〕

這是〔ECVI〕的 90% 信賴區間的下限值。

30.〔HI90〕

這是〔ECVI〕的 90% 信賴區間的上限值。

31.〔MECVI〕

將〔BCC〕除以〔（觀察值個數）−（組數）〕所得之值。

32.〔Hoelter 0.0 5〕

表示〔模式正確〕的假設在 5% 水準未被捨棄的最大觀察值個數。

33.〔Hoelter 0.01〕

表示〔模式正確〕的假設在 1% 水準未被捨棄的最大觀察值個數。

HOELTER

Model	HOELTER .05	HOELTER .01
Default model	179	108
Independence model	89	101

判讀卡方檢定之結果時，考慮分析所使用之觀察值個數時所使用。有需要注意卡方檢定之結果容易受觀察值個數影響。觀察值個數少時，不易否定虛無假設；觀察值個數多時，容易否定虛無假設。

34.〔Critical N：CN〕

這是 Hoelter 所提出的臨界數（critical N），能替研究者之樣本提出一個合理的解釋，使研究者知道所使用的樣本是否足夠用來估計模式的參數以及模式的適配，所以透過 CN 值的模式表示樣本數足以檢定模式。Hoelter 建議 CN > 200 是決定模式是否能夠接受的一個門檻。此可從 Hoelter 0.5 or 0.1 指標得出。

第 24 章　決策樹之風險分析

24.1　簡介

　　決策樹（decision tree）是一種用於監督學習的層次模型，透過這種特殊的層次模型，局部區域可以透過幾步的遞歸分裂予以確定。決策樹由一些內部決策節點和終端樹葉組成，所謂決策節點，即運行某個判斷／測試函數來確定數據是否符合條件，從而進行選擇分支地輸出。樹葉節點一般用來存放最終不可再分的數據集合，一個決策節點可以分支出一個樹葉節點，也可以分支出一個新的決策節點，從而繼續遞歸分裂。一個簡單的決策樹模型如下：

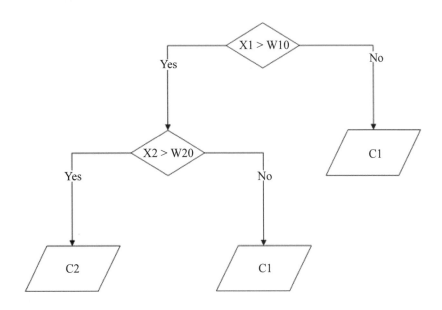

　　其中 C1、C2 表示數據集，也可以說是我們的分類，而菱形流程表示測試／判斷函數。每個測試函數的輸入可以是一個 d- 維向量。如果我們考慮的是一個數值數據，那麼分支一般是兩分的，比如這裡使用 X1 > W10 對數據進行兩分，一般最好的情況下每次都可以將數據集二分，因此如果存在 b 個區域／類別，那麼最好的情況可以透過對 b 求以 2 為底的對數次找到正確的區域，即 LOG2（b）。

決策樹學習也是資料採礦中一個普通的方法，在這裡每個決策樹都表示了一種樹型結構，是由它的分支來對該類型的對象依靠屬性進行分類。每棵決策樹可以依據被分割的來源數據庫進行數據測試，這個過程可以遞歸式地對樹枝進行修剪，當不能再進行分割或一個單獨的類可以被應用於某一分支時，遞歸過程就完成了。另外，隨機森林（random decision forests）分類器將許多決策樹結合起來，以提升分類的正確率。在機器學習中，隨機森林由許多的決策樹組成，因為這些決策樹的形成採用了隨機的方法，所以叫做隨機森林。隨機森林中的決策樹之間是沒有關聯的，當測試資料進入隨機森林時，其實就是讓每一棵決策樹進行分類，看看這個樣本應該屬於哪一類，最後取所有決策樹中分類結果最多的那類為最終的結果（每棵樹的權重要考慮進來）。所有的樹訓練都是使用同樣的參數，但是訓練集是不同的，分類器的錯誤估計採用的是袋外數據（OOB: out of bag）的辦法。因此隨機森林是一個包含多個決策樹的分類器，並且其輸出的類別是由個別樹輸出的類別的眾數而定。隨機森林既可以處理屬性為離散值的量，如 ID3 演算法，也可以處理屬性為連續值的量，比如 C4.5 演算法。另外，隨機森林還可以用來進行無監督學習聚類和異常點檢測。

決策樹同時也可以依靠計算條件概率來建構。決策樹如果依靠數學的計算方法可以取得更加理想的效果。數據庫如下所示：

$$(x, y) = (x_1, x_2, x_3, \cdots, x_k, y)$$

相關的變量 Y 表示我們嘗試去理解、分類，或者更一般化的結果。其他的變量 x_1、x_2、x_3 等則是幫助我們達到目的的變量。

決策樹有幾種產生方法：

1. 分類樹分析是當預計結果可能為離散類型（例如三種類的花、輸贏等）使用的概念。

2. 迴歸樹分析是當局功能變數結果可能為實數（例如房價、患者住院時間等）使用的概念。

3. CART 分析是結合了上述二者的一個概念。CART 是 Classification And Regression Trees 的縮寫。

4. CHAID（Chi-Square Automatic Interaction Detector）：卡方自動互動偵測器。CHAID 會在每個步驟中，選擇與因變數具有最強交互作用的自（預測）變數。如果每個預測變數的種類相對於應變數沒有明顯不同，則會合併這些種類。

決策樹的建立方法可從以下幾點著手：

1. 以資料母群體為根節點。

2. 進行單因素變異數分析等，找出變異量最大的變項作為分割準則。（決策樹每個葉節點即為一連串法則的分類結果。）

3. 若判斷結果的正確率或涵蓋率未滿足條件，則再依最大變異量條件長出分岔。

「決策樹狀結構」程序會建立樹狀結構的分類模式，它會根據自（預測值）變數的值，或因變數（目標）的預測值，將觀察值分成組別。這個程序會提供用於解釋與確認分類分析的驗證工具。

24.2 解析例

以下的數據是 60 位受試者針對腦中風與幾項要因所調查的結果。

表 24.2.1　腦中風與幾項要因

受試者 No.	腦中風	肥胖	喝酒	抽菸	血壓
1	無危險性	肥胖	不喝酒	抽菸	正常
2	無危險性	正常	不喝酒	抽菸	正常
3	有危險性	肥胖	喝酒	抽菸	高
4	有危險性	肥胖	不喝酒	抽菸	高
5	有危險性	正常	喝酒	抽菸	高
6	無危險性	肥胖	喝酒	抽菸	正常
7	有危險性	正常	喝酒	抽菸	高
8	有危險性	肥胖	不喝酒	抽菸	高
9	有危險性	正常	喝酒	抽菸	高
10	有危險性	肥胖	喝酒	抽菸	正常
⋮	⋮	⋮	⋮	⋮	⋮
59	無危險性	正常	不喝酒	抽菸	高
60	無危險性	正常	不喝酒	抽菸	正常

　　想分析的是想從肥胖、喝酒、抽菸、血壓的條件預測腦中風的可能性。此時
想利用決策樹分析看看。利用數據所繪製的決策樹的圖形如下。

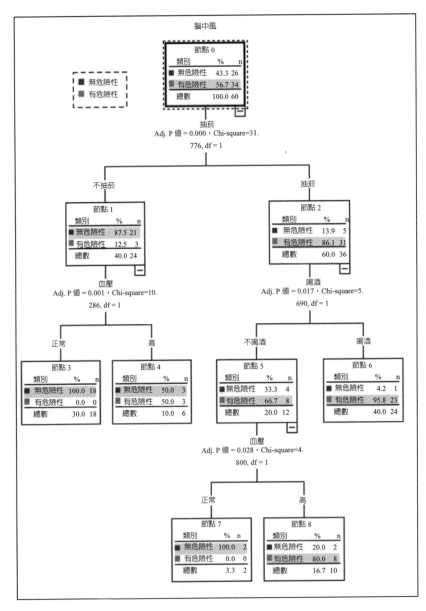

圖 24.2.1　決策樹

【數據輸入類型】

　　表 2.1 的數據如下輸入後，將想預測的受試者的數據，追加於最後的觀察值的下方。

【資料視圖】

	腦中風	肥胖	喝酒	抽菸	血壓	var	var	var	var
1	0	1	0	0	0				
2	0	0	0	0	0				
3	1	1	1	1	1				
4	1	1	0	1	1				
5	1	0	1	1	1				
6	0	1	1	0	0				
7	1	0	1	1	1				
8	1	1	0	1	1				
9	1	0	1	1	1				
10	1	1	1	1	0				
11	1	1	1	1	1				
12	1	1	1	1	0				
13	1	1	1	0	1				
14	1	0	1	0	1				

【變數視圖】

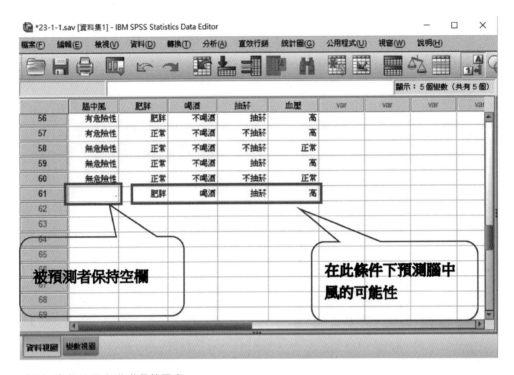

（註）變數的尺度當成名義尺度。

腦中風有危險性當成 1，無危險性當成 0；肥胖當成 1，正常當成 0；有喝酒當成 1，不喝酒當成 0；有抽菸當成 1，不抽菸當成 0；血壓高當成 1，血壓正常當成 0。

24.3　決策樹的分析步驟

一、統計處理步驟

步驟 1　數據輸入後，按一下分析（A），從清單中選擇分類（Y），點選樹（R）。

（註）出現以下畫面，按確定。

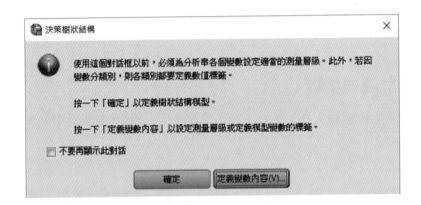

步驟 2　出現以下畫面後，將腦中風移入因變數（D）中，將肥胖、喝酒、抽菸、血壓移入自變數（C）中。

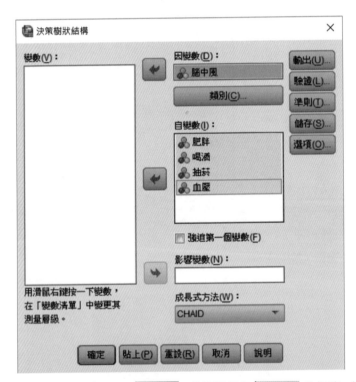

（註）此處是將變數的尺度當作名義 🔴名義(N) 。若照樣當作 📏尺度 分析時，輸出的是平均與標準差，而非交叉表。

步驟 3　接著，按一下準則（T），出現如下畫面。於上層節點（P）輸入 10，於子節點（H）輸入 2。

（註）節點較少時，上層節點設定為 10，子節點設定為 2。

步驟 4　按一下 CHAID，變成如下畫面，照樣按繼續。

步驟 5　按一下驗證（L），出現如下畫面，照樣按繼續。

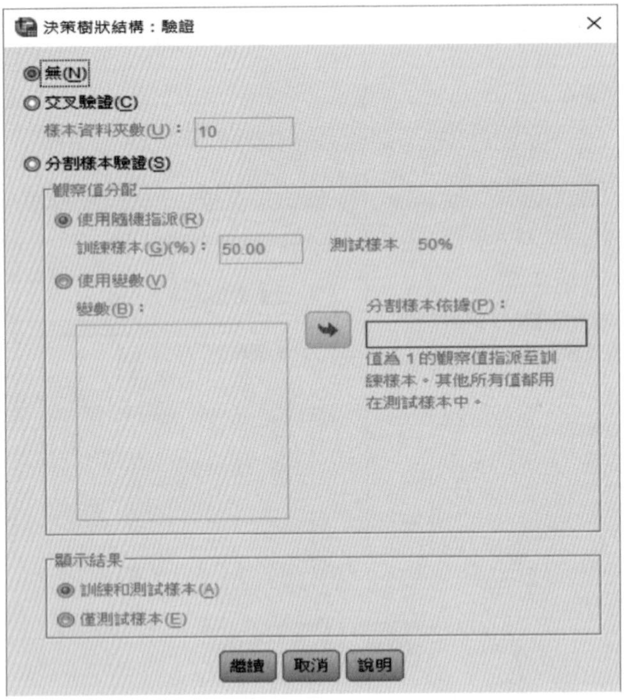

步驟6　按一下儲存（S），出現如下畫面，勾選預測值（P）與預測機率（R）。

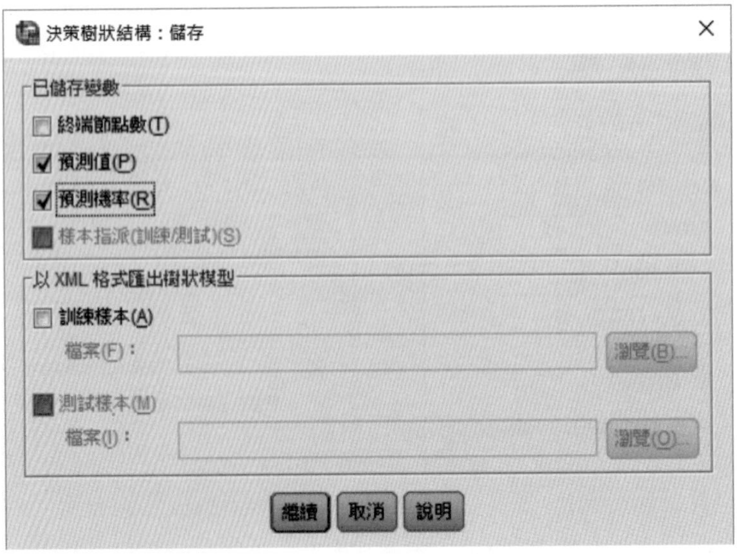

步驟 7　按一下 輸出（U），出現如下畫面。

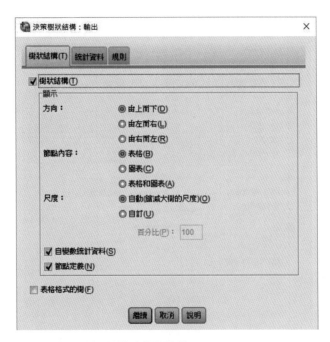

（註）此處可以控制或不顯示樹狀結構的初期狀態。

步驟 8　按一下統計資料，也勾選分類表（C）。

步驟 9　按一下規則，出現如下畫面，勾選產生分類規則（G），按繼續。

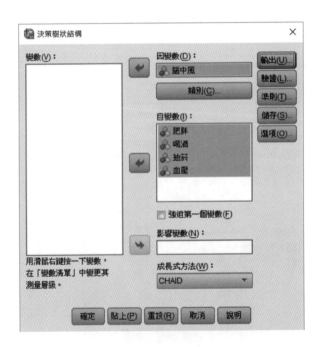

步驟 10　回到如下畫面後，最後按確定。

1. SPSS 輸出 (1)

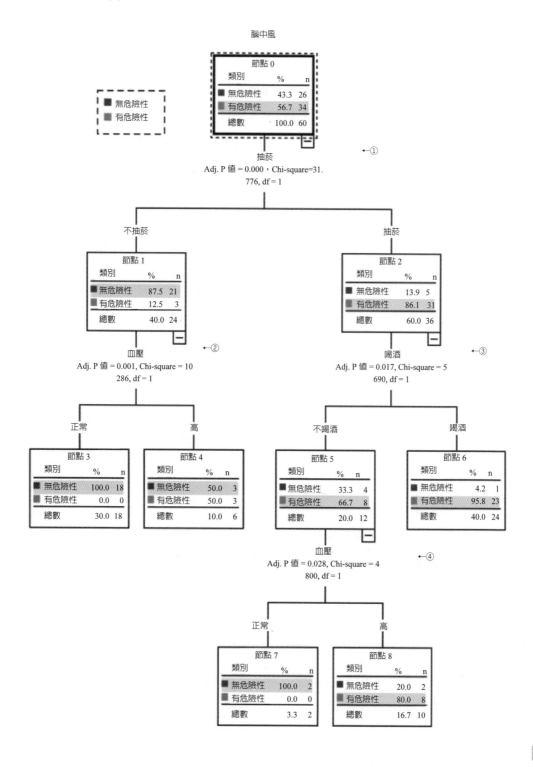

2. 輸出結果判讀 (1)

①觀察決策樹時，腦中風的下方有抽菸，因此可知與腦中風最有關聯的要因是抽菸。

②在抽菸的下方有抽菸組與不抽菸組。

在不抽菸組的下方即爲血壓。這是調查以下事項。

在不抽菸組中，與腦中風有關聯的變數是肥胖、喝酒、血壓中的何者呢？

因此，從中可知，在不抽菸組中，與腦中風最有關聯的要因是血壓。

③在右側抽菸組的下方有喝酒。這是調查以下事項。

在抽菸組中，與腦中風有關聯的變數是肥胖、喝酒、血壓中的何者呢？

因此，從中可知在抽菸組中，與腦中風最有關聯的要因是喝酒。

④在不喝酒組的下方有血壓。這是調查以下事項。

在抽菸＋不喝酒組中，與腦中風有關聯的變數是肥胖、血壓中的何者呢？

因此，從中可知，在抽菸＋不喝酒組中，與腦中風最有關聯的要因是血壓。

3. SPSS 輸出 (2)

模型摘要

規格	成長方法	CHAID
	因變數	腦中風
	自變數	肥胖，喝酒，抽菸，血壓
	驗證	無
	最小樹深度	3
	母節點中的觀察值數目下限	10
	子節點中的觀察值數目下限	2
結果	包括自變數	抽菸，血壓，喝酒
	節點數目	9
	終端機節點數目	5
	厚度	3

〔終端節點數目〕是 5，此即無法再向下展開的節點數目共有 5 個。〔包含自變數節點數目〕是 9，指輸出中所有的節點數包含因變數與自變數在內。〔厚

度〕是 3，指展開的層次是 3。

	腦中風	肥胖	喝酒	抽菸	血壓	PredictedValue	PredictedProbability_1	PredictedProbability_2
52	0	0	0	0	0	0	1.00	.00
53	1	1	1	1	1	1	.04	.96
54	0	0	0	1	1	1	.20	.80
55	1	0	1	1	1	1	.04	.96
56	1	1	0	1	1	1	.20	.80
57	1	0	0	0	1	0	.50	.50
58	0	0	0	0	0	0	1.00	.00
59	0	0	0	1	1	1	.20	.80
60	0	0	0	0	0	0	1.00	.00
61	.	1	1	1	1	1	.04	.96
62								
63								

4. 輸出結果的判讀 (2)

No.61 的預測值是 1，預測機率是 0.96，說明腦中風機率高。

參考文獻

1. 決策樹－維基百科 https://zh.wikipedia.org/wiki/%E5%86%B3%E7%AD%96%E6%A0%91

2. 建立決策樹結構－IBM http://www.ibm.com/support/knowledgecenter/zh-tw/SSLVMB_22.0.0/com.ibm.spss.statistics.help/spss/tree/idh_idd_treegui_main.htm

第25章　比率檢定之風險分析

25.1　獨立性的檢定

　　以下的資料是針對有睡眠障礙者 25 人，無睡眠障礙者 25 人，就「有無興趣、一週的工作時數、有無配偶者、職場中有無可以商談的人、是否滿意職務內容」等，進行意見調查後所得的結果。

表 25.1.1

No.	睡眠障礙	興趣	工作時數	配偶者	職場商談	職務內容
1	1	2	2	2	2	2
2	1	1	1	1	1	1
3	1	1	1	2	1	2
4	1	2	2	2	1	2
5	1	1	2	2	2	1
:	:	:	:	:	:	:
:	:	:	:	:	:	:
46	2	1	1	2	1	2
47	2	2	1	1	1	1
48	2	1	1	1	1	2
49	2	1	1	2	2	1
50	2	2	2	2	1	1

一、想分析的事情是？

1. 想將睡眠障礙者與興趣的關係整理成表。
2. 想調查睡眠障礙者與興趣之間有無關聯。

　　此時，可以考慮如下的統計處理。

【統計處理 1】

　　將睡眠障礙取成直行（欄），興趣取成列，製作交叉表。

【統計處理 2】

　　就睡眠障礙與興趣，進行獨立性的檢定。

（註）A 與 B 獨立 ⟺ A 與 B 無關聯

二、撰寫論文時

　　1. 交叉表時，將 SPSS 輸出照樣貼上。

興趣 * 睡眠障礙交叉表

個數

		睡眠障礙		總和
		有	無	
興趣	無	16	8	24
	有	9	17	26
總和		25	25	50

　　2. 獨立性檢定時，

　　「……進行獨立性檢定之後，卡方值是 5.128，顯著機率 0.024，得知睡眠障礙與興趣之間有關聯。因此，……」

　　3. 獨立性檢定的檢定統計量由於服從卡方分配，因此將此檢定寫成卡方檢定的人也很多。

【數據輸入類型】

表 25.1.1 的資料，如下輸出：

	睡眠障礙	興趣	工作時數	配偶者	職場商談	職務內容
1	1	2	2	2	2	2
2	1	1	1	1	1	1
3	1	1	1	2	1	2
4	1	2	2	2	1	2
5	1	1	2	2	2	1
6	1	1	1	2	1	1
7	1	1	2	2	2	1
8	1	2	2	1	2	1
9	1	2	2	2	1	2
10	1	1	2	2	1	1
11	1	2	2	1	2	2
12	1	1	1	1	2	1
13	1	1	2	2	2	2
14	1	1	2	1	2	1
15	1	2	2	2	2	2
16	1	2	1	1	2	1
17	1	1	2	2	2	2
18	1	2	2	2	2	2
19	1	2	2	1	1	1
20	1	1	1	2	2	2
21	1	1	1	1	2	2
22	1	1	2	2	2	2
23	1	1	2	2	2	2
24	1	1	1	2	2	2
25	1	1	2	1	2	2
26	2	2	2	2	2	2
27	2	2	1	2	1	1
28	2	2	2	1	1	2
29	2	2	2	2	2	2

資料檢視／變數檢視

	睡眠障礙	興趣	工作時數	配偶者	職場商談	職務內容
1	有	有	以上	無	無	無
2	有	無	未滿	有	有	無
3	有	無	未滿	無	有	無
4	有	有	以上	無	有	無
5	有	無	以上	無	無	有
6	有	無	未滿	無	有	有
7	有	無	以上	無	無	有
8	有	有	以上	有	無	有
9	有	有	以上	無	有	無
10	有	無	以上	無	有	有
11	有	有	以上	有	無	無
12	有	無	未滿	有	無	有
13	有	無	以上	無	無	無
14	有	無	以上	有	無	有
15	有	有	以上	無	無	無
16	有	有	未滿	有	無	有
17	有	無	以上	無	無	無
18	有	有	以上	無	無	有
19	有	有	以上	有	有	有
20	有	無	未滿	無	無	無
21	有	無	未滿	有	無	無
22	有	無	以上	無	無	無
23	有	無	以上	無	無	無
24	有	無	未滿	無	無	無
25	有	無	以上	有	無	無
26	無	有	以上	無	無	無
27	無	有	未滿	無	有	有
28	無	有	以上	無	無	無
29	無	有	以上	無	無	無

資料檢視／變數檢視

25.2 SPSS 分析步驟

步驟 1 表 25.1.1 的資料輸入時，將分析（A）的清單如下，選擇描述性統計資料（E），從中選擇交叉表（C）。

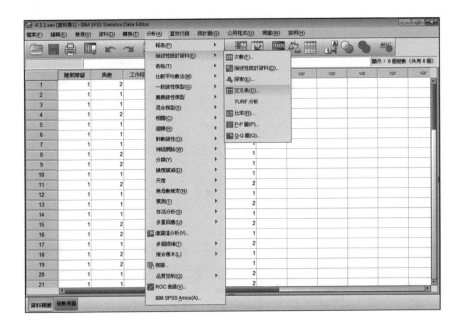

步驟 2　變成交叉表的畫面時，將睡眠障礙移到直欄（C）的方格，將興趣移到列（O）的方框中，勾選顯示叢集長條圖（B）後，按一下統計資料（S）。

步驟 3　變成以下的畫面時，勾選卡方（H），按繼續。

步驟 4 回到以下畫面時，按 確定 。

1. SPSS 輸出──交叉表

興趣 * 睡眠障礙交叉表

個數

		睡眠障礙		總和
		有	無	
興趣	無	16	8	24
	有	9	17	26
總和		25	25	50

←①

（註）想改變交叉表的順序，譬如「有」、「無」的順序時，可利用步驟 4 的格式。

卡方檢定

	數值	自由度	漸近顯著性（雙尾）	精確顯著性（雙尾）	精確顯著性（單尾）	
Pearson 卡方	5.128[b]	1	.024			←②
連續性校正 [a]	3.926	1	.048			
概似比	5.220	1	.022			
Fisher's 精確檢定				.046	.023	←③
線性對線性的關聯	5.026	1	.025			
有效觀察值的個數	50					

a. 只能計算 2×2 表格

b.0 格（0%）的預期個數少於 5。最小的預期個數為 12.00。

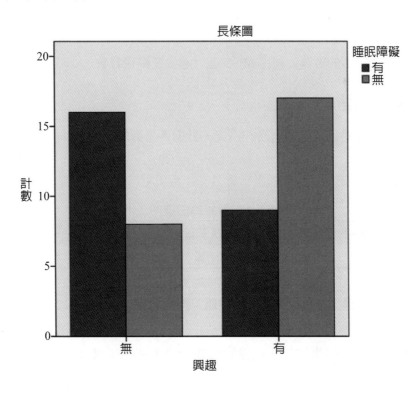

長條圖

2. 輸出結果判讀——交叉表

(1) 睡眠障礙與興趣的交叉表

有睡眠障礙的人，似乎未具有興趣的人較多。

相反的，沒有睡眠障礙的人，似乎都具有興趣。

(2) 獨立性的檢定

假設 H_0：睡眠障礙與興趣是獨立

顯著機率 0.024 < 顯著水準 0.05

因此，假設 H_0 被否定。睡眠障礙與興趣之間有某種的關聯。

(3) Fisher 的直接法

假設 H_0：睡眠障礙與興趣是獨立的

顯著機率 0.046 < 顯著水準 0.05

因此，假設 H_0 被否定。睡眠障礙與興趣之間有某種的關聯。

25.3 適合度檢定

使用表 25.3.1 的數據，利用 SPSS 進行適合度檢定看看。

一、數據類型

以下的數據是為了遺傳因素的研究，針對黃果蠅的子孫 1204 隻進行觀察的結果。

表 25.3.1 黃果蠅的遺傳法則

野性型雌	野性型雄	白眼雄
592 隻	331 隻	281 隻

黃果蠅在理論上可以說是以**野性型雌：野性型雄：白眼雄 = 2：1：1** 的比例繁衍子孫。

因此，想知道的事情是「理論的比 2：1：1 與利用實驗的比 592：331：281」在統計上是否相同。

二、數據輸入類型

此數據與前節的數據非常相似。因此，數據輸入的步驟相同，如參照前節的步驟時，應可安心的輸入。

變數果蠅的地方將類型從數字變成字串。

在變數果蠅數的地方，先進行加權，其作法如下。

資料（D）→加權觀察值（W）。

	果蠅	果蠅數	var	var	var	var	var	var	var	var	var	var
1	野性型雌	592										
2	野性型雄	331										
3	白眼雄蠅	281										
4												
5												
6												
7												
8												
9												
10												
11												
12												
13												
14												
15												
16												
17												
18												
19												
20												
21												

三、統計處理的步驟

　　步驟 1　統計處理是從前面的狀態按一下分析（A）開始的。進行適合度檢定時，從清單之中按一下無母數檢定（N），從歷史對話紀錄（L）中選擇卡方。

步驟2　接著，從右側的子清單選擇 卡方分配（C）時，出現如下的對話框。

步驟3　按一下果蠅數變成藍色之後，再按一下 ➡。其次，按一下 期待值 的數值（V），變成⊙數值（V）。

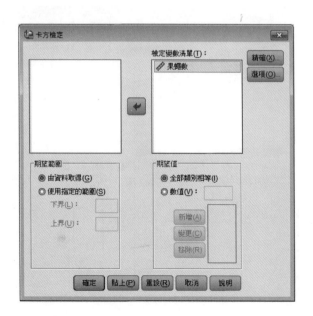

步驟 4　期待次數是 2：1：1，事實上必須以 1：1：2 的順序輸入。因此，首先從鍵盤輸入 1 到數值（V）的右框中。

步驟 5　其次，按一下期待次數之中的新增（A）。1 移到新增（A）的右框中。

步驟 6　接著，從鍵盤輸入 1 到數值（V）的右框中，按一下新增（A）時……。

步驟 7　最後以鍵盤將 2 輸入到數值（V）的右框中，按一下新增（A）。像這樣，縱向變成 1，1，2 時，按一下確定即告結束。

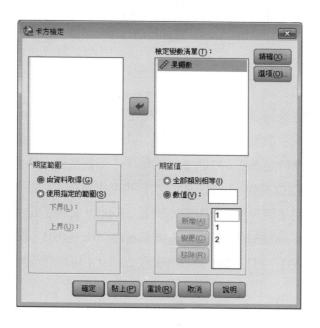

1. SPSS 輸出

表 25.3.1 的適合度檢定，輸出如下：

NPar 檢定

卡方檢定　　　　　←①

次數分配表

果蠅數

	觀察個數	期望個數	殘差
281	281	301.0	-20.0
331	331	301.0	30.0
592	592	602.0	-10.0
總和	1204		

←②

檢定統計量

	果蠅數
卡方 [a]	4.485
自由度	2
漸近顯著性	.106

←③

a.0 個格（.0%）的期望次數少於 5。最小的期望格次數為 301.0。

2. 輸出結果的判讀

①此卡方檢定是適合度檢定。適合度檢定是檢定

「假設 H_0：實測次數與期待次數相同」以此檢定來判斷是否能捨棄此假設。

②當輸入數據時是 592、331、281 的順序，但觀察輸出結果時，則是 281、331、592 按小的順位排列。因此，期待次數也必須要按 1、1、2 輸入。

③觀察輸出結果時，檢定統計量卡方是 25.485，此時的顯著機率是 0.106。因此，顯著水準 $\alpha = 0.05$ 時，依據顯著機率 $0.106 > \alpha = 0.05$，假設無法捨棄。換言之，實測次數 592：331：281 與期待次數 2：1：1 可以想成相同。

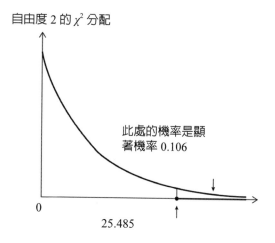

　　＊使用 Exact Tests（Option）時，即可求出精確顯著機率。此 Exact Tests 不需要對期待次數加上條件，經常可以利用。

25.4　常態性檢定

　　Shapiro-Wilk test 是檢定數據是否服從常態分配的方法。試以下面的數據為例，檢定身高是否服從常態分配。此處分成

　　1. 樣本的檢定：檢定身高是否服從常態分配的方法。

　　2. 樣本的檢定：檢定男性或女性的身高是否服從常態分配的方法。

　　1 樣本的檢定時，將身高想成 1 個變數來進行檢定。在相關迴歸分析或多變量分析中，幾乎是使用 1 樣本的檢定。2 樣本的檢定是設想將身高分成男女 2 群來檢定時可以應用。

一、資料輸入

　　試輸入數據如下。

	性別	身高	胸圍	肚圍	臀圍	體重	var	var	var	var	var	var
1	1.00	1782	967	884	1018	79.8						
2	1.00	1715	858	719	877	58.0						
3	1.00	1782	848	743	915	67.6						
4	1.00	1778	911	766	940	69.2						
5	1.00	1684	788	649	872	56.2						
6	1.00	1742	832	667	868	53.4						
7	1.00	1823	875	728	925	67.8						
8	1.00	1779	787	695	890	59.4						
9	1.00	1800	874	702	921	67.4						
10	1.00	1695	869	729	879	59.0						
11	1.00	1821	923	779	918	70.2						
12	1.00	1793	899	692	926	64.6						
13	1.00	1820	834	705	932	65.8						
14	1.00	1809	935	861	1013	82.2						
15	1.00	1751	861	723	923	65.0						
16	1.00	1779	952	754	949	72.6						
17	1.00	1685	855	708	924	65.0						
18	1.00	1797	853	734	907	65.4						
19	1.00	1792	877	752	906	64.8						
20	1.00	1842	848	710	913	63.0						

二、分析步驟

步驟 1　　選擇分析（A）→描述性統計資料（E）→探索（E）。

	性別	身高	胸圍
1	男	1782	967
2	男	1715	858
3	男	1782	848
4	男	1778	911
5	男	1684	788
6	男	1742	832
7	男	1823	875
8	男	1779	787

步驟2 1樣本檢定時，將身高移到「因變數清單」，因變數即使數個也行。
2 樣本檢定時，將身高移到「因變數清單」，性別移到「因素清單」中。又因變
數即使數個也行。

（1 樣本）

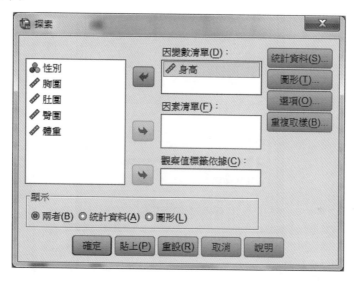

（2 樣本）

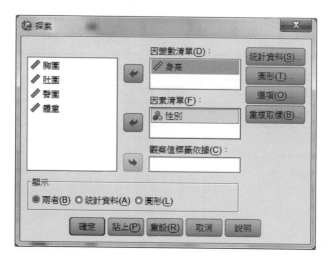

步驟 3　1 樣本檢定或 2 樣本檢定均按 圖形（T），出現「探索：圖形」，再勾選 常態機率圖附檢定（O），之後按 繼續。

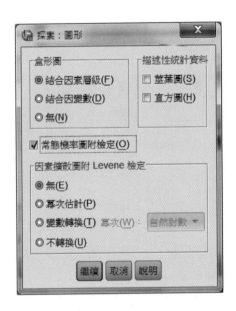

三、輸出結果

（1 樣本時）

常態檢定

	Kolmogorov-Smimov 檢定 [a]			Shapiro-Wilk 常態性檢定		
	統計量	自由度	顯著性	統計量	自由度	顯著性
身高	.072	110	.200*	.987	110	.357

a.Lilliefors 顯著性校正
*. 此為真顯著性的下限。

（2 樣本時）

常態檢定

性別		Kolmogorov-Smimov 檢定 [a]			Shapiro-Wilk 常態性檢定		
		統計量	自由度	顯著性	統計量	自由度	顯著性
身高	男	.087	77	.200*	.987	77	.631
	女	.105	33	.200*	.975	33	.632

a.Lilliefors 顯著性校正

*. 此為真顯著性的下限。

1 樣本時：從 Shapiro-Wilk test 檢定（H_0：數據服從常態分配）中得知，$p = 0.357$，大於 0.05，因此不能說是不服從常態分配。換言之，認為服從常態分配也無錯誤。

2 樣本時：從 Shapiro-Wilk test 檢定中（H_0：數據服從常態分配）得知，男的 $p = 0.631$，女的 $p = 0.632$，兩者均在 0.05 以上，因此不能說是不服從常態分配。換言之，認為服從常態分配也行。

若以直方圖表現身高時，不管 1 樣本或 2 樣本也可看出服從常態分配。

1 樣本時：

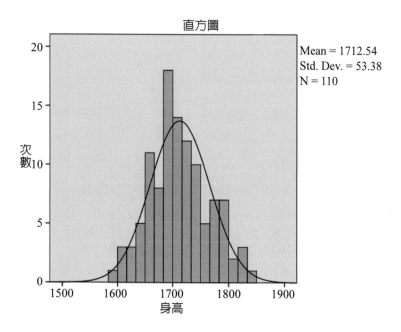

直方圖

Mean = 1712.54
Std. Dev. = 53.38
N = 110

2 樣本時：

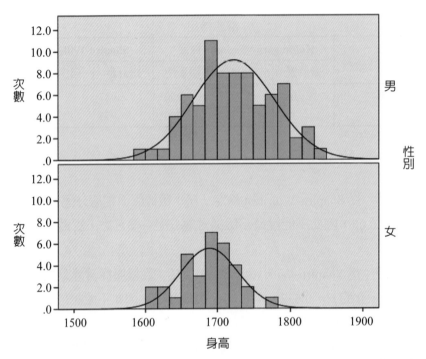

（註）欲檢定單一樣本之數據是否服從常態或其他分配，可使用 [無母數統計] 的方法，按
　　　如下方式進行，所得出之結論亦同。

　　步驟 1　　選擇無母數統計（N），點選歷史對話記錄（L），再點選單一樣本 K-S 檢定 (1)。

步驟 2　檢定分配選擇常態（N），點選精確（X）後，按繼續。

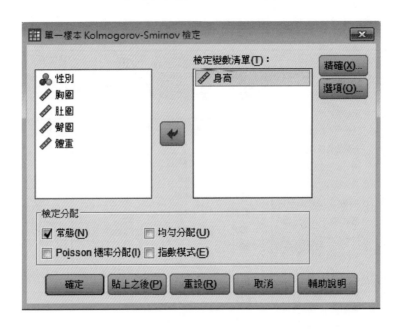

得出 p=0.622 大於 0.05，因此不能說是不服從常態分配。換言之，認為服從常態分配也無錯誤。

單一樣本 Kolmogorov-Smirnov 檢定

		身高
個數		110
常態參數 [a,b]	平均數	1712.54
	標準差	53.380
最大差異	絕對	.072
	正的	.064
	負的	-.072
Kolmogorov-Smirnov Z 檢定		.753
漸近顯著性（雙尾）		.622
精確顯著性（雙尾）		.597
點機率		.000

a. 檢定分配為常態。

b. 根據資料計算。

25.5　McNemar 檢定

在母體方面，比率上有無差異，以統計的驗證方法來說，在無對應之比率的比較方面，有卡方檢定，但在有對應之比率的比較方面，有 McNemar's 檢定或 Cochran 的 Q 檢定。McNemar's 是有對應的成對比較，而 Cochran 的 Q 是有對應的 3 組以上之比較。

在無小孩也不與雙親同住的 20 歲夫婦中，分別向夫與妻雙方打聽，如果與雙親同住時，希望與「夫的雙親」同住？還是希望與「妻的雙親」同住？想比較與「夫的雙親」及「妻的雙親」同住之比率。由於是從相同的夫妻收集資料，所以是有對應的資料。

一、資料輸入形式

輸入各變數的資料後，如圖所示。「夫」與「妻」的 0 表示希望與「妻的雙親」同住，1 表示希望與「夫的雙親」同住。

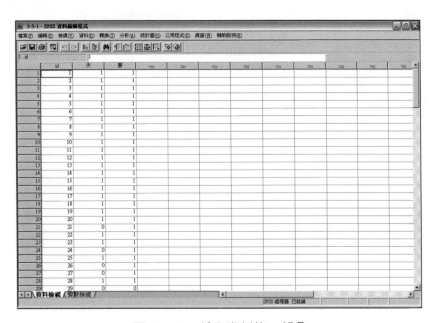

圖 25.5.1　輸入資料的一部分

二、分析的步驟

　　為了觀察「夫」希望與「夫的雙親」同住的人數與比率，以及「妻」希望與「夫的雙親」同住的人數與比率，按分析（A）→描述性統計分析（E）→交叉表（C）進行，將「夫」與「妻」投入到交叉表的直欄與列中。並且，在「格」的選項中選擇總和的百分比。另外，比較「夫」與「妻」希望與「夫的雙親」同住的比率，在「統計資料」選項中選擇 McNemar。

　　以其他的步驟來說，按分析（A）→無母數檢定（N）進行，選擇檢定的種類再執行的方法也有。如果是 McNemar 檢定時，進入到「成對樣本的檢定」，投入 2 個變數後，選擇 McNemar。

　　步驟 1　點選分析（A）→描述性統計分析（E）→交叉表（C）

步驟 2　將「夫」與「妻」投入到交叉表的直欄與列中。

步驟 3　點選統計資料（S），勾選 McNemar。

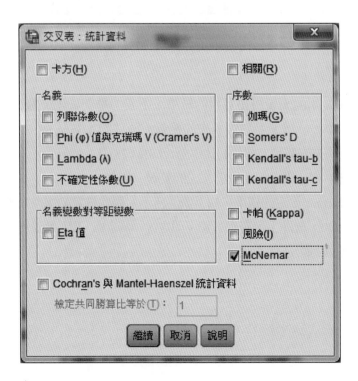

步驟4　點選儲存格（E），點選百分比中的總計，之後按繼續，再按確定。

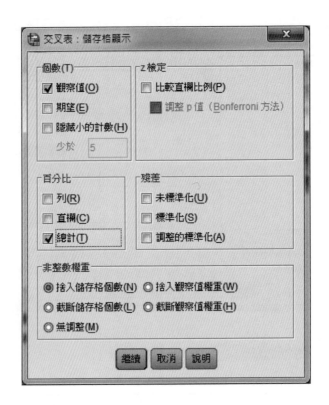

三、結果

　　顯示由 112 組的夫妻得出資料的結果，下表①是交叉表。觀此表時，得知 112 組夫妻之中，「夫」希望與「夫的雙親」同住的比率是 61.6%（69 組），「妻」希望與「夫的雙親」同住的比率是 25.0%（28 組）。另外，21.4%（24 組）的夫婦，「夫」和「妻」均希望與「夫的雙親」同住。

　　進行 McNemar 檢定的結果，如下表②所示。觀此檢定結果時，顯著機率（P值）顯示是 0.000，統計上是有顯著差。因之，「夫」與「妻」希望與「夫的雙親」同住的比率可以判斷是有差異的。

Case Processing Summary

	Cases					
	Valid		Missing		Total	
	N	Percent	N	Percent	N	Percent
妻 * 夫	112	100.0%	0	0.0%	112	100.0%

妻 * 夫 Crosstabulation

			夫		Total
			與妻的雙親同住	與夫的雙親同住	
妻	與妻的雙親同住	Count	39	45	84
		% of Total	34.8%	40.2%	75.0%
	與夫的雙親同住	Count	4	24	28
		% of Total	3.6%	21.4%	25.0%
Total		Count	43	69	112
		% of Total	38.4%	61.6%	100.0%

① (right margin, beside first data row)

Chi-Square Tests

	Value	Exact Sig. (2-sided)	Exact Sig. (1-sided)	Point Probability
McNemar Test		.000[a]	.000[a]	.000[a]
N of Valid Cases	112			

② (right margin)

a.Binormial distribution used.

25.6　Cochran's Q 檢定

　　下表的數據是隨機抽取 20 位學生，調查 4 種學科（A、B、C、D）成績合格與否的結果（合格：1；不合格：2）。

ID	A	B	C	D
1	1	1	1	1
2	0	0	1	1
3	1	1	0	0
4	1	0	1	1
5	1	0	1	0
6	0	1	1	1
7	1	1	0	1
8	1	1	1	1
9	1	0	0	0
10	1	0	1	1
11	1	1	0	1
12	0	0	1	0
13	1	0	1	1
14	0	1	0	1
15	1	0	1	1
16	1	0	1	0
17	1	1	0	0
18	1	0	1	1
19	1	1	1	0
20	1	1	1	0

試檢定合格率是否依科目而有差異。

一、資料輸入形式

二、分析的步驟

步驟 1　點選分析（A），選擇無母數檢定（N），再選擇歷史對話記錄（L），最後選擇 k 個相關樣本（S）。

步驟 2 從開啟的視窗中，將檢定變數 A、B、C、D 輸入後，點選 Cochran's Q 檢定即可，最後按 確定 。

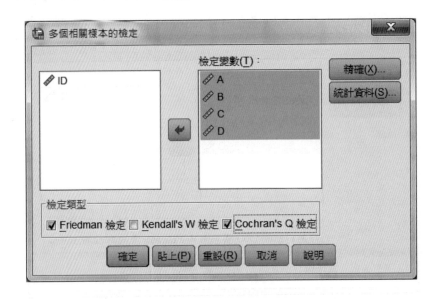

步驟 3 點選 精確 （E）。按 繼續 ，最後按 確定 。

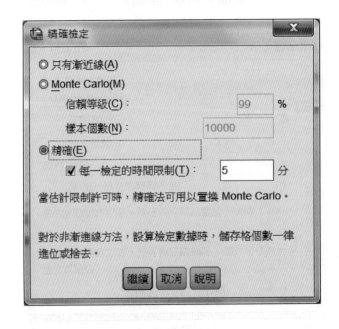

三、結果

所建立之虛無假設為 H_0：合格率依科目之不同無顯著差異。

漸近顯著性為 0.261，精確顯著性為 0.280，均小於 0.05，因此不否定 H_0，可以判定合格率依科目之不同無顯著差異。

Cochan 檢定

次數

	數值	
	0	**1**
A	4	16
B	10	10
C	6	14
D	8	12

檢定統計資料

N	20
Cochran's Q 檢定	4.000[a]
df	3
漸近顯著性	.261
精確顯著性	.280
點機率	.038

a.1 被視為成功。

（註）適合度檢定或獨立性檢定是從檢定統計量近似卡方分配開始的，當數據數（樣本）少時，此近似的程度不佳，因此無法進行這些之檢定。但是，利用電腦即使未近似，仍能正確求出檢定統計量的外側機率，此方法在 SPSS 統計軟體中稱為精確檢定。精確檢定提供兩種方式，可透過「交叉表」和「無母數檢定」程序來計算可用統計量之顯著性層級，這兩種方法稱為「精確」和「Monte Carlo」法。漸近顯著性是以大型資料集的假設為基礎，以檢定統計量之漸近分配為基礎的顯著性層級，如果資料過小或分配不佳，則可能顯示顯著性不良。

第26章 相關分析與偏相關分析之風險分析

26.1 散佈圖相關係數

以下的資料是為了調查病房的亮度對人體的影響，調查了入院日數（H）、性別、年齡、窗戶面數（m×m）、病床周邊的亮度（LX）等所得出的結果。將相同程度的患者當作受試者。

表 26.1.1　入院日數與光度的關係

NO.	受試者	入院日數	年齡	窗戶面積	病床亮度	性別
1	A	14	男性	45	3.76	3100
2	B	11	男性	32	3.28	3900
3	C	9	女性	53	6.20	5300
4	D	7	女性	52	8.16	6700
5	E	12	男性	55	2.64	3400
6	F	5	女性	37	9.50	6900
7	G	7	男性	46	6.50	6700
8	H	18	女性	65	1.80	2800
9	I	6	女性	36	6.96	6000
10	J	16	男性	48	3.44	2100
11	K	25	女性	61	1.14	1200
12	L	9	女性	35	7.84	6400
13	M	13	男性	31	2.16	3700
14	N	11	男性	24	3.36	2000
15	O	18	男性	68	2.03	1500
16	P	7	男性	32	6.72	6800
17	Q	15	男性	46	1.84	3100
18	R	9	女性	38	26.24	4500
19	S	12	女性	41	2.96	3800
20	T	8	男性	37	6.55	6500
21	U	13	男性	27	26.80	4800
22	V	11	女性	68	5.20	5600
23	W	12	女性	32	26.40	5100

一、想分析的事情是？

　　1. 想圖示病房中病床周邊的亮度與入院日數的關係。

　　2. 想以數式表現病房中病床周邊亮度與入院日數的關係。

【統計處理 1】

　　將病床周邊的亮度取成橫軸，入院日數取成縱軸，畫散佈圖。

【統計處理 2】

　　計算病床周邊之亮度與入院日數的相關係數。

【統計處理 3】

　　求病床周邊的亮度、性別、年齡、窗戶面積與入院日數的複迴歸式。

　　可嘗試進行以下分析：

1. 觀察散佈圖

　　畫出散佈圖後，如以下在病床周邊的亮度與入院日數之間，可以看出負的相關。

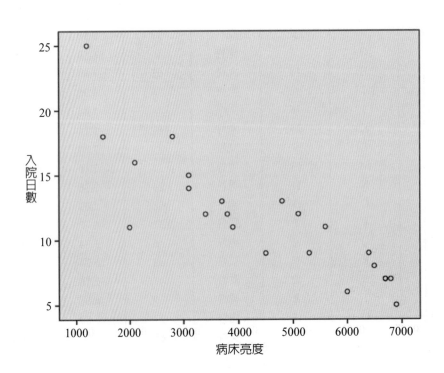

2. 觀察相關係數

　　求出病床周邊的亮度與入院日數之相關後，係數 r = –0.864，可以看出強烈的負相關。又在無相關的檢定中，顯著機率是 0.000，得知有相關。由此事可以判讀出什麼呢？

相關程度的注釋

以表現相關程度的用語來說有如下的表現。

相關係數		表現方式
0.0～0.2	…………	幾乎無相關
0.2～0.4	…………	略有相關
0.4～0.7	…………	頗有相關
0.7～1.0	…………	有強烈相關

---

3. 觀察偏相關係數

　　兩變數有相關並不表示兩者間有因果關係，假設某地區小兒麻痺患者人數（y）與飲料消費量（x）兩者之間有相關，但並無因果關係，他們的相關都是因氣候（z）的影響所致。因此，我們要問去除掉 z 的影響後，x、y 之間的相關還有多大，這種相關在統計上稱為偏相關係數（partial coefficient of correlation），常以符號 r（x, y｜z）表示之。

　　此處我們想了解窗戶面積、病床周圍的亮度有無受到其他變數的影響。

4. 觀察複迴歸分析

　　進行複迴歸分析之後，判定係數 R 的二次方 =0.821，得知適配性佳。在 4 個自變數，性別、年齡、窗戶面積、病床周圍的亮度之中，標準偏迴歸係數的絕對值最大者是病床周邊的亮度。由此事可以判讀出什麼？

二、數據輸入類型

　　表 26.1.1 數據如下輸入。

受試者	入院日數	性別	年齡	窗戶面積	病床亮度
A	14	0	45	4	3100
B	11	0	32	3	3900
C	9	1	53	6	5300
D	7	1	52	8	6700
E	12	0	55	3	3400
F	5	1	37	10	6900
G	7	0	46	7	6700
H	18	1	65	2	2800
I	6	1	36	7	6000
J	16	0	48	3	2100
K	25	1	61	1	1200
L	9	1	35	8	6400
M	13	0	31	2	3700
N	11	0	24	3	2000
O	18	0	68	2	1500
P	7	0	32	7	6800
Q	15	0	46	2	3100
R	9	1	38	4	4500
S	12	1	41	3	3800
T	8	0	37	7	6500
U	13	0	27	5	4800
V	11	1	68	5	5600
W	12	1	32	4	5100

26.2　利用 SPSS 的散佈圖畫法

步驟 1　表 26.1.1 的數據輸入之後，從統計圖（G）的歷史對話記錄（L）中，選擇散佈圖點狀圖（S）。

	受試者	入院日數	性別	年齡			var	var	var	var	va
1	A	14	0	45							
2	B	11	0	32							
3	C	9	1	53	6	5300					
4	D	7	1	52	8	6700					
5	E	12	0	55	3	3400					
6	F	5	1	37	10	6900					
7	G	7	0	46	7	6700					
8	H	18	1	65	2	2800					
9	I	6	1	36	7	6000					
10	J	16	0	48	3	2100					
11	K	25	1	61	1	1200					
12	L	9	1	35	8	6400					
13	M	13	0	31	2	3700					
14	N	11	0	24	3	2000					
15	O	18	0	68	2	1500					
16	P	7	0	32	7	6800					
17	Q	15	0	46	2	3100					
18	R	9	1	38	4	4500					
19	S	12	1	41	3	3800					
20	T	8	0	37	7	6500					
21	U	13	0	27	5	4800					

步驟 2　變成散佈圖／點狀圖的畫面時，選擇簡單散佈圖，按一下定義。

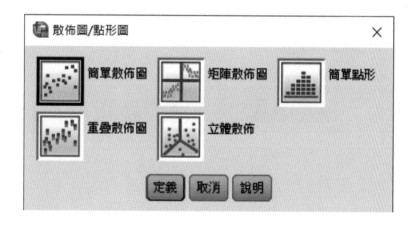

步驟 3　變成以下畫面時，將入院日數移到 Y 軸的方框中，接著將病床亮度移到 X 軸的方框中，按 確定。

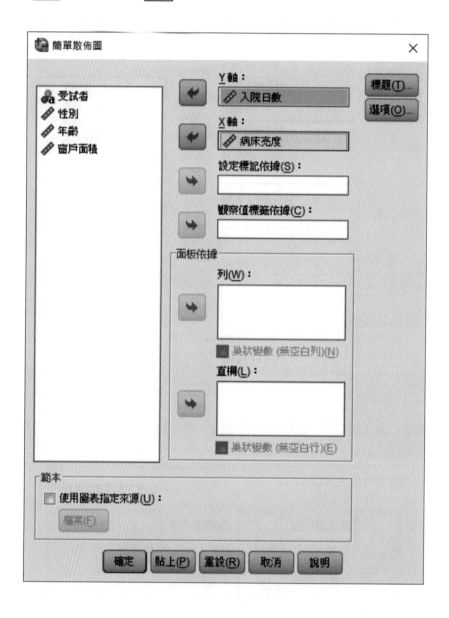

一、SPSS 輸出 (1)──散佈圖

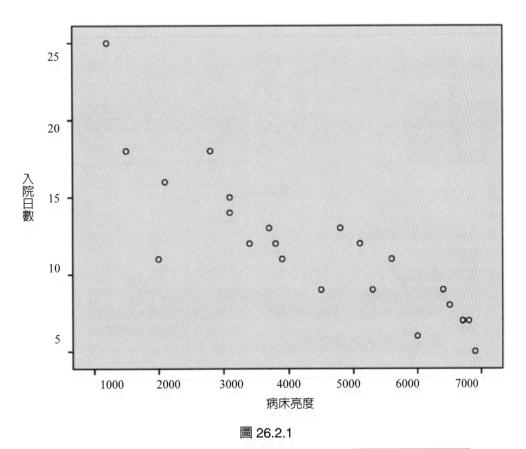

圖 26.2.1

（註）想在觀察值加上標籤時，在步驟 3 中，先將受試者移到觀察值標籤依據（C）。在圖
　　　上按兩下，即開啓圖表編輯程式，因此從要素（M）清單中選擇「顯示資料標籤」。

二、輸出結果的判讀法──散佈圖

1. 這是病床周邊的亮度與入院日數的散佈圖。得知有負的相關。

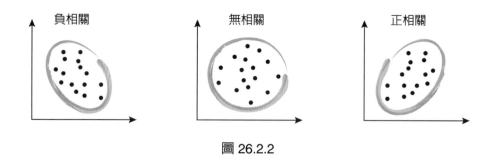

圖 26.2.2

★觀察值加上標籤時

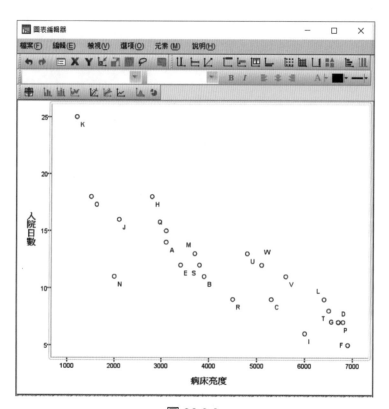

圖 26.2.3

26.3 SPSS 的相關分析

步驟 1 表 26.1.1 的數據輸入時，從分析（A）的清單中選擇相關（C），再選擇雙變數（B）。

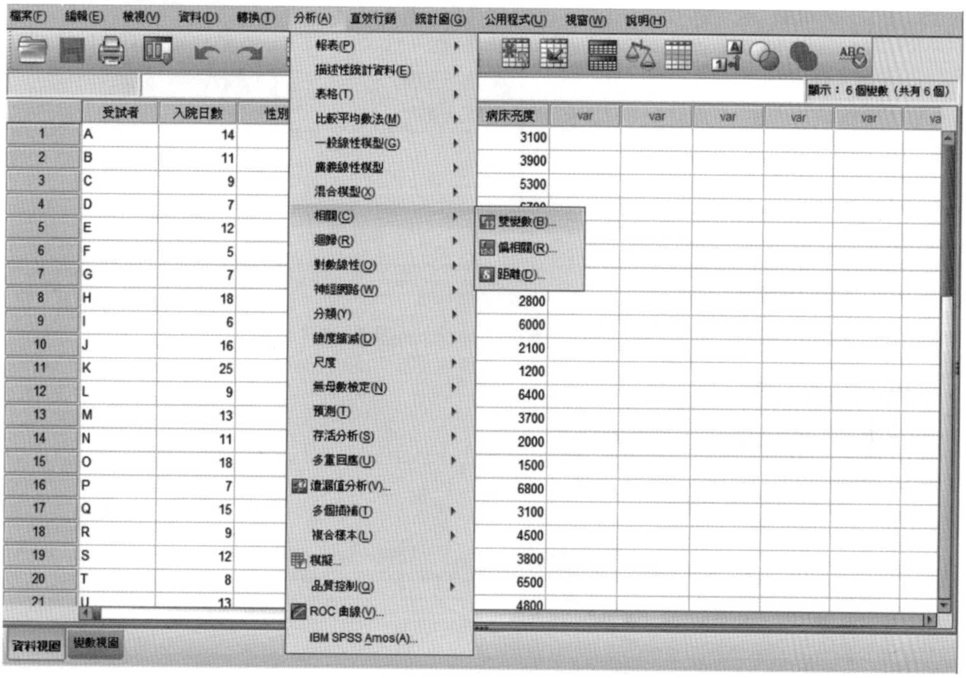

步驟 2 變成雙變量相關分析的畫面時，將想調查之變數移到變數（V）的
方框中，按 確定 。

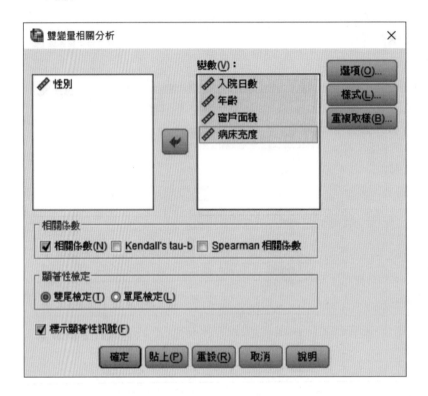

一、SPSS 輸出——相關係數

相關

		入院日數	年齡	窗戶面積	病床亮度	
入院日數	皮爾森（Pearson）相關	1	.483*	-.838**	-.864**	←①
	顯著性（雙尾）		.020	.000	.000	←②
	N	23	23	23	23	
年齡	皮爾森（Pearson）相關	.483*	1	-.289	-.312	
	顯著性（雙尾）	.020		.181	.148	
	N	23	23	23	23	
窗戶面積	皮爾森（Pearson）相關	-.838**	-.289	1	.902**	
	顯著性（雙尾）	.000	.181		.000	
	N	23	23	23	23	
病床亮度	皮爾森（Pearson）相關	-.864**	-.312	.902**	1	
	顯著性（雙尾）	.000	.148	.000		
	N	23	23	23	23	

*. 相關性在 0.05 層上顯著（雙尾）。

**. 相關性在 0.01 層上顯著（雙尾）。

二、輸出結果的判讀法——相關係數

　　①相關係數與無相關檢定的顯著機率，與入院日數有最高相關的事，病床周邊之亮度相關係數是 -0.864。

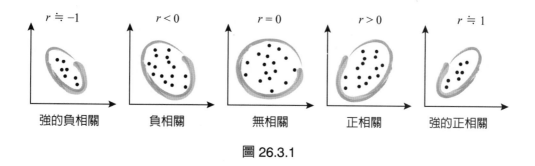

圖 26.3.1

②無相關的檢定

假設 Ho：病床周邊的亮度與入院日數之間無相關

顯著機率 0.000 < 顯著水準 0.05

因此，假設 Ho 被捨棄。得知病床周邊的亮度與入院日數之間有相關。

（注）無相關的檢定與獨立性的檢定略有不同。如果獨立則是無相關，雖說無相關卻不能說
　　　是獨立。

26.4　SPSS 的複迴歸分析

步驟 1　表 26.1.1 的數據輸入時，從分析（A）的清單中選擇迴歸（R），
再選擇線性（L）。

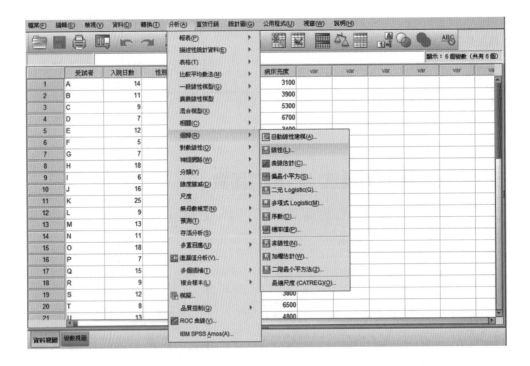

步驟 2　變成線性迴歸的畫面時，將入院日數移到因變數（D）的方框中。

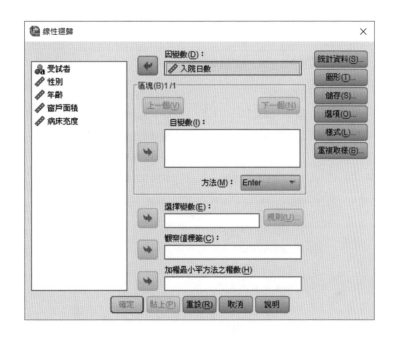

步驟 3　接著將性別、年齡、窗戶面積、病床亮度移到自變數（I）的方框中，點選統計資料（S）。

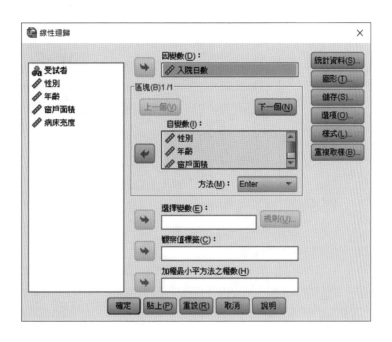

步驟 4　在統計資料的畫面中準備有如下的統計量，當擔心多重共線性時，試著勾選共線性診斷（L）。但此處不勾選，按 繼續。

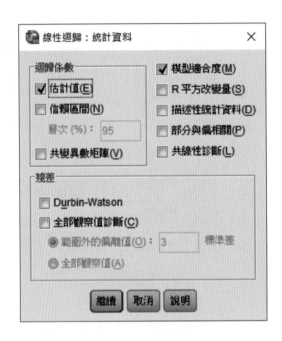

步驟 5　變成以下畫面時，按一下儲存（S）。

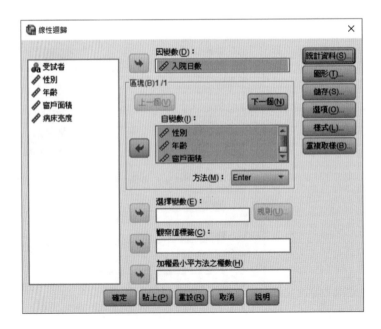

步驟 6 在新變數儲存的畫面中準備有如下的統計量，如擔心偏離值則勾選 Cooks（K）與槓桿值（G）。此處不勾選，按 繼續。

步驟 7　變成以下畫面時，按一下選項（O）。

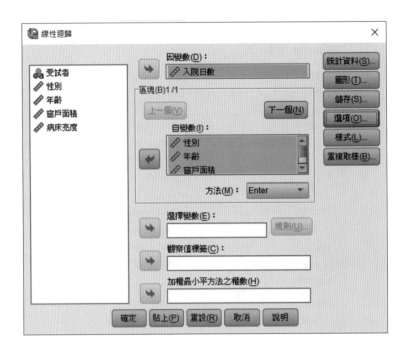

步驟 8　在選項的畫面中有逐步執行方法準則，此處保持原樣按 繼續。接著回到步驟 7 的畫面，按 確定。

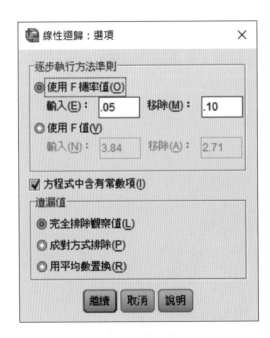

1. SPSS 輸出 (1)──複迴歸分析

模型摘要

模型	R	R 平方	調整後 R 平方	標準偏斜度錯誤
1	.906[a]	.821	.782	2.172

←①

a. 預測值：（常數），病床亮度、性別、年齡、窗戶面積

變異數分析 [a]

模型		平方和	df	平均值平方	F	顯著性
1	迴歸	390.318	4	97.580	20.688	.000[b]
	殘差	84.899	18	4.717		
	總計	475.217	22			

←②

a. 應變數：入院日數

b. 預測值：（常數），病床亮度、性別、年齡、窗戶面積

2. 輸出結果的判讀 (1)──複迴歸分析

①這是複相關係數 R 與判定係數 R 的平方

複相關係數 R = 0.906 接近 1，因此可以認為複迴歸式的適配佳。

判定係數 R 的平方 = 0.821 接近 1，因此可以認為複迴歸式的適配佳。

②這是複迴歸的變數分析表

檢定以下的假設 Ho。

假設 Ho：所求出的迴歸式對預測無幫助

顯著機率 0.000 < 顯著水準 0.05

因此，假設 Ho 可以捨棄，所求出的複迴歸式可以視為對預測有幫助。

（註）此假設 Ho 是複迴歸式

$y = \beta_0 + \beta_1 x_1 + \beta_2 x_2 + \beta_3 x_3 + \beta_4 x_4 + \varepsilon$ 的假設與

假設 Ho：$\beta_1 = \beta_2 = \beta_3 = \beta_4 = 0$ 相同

3. SPSS 輸出 (2)──複迴歸分析

係數 [a]

模型	非標準化係數		標準化係數	T	顯著性	
	B	標準錯誤	**Beta**			
1　（常數）	17.074	2.420		7.057	.000	
性別	.878	1.021	.096	.860	.401	←③
年齡	.071	.040	.199	1.769	.094	
窗戶面積	-.675	.466	-.339	-1.450	.164	←④
病床亮度	.001	.001	-.522	-2.245	.038	

a. 應變數：入院日數

4. 輸出結果的判讀 (2)──複迴歸分析

③複迴歸式成為如下

　Y = 0.878× 性別 + 0.071× 年齡 − 0.675× 窗戶面積 − 0.001× 病床周邊的亮度 + 17.074

　可以按標準化係數的絕對值大小順序，調查對因變數的影響強度。因此，與入院日數有關聯依序為

　病床亮度 > 窗戶面積 > 年齡 > 性別

　| −0.522 | > | −0.339 | > | 0.199 | > | 0.096 |

④病床亮度的檢定

假設 Ho：病床亮度不影響入院日數

顯著機率 0.038 < 顯著水準 0.05

因此，假設 Ho 可以捨棄，病床周邊的亮度可以視為對住院日數有影響。

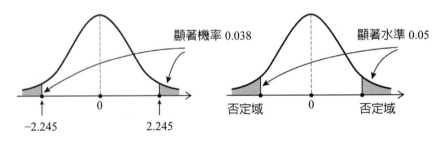

圖 26.4.1　t 分配

26.5 \ SPSS 偏相關分析

調查 25 名小學生百米賽跑的時間與記憶課題之成績，得出如下：

1. 試求記憶成績與百米賽跑時間的相關係數。

2. 以年齡為控制變數，試求記憶成績與百米賽跑時間的偏相關係數。

3. 以複迴歸分析來判明。

表 26.5.1　25 名小學生百米賽跑與記憶課題之成績

ID	年齡	記憶成績	百米成績
1	10	10	8
2	12	11	8
3	11	11	9
4	9	6	11
5	8	8	12
6	11	14	7
7	12	14	8
8	9	11	11
9	8	5	13
10	8	6	12
11	11	13	11
12	9	5	11
13	10	11	11
14	10	9	12
15	8	9	13
16	9	8	12
17	9	10	13
18	11	11	8
19	10	8	9
20	12	13	7
21	12	11	8
22	10	10	10
23	8	7	14
24	12	15	8
25	11	13	9

一、SPSS 分析步驟

步驟 **1** 表 26.5.1 的數據輸入時，從分析（A）的清單中選擇相關（C），再選擇雙變數（B）。

步驟 2　將百米成績與記憶成績移入變數（V）中，按確定。

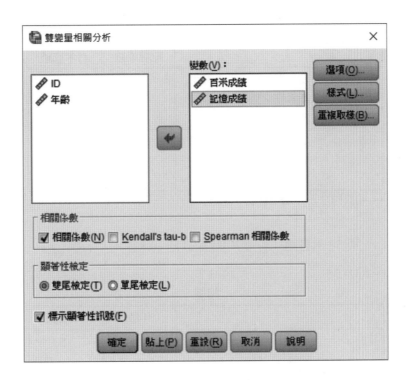

1. SPSS 輸出──相關係數

相關

		記憶成績	百米成績
記憶成績	皮爾森（Pearson）相關	1	-.681**
	顯著性（雙尾）		.000
	N	25	25
百米成績	皮爾森（Pearson）相關	-.681**	1
	顯著性（雙尾）	.000	
	N	25	25

**. 相關性在 0.01 層上顯著（雙尾）。

　　求出 Pearson 的相關係數為 $r = -0.681$，在 1% 水準下顯著。此說明 百米賽跑時間（x）的減少，可能導致記憶成績（y）的提高。但兩者的相關係數有可能

是年齡所引起，發生疑似相關。年齡（z）與記憶成績（y）的相關係數是 0.81。

相關

		記憶成績	百米成績
記憶成績	皮爾森（Pearson）相關	1	.810**
	顯著性（雙尾）		.000
	N	25	25
年齡	皮爾森（Pearson）相關	.810**	1
	顯著性（雙尾）	.000	
	N	25	25

**. 相關性在 0.01 層上顯著（雙尾）。

年齡（z）與 50 米賽跑（x）的相關係數是 −0.871。

相關

		年齡	百米成績
年齡	皮爾森（Pearson）相關	1	-.871**
	顯著性（雙尾）		.000
	N	25	25
百米成績	皮爾森（Pearson）相關	-.871**	1
	顯著性（雙尾）	.000	
	N	25	25

**. 相關性在 0.01 層上顯著（雙尾）。

因此，以年齡（z）為控制變數，求兩者的偏相關係數。

步驟 1　從分析（A）中選擇相關（C），再點選偏相關（R）。

　　步驟 2　將記憶成績與百米成績移入變數（V）中，將年齡移入控制的變數（C）中，按確定。

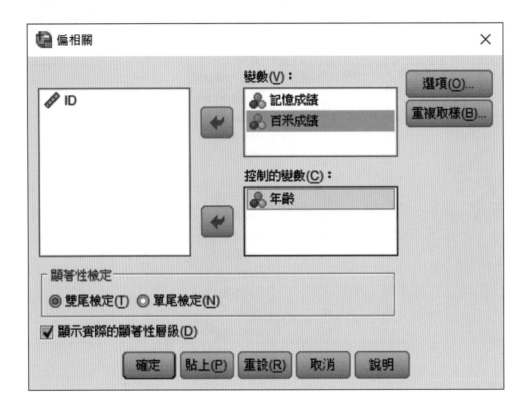

2. SPSS 輸出──偏相關係數

相關

控制變數			記憶成績	百米成績
年齡	記憶成績	相關	1.000	.086
		顯著性（雙尾）	.	.689
		df	0	22
	百米成績	相關	.086	1.000
		顯著性（雙尾）	.689	.
		df	22	0

3. 輸出結果的判讀──偏相關係數

不顯著，亦即控制年齡（即在相同年齡的小學生之間相比較）時，兩者即看不出相關關係，兩者的關聯不過是外表罷了。若以記憶成績爲因變數，年齡與時間爲自變數，進行複迴歸分析。

係數 [a]

模型		非標準化係數		標準化係數	T	顯著性
		B	標準錯誤	Beta		
1	（常數）	-9.215	8.212		-1.122	.274
	百米成績	.138	.340	.103	.405	.689
	年齡	1.777	.500	.900	3.552	.002

a. 應變數：記憶成績

年齡的標準偏迴歸係數是顯著，$\beta = 0.90$，$p < 0.01$

時間的標準偏迴歸係數不顯著，$\beta = 0.10$，$n.s.$

由此事知，影響記憶成績的不是百米賽跑，而是年齡。

（註）識別疑似相關的方法有：求偏相關係數與進行複迴歸分析。

（註）使用偏相關係數的目的，或者可以說使用偏 F 檢定（或稱 Chow 檢定）的目的，主要是用來進行模式比較。譬如，已知迴歸方程式已有一自變數在模式中，如今再加入一個新的自變數於迴歸中，則此新加入的自變數是否對解釋 Y 的變異量有解釋力，則必須進行所謂的「偏 F 檢定（或稱 Chow 檢定）」。「偏 F 檢定」可以求得「偏判定係數」，而「偏判相關係數」是「偏判定係數」的平方根。

26.6 利用 SPSS 的順位相關係數

以下的數據是針對 30 位受試者進行調查，一週的工作時數與就業壓力程度，所得出的結果。

表 26.6.1 一週的工作時數與就業壓力程度統計

No.	一週工作時數	就業壓力	組
1	79	3	1
2	30	3	1
3	39	1	1
4	84	5	1
5	78	5	1
6	79	5	1
7	45	2	1
8	81	4	1
9	67	3	1
10	55	1	1
:	:	:	:
:	:	:	:
28	48	1	2
29	18	5	2
30	27	4	2

求出一週工作時數與就業壓力的順位相關係數。

（註）就業壓力分成 5 級
　　1. 無
　　2. 不太有
　　3. 略有
　　4. 有
　　5. 頗有

組 2 的受試者就是個工作狂（workaholic）。

一、利用 SPSS 製作散佈圖

步驟 1　表 26.6.1 的數據輸入時，從統計圖（G）的歷史對話紀錄（L）清單中，選擇散佈圖／點狀圖（S）。

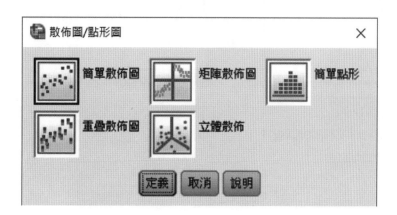

步驟 2　變成散佈圖的畫面時，選擇簡單散佈圖，按一下定義。

步驟 3 將壓力移到 Y 軸的方框中,工作時數移到 X 軸的方框中,組移到設定標記依據(S)的方框中,按 確定。

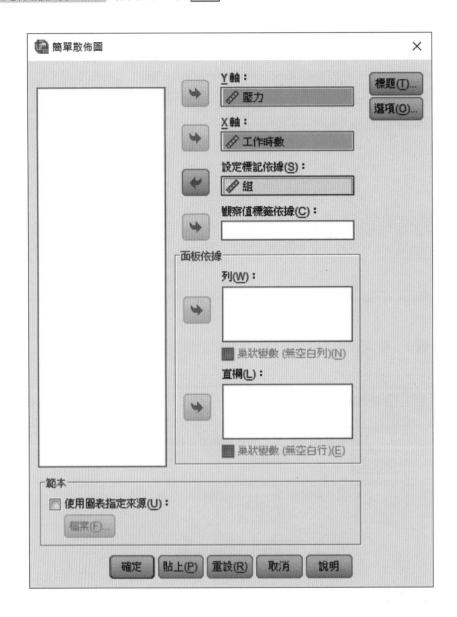

1. SPSS 輸出 (1) ─── 散佈圖

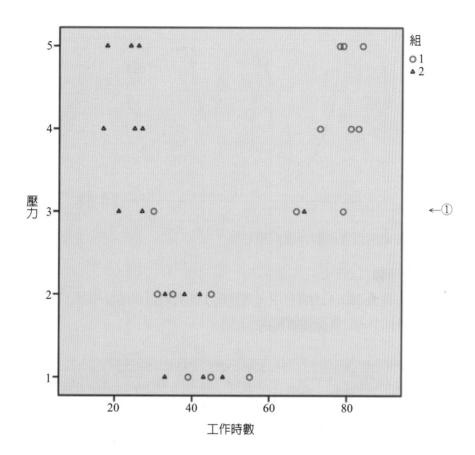

2. 輸出結果的判讀 (1) ─── 散佈圖

　　如觀察此散佈圖時，可以發覺在此數據中存在 2 個組。

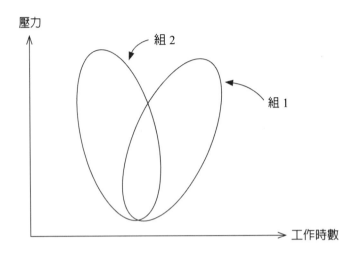

因此，按組別調查相關係數似乎較好。

3. SPSS 輸出步驟

步驟 1　從表 26.6.1 的資料中，選擇組 1 的資料再求順位相關。因此，從資料（D）的清單中，點選選擇觀察值（C）。

步驟 2　變成選取觀察值的畫面時，如下選取後，點選若 (I)。

步驟 3　變成 IF 條件的定義的畫面時，輸入條件組 =1 後，按 繼續 。

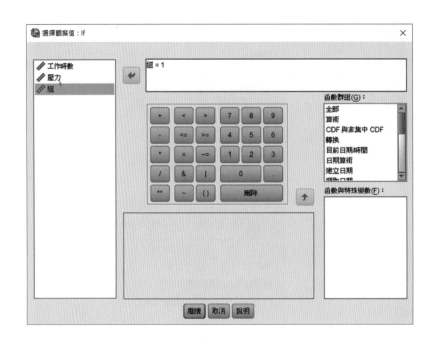

步驟 4　變成以下畫面時，按 確定 。

步驟 5　出現所選取的觀察值後，再從分析（A）的清單中選擇相關（C），再點選雙變量（B）。

檔案(F)	編輯(E)	檢視(V)	資料(D)	轉換(T)	分析(A)	圖形(G)	公用程式(U)	延伸(X)	視窗(W)	說明(H)

	工作時數	壓力	組		報告(P) ▶		獎數	獎數	獎數
1	79	3			敘述統計(E) ▶				
2	30	3			貝氏統計資料(B) ▶				
3	39	1			表格(B) ▶				
4	84	5			比較平均數法(M) ▶				
5	78	5			一般線性模型(G) ▶				
6	79	5			概化線性模型(Z) ▶				
7	45	2			混合模型(X) ▶				
8	81	4			相關(C) ▶	雙變異數(B)...			
9	67	3			迴歸(R) ▶	局部(R)...			
10	55	1			對數線性(O) ▶	距離(D)...			
11	83	4			神經網路(W) ▶	正準相關性			
12	73	4			分類(F) ▶				
13	35	2			維度縮減(D) ▶				
14	31	2			比例(A) ▶				
15	45	1			無母數檢定(N) ▶				
16	43	1			預測(T) ▶				
17	24	5			存活(S) ▶				
18	33	2			複選題(U) ▶				
19	17	4			遺漏值分析(Y)...				
20	21	3			多重插補(T) ▶				
					複式樣本(L) ▶				
					模擬(I)...				

步驟 6　變成以下的畫面時，將工作時數與壓力移到變數（V）的方框中。

步驟 7　在相關係數的地方，如下勾選 Kendall's tau_b 及 Spearman 相關係數後，按確定。

4. SPSS 輸出——順位相關

(1) 組 1 的相關係數

相關

			工作時數	壓力	
Kandall 的 tau_b	工作時數	相關係數	1.000	.519*	←①
		顯著性（雙尾）	.	.011	←②
		N	15	15	
	壓力	相關係數	.519*	1.000	
		顯著性（雙尾）	.011	.	
		N	15	15	
Spearman 的 rho	工作時數	相關係數	1.000	.716*	←③
		顯著性（雙尾）	.	.003	←④
		N	15	15	
	壓力	相關係數	.716*	1.000	
		顯著性（雙尾）	.003	.	
		N	15	15	

*. 相關性在 0.05 層上顯著（雙尾）。

**. 相關性在 0.01 層上顯著（雙尾）。

(2) 組 2 的相關係數

相關

			工作時數	壓力
Kandall 的 tau_b	工作時數	相關係數	1.000	-.582**
		顯著性（雙尾）	.	.004
		N	15	15
	壓力	相關係數	-.582**	1.000
		顯著性（雙尾）	.004	.
		N	15	15
Spearman 的 rho	工作時數	相關係數	1.000	-.743**
		顯著性（雙尾）	.	.001
		N	15	15
	壓力	相關係數	-.743**	1.000
		顯著性（雙尾）	.001	.
		N	15	15

**. 相關性在 0.01 層上顯著（雙尾）。

5. 輸出結果的判讀──順位相關

① Kendall 的 Tau b

順位相關係數 = 0.519

一週工作時數與就業壓力之間有正的相關。

②順位相關的檢定

假設 H_0：一週工作時數與就業壓力之間無順位相關

顯著機率 0.011 < 顯著水準 0.05，因此假設 H_0 否定。

因此，一週工作時數與就業壓力之間是有相關。

③ Spearman

順位相關係數 = 0.716

一週工作時數與就業壓力之間有正的相關。

④順位相關係數之檢定

假設 H_0：一週工作時數與就業壓力之間無順位相關

顯著機率 0.03 < 顯著水準 0.05，因此假設 H_0 否定。

因此，一週工作時數與就業壓力之間是有相關。

26.7　Cramer's V 相關係數

1. 交叉表

　　針對名義尺度（或順序尺度）的變數而言，將各變數的水準組合資料做成表者，稱為交叉表（cross table）。許多時候，交叉表是將 2 個變數組合，記述 2 變數間的關係。2 個變數的水準數均為 2 的表，特別作為 2×2 表或 4 交叉表。並且，在交叉表中相當於各變數的水準組合的方框稱為格（cell）。

2. φ 係數

　　在交叉表中，以記述 2 個變數之間關係的指標來說，有所謂的關聯係數。對於 2×2 表來說，關聯係數提出有 φ 係數。φ（phi）係數是對 2 個變數的 2 個水準分別分配一個值（譬如，一方的水準設為 1，另一方的水準設為 0）時的 2 個變數間的相關係數。

　　φ 係數與相關係數一樣，值取在 1 與 –1 之間。φ 係數愈越大，表示 2 個變

數間之關聯愈強，ϕ 係數之值為 0 時，2 個變數之間表示無關聯。2 個變數無關聯，是指各行或各行的次數比為一定，此情形的 2 個變數可以說是獨立的。

3. Cramer's 關聯係數

比 2×2 大的交叉表，譬如在 3×4 的表中，也提出有記述 2 變數間之關係的指標，此即為 Crame's 關聯係數（V）（Cramer's V）。Cramer's 的關聯係數（V）的值取在 0 到 1 之間。與 ϕ 係數的情形一樣，各列或各行的次數比為一定時，V = 0，可以說 2 個變數無關聯，是獨立的。另外，對於 2×2 交叉表的情形來說，Cramer's 的關聯係數（V）與 ϕ 係數的絕對值是相同之值。

4. χ^2 檢定

在母體中，交叉表中的 2 個變數是否獨立，以統計的檢定方法來說，有卡方（χ^2）檢定。

進行 χ^2 檢定的結果，顯著機率（P 值）如比事先所設定的顯著水準（冒險率）小時，當作統計上是有顯著差的，想成 2 個變數並非獨立的。相反的，顯著機率不小於顯著水準時，則判斷 2 個變數不能說不是獨立的。

⊃ 例題

在護理系學生中，將來想前往內科、外科、精神科 3 科之中哪一科（系統），以及想在病房或門診中任職（勤務型態），想調查其間之關聯。讓各受試者就科別系統與勤務型態兩者，各選出希望的一者。

1. 資料輸入形式

將各變數的資料輸入如下圖。「系統」1 表示內科、2 表示外科、3 表示精神科，以及「勤務型態」的 0 表示門診，1 表示病房。

2. 分析的步驟

按分析 (A) →描述性統計資料 (E) →交叉表 (C) 資料進行,將 2 個變數投入到直欄與列中。進行卡方檢定時,在「統計資料」選項中,選擇「卡方」。

要計算 Cramer's 的關聯係數時,在「統計資料」選項中選擇「phi (φ) 值與克瑞瑪 V(Cramer's V)」。

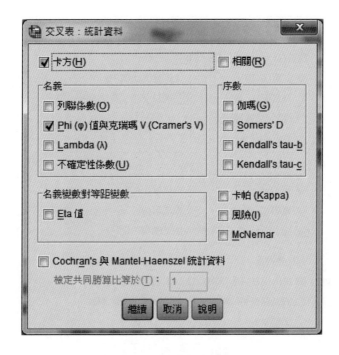

交叉表中不只是各方格的次數，也想表示列中的百分比、行中的百分比、全體中的百分比時，在「格」的選項中的「百分比」，分別選擇列、直欄、總計。

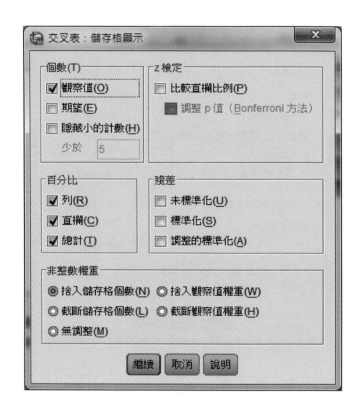

3. 結果

　　從隨機所選出的 69 名學生得到回答，將回答整理在下表中。69 名之中希望內科有 31 名，其中希望在病房服務者又有 19 名（61.3%），而希望在精神科者有 13 名，其中希望在病房服務者又有 6 名（46.2%）。

　　在母體方面，希望任職科別的系統與勤務型態有無關聯，亦即依系統的科別不同，希望在病房（或門診）勤務的比率是否有差異而定。為了檢討，進行卡方檢定之後，顯著機率（P 值）是 0.044，而得知統計上是顯著的。亦即，依系統之別，希望在病房（或門診）服務的比率，可以判斷在統計上是有顯著差的。

　　另外，顯示希望科別的系統與勤務型態的關聯，其間的關聯係數是 0.301。

系統 * 勤務型態 Crosstabulation

			勤務型態		Total
			門診	病房	
系統	內科	Count	12	19	31
		%within 系統	39.7%	61.3%	100.0%
		%within 勤務型態	52.2%	41.3%	44.9%
		% of Total	17.4%	27.5%	44.9%
	外科	Count	4	21	25
		%within 系統	16.0%	84.0%	100.0%
		%within 勤務型態	17.4%	45.7%	36.2%
		% of Total	5.8%	30.4%	36.2%
	精神科	Count	7	6	13
		%within 系統	53.9%	46.2%	100.0%
		%within 勤務型態	30.4%	13.0%	18.8%
		% of Total	10.1%	8.7%	18.8%
Total		Count	23	46	69
		%within 系統	33.3%	86.7%	100.0%
		%within 勤務型態	100.0%	100.0%	100.0%
		% of Total	33.3%	66.7%	100.0%

Chi-Square Tests

	Value	df	Asymp. Sig. (2-sided)	Exact Sig (2-sided)	Exact Sig. (1-sided)	Point Probabllity
Pearson Chi-Square	6.245[a]	2	.044	.044		
Likellhood Ratio	6.530	2	.038	.042		
Fisher's Exact Test	6.295			.038		
Linear-by-Linear Assoclation	.113[b]	1	.737	.867	.431	.125
N of Valid Cases	69					

a. 1 cells (18.7%) have expected count less than 5. The minimum expected count is 4.33.

b. The standardized statistic is -.336.

Symmetric Measures

		Value	Approx. Sig.	Exact Sig.
Nominal by Nominal	Phi	.301	.044	.044
	Cramer's V	.301	.044	.044
N of Valid Cases		69		

國家圖書館出版品預行編目資料

統計風險分析-SPSS應用／楊士慶，陳耀茂編
著. ――初版.――臺北市：五南，2019.01
　　面；　公分
　　ISBN 978-957-763-212-8(平裝)
　　1.統計套裝軟體　2.統計分析
512.4　　　　　　　　　　　　107021939

5B38

統計風險分析—SPSS應用

作　　　者 ― 楊士慶、陳耀茂（270）

發 行 人 ― 楊榮川

總 經 理 ― 楊士清

主　　　編 ― 王正華

責任編輯 ― 金明芬

封面設計 ― 王麗娟

出 版 者 ― 五南圖書出版股份有限公司

地　　　址：106台北市大安區和平東路二段339號4樓

電　　　話：(02)2705-5066　　傳　　真：(02)2706-6100

網　　　址：http://www.wunan.com.tw

電子郵件：wunan@wunan.com.tw

劃撥帳號：01068953

戶　　　名：五南圖書出版股份有限公司

法律顧問　林勝安律師事務所　林勝安律師

出版日期　2019年1月初版一刷

定　　　價　新臺幣700元